KB159505

그 남자 그 여자의

바람바람바람

그 남자 그 여자의
바람바람바람

●

박수경 지음

이 책을 읽는 남녀들에게

오늘도 연예인들의 이혼 기사와 각종 불륜, 추문 이야기들이 끊임없이 신문지상에 오르내리고 있습니다. 연인이나 부부의 바람과 외도는 이미 아침드라마의 식상한 주제가 된지 오래입니다. 성적 방종이나 성폭력으로 한 사람의 전 인생이 하루아침에 흔적 없이 사라지는 상황을 이제는 우리 주변에서도 심심찮게 찾아볼 수 있을 정도입니다. 상대방이나 배우자의 본심을 알기 위해 거의 가십에 가까운 별자리 운세나 혈액형 성격 분석을 일간지 귀퉁이에서 찾아보고, 서점 진열대에 하루가 멀다 하고 쌓이는 심리분석을 가장한 정체불명의 자기계발서를 들춰봅니다.

아무리 고상한 방정식이라도 이 세상의 남녀관계를 다 풀어낼 수 없습니다. 남성은 끝없이 여성을, 여성은 끝없이 남성을 탐닉합니다. 문제는 대부분의 남녀가 이성에 대한 이해가 부족하다는 점입니다. 이런 이해의 부족은 과거 소설문학에서 현대 영상매체에 이르기까지 빈번한 주제로 등장해왔습니다. 한창 인기리에 방영됐던 TV드라마 「사랑과 전쟁」만 봐도 남녀 간의 무수한 갈등과 반목이 단골메뉴로 그려집니다. 남성과 여성은 뫼비우스의 띠처럼 서로에게 다가가지만 결코 만나지 못하는 맴돌이에 빠지죠. 이 책은 바로 이런 문제를 해결하려는 목적으로 쓰였습니다.

흔히 외도를 개인의 일탈 내지 실수로 여기는 경우가 많습니다. 사람들은 언제나 외도를 저지른 당사자의 비행으로 문제를 축소하는 경향이 있습니다. 매스컴 역시 사회적 비용이나 정책적 지향처럼, 불륜을 사회적 관점에서만 보려고 하지 심리적 관점에서는 전혀 고려하지 않는 듯합니다. 여기에는 '외도는 들키지 않으면 괜찮다'는 그릇된 사회적 통념도 한몫 하고 있는 것 같습니다. 심지어 사회적으로 명망 있는 분들조차 '바람도 아름다운 사랑'이라며 불륜을 미화하는 강연을 하고 다니니까요.

하지만 상담의 영역으로 넘어오면 외도는 전혀 다른 문제가 됩니다. 심리학의 프리즘으로 볼 때, 외도는 근본적으로 남성과 여성의 성심리를 오해한 데서 발생합니다. 그렇기에 한두 개의 미봉책으로 해결되지 않는 심리학적 심연psychological abyss이 존재하죠. 일찍이 필자는 예수가 "간음하지 말라 하였다는 것을 너희가 들었으나, 나는 너희에게 이르노니, 여자를 보고 음욕을 품는 자마다 마음에 이미 간음하였느니라"고 말해 불륜에 있어 이런 심리학적 심연을 잘 표현했다고 생각합니다. 모든 병리현상은 마음에서 출발합니다. 외도 역시 예외가 아니죠.

많은 사람들이 겉으로 드러난 상처를 치료하는 데는 열심히 수소문해서 명의를 찾아다니지만, 마음에 생긴 상처를 치료하는 데에는 극도로 인색해지는 걸 종종 보게 됩니다. '마음의 상처'라는 표현은 추상적 개념의 단순한 메타포가 아닙니다. 완치되지 못한 마음의 상처는 끝내 심각한 갈등과 불행을 낳게 됩니다. 분명한 것은 이러한 심리학적 심연을 정확하게 이해하고 대비해야 자신의 건강과 부부의 행복을 유지할 수 있다는 사실입니다.

자동차 타이어가 펑크 났을 때를 생각해 봅시다. 먼저 보험회사에 전화부터 해야 레커차가 와서 차를 끌고 정비소에 가서 타이어를 바꿔 달 게 아닌가요? 그날 기분이 나쁘다고, 장비가 부족하다고 해서 이 과정을 생략하거나 뒤바꿀 수는 없는 노릇입니다. 사람관계에 대한 해결책도 순서를 바꿀 수 없습니다. 주저앉은 자동차를 들어 올리는 잭도 없고, 도구도 없고, 인력도 없다 하더라도 정비의 기본 매뉴얼이 상존하듯, 인간의 심리치료에도 일정한 매뉴얼이 있습니다. 문제가 뭔지는 다 알지만 전문가만이 그 문제에 제대로 접근할 수 있습니다. 좋은 게 좋은 게 아니고, 나쁜 게 나쁜 게 아닙니다. 번지수가 정확해야 합니다.

이 책을 고르신 여러분들은 제대로 번지수를 찾았습니다. 한껏 박수를 쳐드리고 싶습니다. 필자는 수십 년간 대학 강단을 비롯해 공적·사적 기관에서 외도심리와 범죄심리를 전문적으로 상담하고 치료해왔습니다. 이 책에 소개되는 상담 사례와 조언들은 모두 오랜 필자의 경험에서 나온 것이며, 그렇기에 현실적이며 신뢰할만합니다. 이제 한 장 한 장 책장을 넘기면서 얻는 다양한 조언과 솔루션을 삶에 적용시켜 나가시기 바랍니다. 잊었던 삶의 이유를 발견하고, 잃었던 부부의 금슬을 되찾으며, 몰랐던 남녀의 성심리를 깨닫게 될 것입니다.

보잘것없지만 세상에 자그마한 하나의 결과물이라도 내놓는 일은 그 자체로 산고에 비유할 수 있을 듯 합니다. 어렵사리 탈고를 마치고 나니 개인적으로 감사해야할 분들이 너무 많습니다. 일일이 열거할 수 없이 많은 분들에게 이 자리를 빌어 감사의 마음을 전합니다. 무엇보다도 그동안 치유의 과정에서 저와 함께 울고 웃으며 행복을 만들어 갔던 모든 분들께 마음 깊이 고마움을 전하고 싶습니다.

이제 저와 함께 남녀의 외도심리 속으로 여행을 떠나 봅시다.

bon voyage!

천안 검은들길에서

박수경

Contents

Contents

❖ 얀 반 아이크(Jan van Eyck, 1395~1441)의 「아르놀피니 부부의 초상화(The Arnolfini Portrait, 1434)」.
  영국 런던 국립미술관(National Gallery) 소장.

chapter *1*

태초에 그 남자, 그 여자가 있었다

남녀의 기본적인 성심리

"신이 자기 형상 곧 신의 형상대로 사람을 창조하시되 남자와 여자를 창조하셨다."
—『성서』,「창세기」, 1장 27절—

태초에 그 남자, 그 여자가 있었다

세상엔 대비를 이루는 것들이 많다. 뜨거움—차가움, 오른쪽—왼쪽, 밝음—어두움, 안—밖, 위—아래 등등. 이러한 대립쌍은 우리가 세상을 인식하는 기본틀을 제공해 준다. 일찍이 프랑스의 인류학자 레비-스트로스Levi-Strauss는 이항 대립의 분석을 통해 신화와 문화를 파악하여 구조주의의 토대를 놓았다. 그런데 이러한 이항 중에서 문화사적으로 가장 중심 테제가 되어왔던 대립쌍은 누가 뭐래도 '남자—여자'일 것이다. 남자와 여자의 존재는 인류가 쌓아올린 찬란한 문명의 알파와 오메가다. 남너 사이에서 무수한 사랑과 전쟁이 잉태됐으며, 남녀관계에서 결정적인 역사의 변곡점들이 찍혔다. 남녀는 정치와 사회를 움직이는 동력이면서 문학과 예술의 영원한 주제이기도 하다. 어마어마한 4차원의 우주적 진리마저도 남녀라는 지극히 사적인 관계 속으로 수렴된다. 결국 남자와 여자는 세상의 전부다!

연극 「버자이너 모놀로그_The Vagina Monologues_」를 보면, 여성의 성기를 블랙홀에 비유하여 진공청소기처럼 만물을 다 빨아들이는 카오스 공간으로 묘사하는 대목이 나온다. 괜히 사변적으로 눙치는 말이 아니다. 생각해 보면, 정말 세상 모든 존재가 다 이 구멍에서 출발한 게 아닐까? 남성이란 여성의 성기, 그 갈라진 틈을 열어젖히고 태어나 자신의 성기를 가지고 다시 그 구멍 속으로 들어가는, 끊임없는 회귀를 제 운명으로 삼는 존재 아닐까? 여성이란 몸을 빠져나간 생명의 씨앗이 커다란 남성의 성기가 되어 다시 돌아와 자신의 내강內腔 속을 채워나가는, 간단없는 회수를 제 숙명으로 여기는 존재가 아닐까?

남자는 회귀를, 여자는 회수를 꿈꾸는 존재

1 알쏭달쏭,
남녀의 성심리

    K씨(45세)는 슈퍼마켓에서 반찬 파는 일을 하며 열심히 살아가는 건실한 가장이었다. 그는 일본인 회사를 다니는 B씨(42세)를 아내로 맞아 가정을 꾸렸고, 그 사이에서 떡두꺼비 같은 아들도 하나 얻었다. 성격이 활달하고 쾌활한 아내 B는 동네에서 인기 만점이었고, 마치 영화 「패밀리맨(2000)」에 나오는 잭(니콜라스 케이지)의 아내 케이트(티아 레오니)처럼 매력이 철철 넘쳐서 K는 뭇 남성들의 시샘을 한 몸에 받았다.* 겉으로 보기에 K는 거의 완벽해 보였

---

* 외도를 고민하거나 불륜관계에 있는 부부라면 개인적으로 이 영화를 꼭 보시기 바란다. 넘치지도 부족하지도 않게 결혼과 외도의 근본적인 차이를 깨달을 수 있게 도와주는 걸출한 가족드라마다.

다. 그런 그에게도 남모를 고민이 있었는데, 바로 중증 발기부전이었던 것. '고개 숙인 남자'가 오늘날 의외로 많다는 우리나라 보고서를 얼마 전에 본 적이 있다. 산업화된 사회 체질과 무한 경쟁 체제로 하루하루 각박한 삶을 살다보니 최근에 스트레스 같은 심인적인 이유로 발기를 어려워하는 남자들이 주변에 많아진 것 같다. 모든 남자는 죽을 때까지 볼링핀처럼 우뚝 선 성기를 갖기 원한다. 흐느적거리는 성기는 남성성에 씻을 수 없는 깊은 상처를 남긴다.

그럼 그가 발기부전 때문에 필자를 찾아왔을까? 아니다. 충격적인 것은 K가 바람을 피웠다는 사실이다. 「패밀리맨」에서 잭은 아내 케이트를 두고 볼링장에서 자신에게 엉큼한 추파를 던지는 에버리(리사 손힐)에게 관심을 갖는데, 그런 그를 다른 남자들은 도무지 이해할 수 없다는 반응을 보인다. 남편이 주말에 애들을 데리고 집을 비우는 때에 맞춰 육감적인 그녀와 질펀한 혼외정사를 즐기겠다고 에버리의 집주소를 묻는 잭에게 친구는 "미쳤구나"라고 되받아친다. "이봐, 잭! 정절을 맡아주는 신탁은행은 까다로운 채권자라구. 니가 다른 곳에 돈을 입금하는 순간, 다시는 그 곳과 계좌를 틀 수 없단 말야, 영원히, 알았어? 잭, 이 동네에서 니 아내를 좋아하지 않는 놈팡이들이 단 한 새끼도 없다는 거 알아? 그녀는 최고야. 넌 좋은 기회를 다 날려버리는 거라구." 옆에 늘 있어서 소중함을 모르는 걸까? 어디 내놔도 손색없는 천사표 아내를 집에 놔두고, 그것도 미더덕처럼 짜부라진 남성을 가지고 외간여자와 정을 통했다? 어떻게 K에게 이런 일이 가능했던 것일까?

K는 어쩔 수 없이 B의 손에 이끌려 필자를 찾아왔다. B는 남편의 외도에 양가감정을 갖고 있었다. 자신과 섹스를 하지 못하게 만든, 그래서 발정 난 수캐마냥 밖으로만 싸돌아다니게 밀어낸 장본인이 자기라고 여기는 자책감, 그와 동시에 자신과는 하지 못하면서 자신이 아닌 다른 여자와는 물고 빨고 신나게 놀아난 남편에 대한 끝 모르는 분노, B에게 이 두 가지 서로 상반된 정서가 혼재되어 있었다. 게다가 남편과 잠자리를 가진 상간녀에 대한 미움과 시기심까지 더해져 필자를 찾아왔을 때만 해도 무척 혼란스러워했던 기억이 아직까지 생생하다. 필자는 B를 진정시키며 조용히 그녀가 풀어내는 그간의 이야기를 들을 수 있었다. 필자는 남녀의 성심리를 이해하는 데 매우 중요한 단서들을 줄 수 있다고 판단해 상담 내용의 일부를 여기에 소개한다.

두 사람은 젊은 시절 일본에서 만났다고 한다. 여자는 유학으로, 남자는 이자카야에 아르바이트를 하러 일본에 갔다가 서로 만나게 됐다. 만나는 순간 두 사람은 누가 먼저랄 것도 없이 서로에게 끌렸다. 아마 이방인들 중에 같은 한국인이라는 동질감과 오랜 해외 체류로 외로움이 정점에 달했던 처지가 둘의 인연을 특별하게 만들어줬을 것이다. 둘은 곧 결혼에 골인했고, 한국으로 나와 신방을 차렸다. B는 전공을 살려 일본인이 운영하는 무역회사에 들어갔고, 나름 실력도 인정받아 고속 승진을 거듭했다. K도 요식업에서 점원으로 일했던 경험을 살려 동네에 반찬가게를 열었고 주변 식당에 부식과 식자재를 납품하며 생계를 이어갔다. 필자에게 K는 한 가지만 빼면 만사가 다 좋았다고 했다.

언제부턴가 K는 B와 관계를 갖지 못했다. 벌거벗은 아내를 보고도 발기가 되지 않았다. 링을 끼워보고 약을 먹어봐도 소용없었다. 낭패였다. K는 밤이 두려워졌다. 아내가 샤워만 해도 자신의 팬티를 들춰보고 한숨을 쉬는 날이 많아졌다. 이러한 남편을 위해 사려 깊은 B는 온갖 방법을 동원했다. 밤마다 야한 란제리를 입거나 남편의 성적 판타지를 일으킬 수 있는 환경을 부단히 조성했다. 부부관계에 관한 책도 사서 읽어봤다. 심지어 용기를 잃은 남편을 위해 가슴 확대술까지 심각하게 고민했으니, 여자로서 가히 처절한 사투를 벌인 것은 분명하다. 그런데도 K의 그것(!)은 요지부동이었다. 아내가 성적 매력이 있고 예쁜데도 무슨 이유에선지 서질 않았다. 심지어 잠자리를 갖기 전에 컴퓨터로 야동을 보고 자위로 성기를 세우고 곧바로 침실에 들어도 아내 앞에만 서면 사정없이 그것이 쪼그라들어 낭패를 본 경우가 한두 번이 아니었다. 그의 이야기를 들으며, 필자는 김수희가 부른 「애모」의 가사가 떠올랐다. "그대 앞에만 서면 나는 왜 작아지는가, 그대 등 뒤에 서면 내 눈은 젖어 드는가." 하나 알아둬야 할 사실은 처음부터 K가 B와 관계를 갖지 못한 게 아니었다는 점이다. 신혼 때 잠자리는 비교적 건강하고 원만했으며 둘 사이에 아기까지 있었다. 과연 그에게 무슨 일이 일어난 걸까?

원체 B는 똑똑했고 사리분별이 빨랐다. 소싯적에 공부를 꽤 했었고 학생 때 상장을 쓸어 담았다. 한국에 꽤 유명한 사립대학에 우수한 성적으로 입학했고, 3학년 때는 장학생으로 뽑혀 일본 유학길에도 올랐다. 그에 비해 K는 모든 면에서 부족했다. 중학교 때 이미 공부와 담을 쌓았고, 고등학교 때부터는 주유소 알바부터 시작해 용돈 버는 데에 몰두했다. 당연히 대학도 진학하지 못했고, 몸을 쓰는 단순 노동 쪽으로 직장을 전전했다. 필자는 이 부부에게 특별한 솔루션을 제공할 때 바로 이 점을 명쾌하게 짚어냈다. 필자는 K가 아내를 만나기 전에 인식하지 못했던 자기 열등감이 결혼과 함께 증폭되기 시작했다고 생각한다. 언제부턴가 K의 무의식에 아내가 너무 신적인 존재가 되어 버렸던 것이다. '아내는 나와 다르다.'

'내 주제에 저런 여자와 살아도 되나?' 바보 같은 생각이라 머리를 가로저어도 아내에 대한 이런 감정은 시간이 지날수록 눈덩이처럼 불어났다. 그러면서 아내 앞에서 발기가 되지 않았다. 그에게 아내 는 인간계가 아닌 신계에 속한 존재였다.

그런 그를 기나긴 겨울밤 깊은 잠에서 깨워준 존재가 따로 있 었으니, 바로 옆집 아줌마 C씨였다. 일이 터지기 6개월 전 옆집으로 이사 온 유부녀 C는 군인 출신의 남편과 살면서 본래부터 가정폭력 에 시달리고 있었다. 그런 아줌마를 위로하려고 K는 팔다 남은 반 찬도 싸주고 두부나 콩나물도 갖다 주고 그러다가 점차 정분이 싹 텄다. 사실 결정적인 계기는 따로 있었다. 어느 날 저녁, C가 허리 를 숙여 쓰레기를 버릴 때 우연히 드러난 그녀의 하얀 젖무덤을 보 는 순간, K는 오랫동안 녹슬어 있던 자신의 남성이 돌덩이처럼 불 끈 솟는 경험을 하게 된다. 밤마다 온갖 교태를 부리는 아내를 보 고도 꿈쩍 않던 K가 무덤덤한 C를 보고는 갑자기 발동이 걸린 것이 다. 필자가 보진 않았지만, 미루어 보건데 분명 C는 B에 비해 여러 모로 처지는 여자였을 것이다. 외모도, 몸매도, 성격도 어디 하나 견줄 수 없었지만, 그 만만함(?)이 도리어 K에게 불타는 성욕을 불 러일으켰다. C가 풍기는 적당한 상스러움과 인간적인 여유로움이 본의 아니게 금욕을 하던 K의 장사정포를 무장해제하고 대륙간탄

도미사일의 봉인을 뜯은 것이다. 비뇨기과 의사도 성공하지 못했던 치료를 졸지에 옆집 아줌마가 해결하자, K는 마치 이전의 세월을 보상이라도 받으려는 듯이 한 마리 굶주린 늑대처럼 그녀에게 달려들었다. 아마 C도 자신의 속사정을 들어주고 위로해주는 옆집 아저씨의 다정함에 끌렸을 것이다.

흔히 인간의 3대 욕구를 식욕, 성욕, 수면욕으로 꼽습니다. 정신과 육체의 건강을 위해서 식욕과 수면욕도 매우 중요하지만, 무엇보다도 마음의 에너지, 즉 마음의 힘이 중요합니다. 위대한 정신분석가 프로이트는 그 힘을 성욕(리비도)이라고 보았습니다. 여기서 성욕은 단순한 남녀의 섹스를 넘어선 인간의 몸과 마음을 움직이는 에너지이자 힘입니다. 성욕은 아동기 때는 애착, 인간관계에서는 사랑과 관심, 연인관계에서는 섹스가 될 수 있습니다.

수개월 동안 둘은 B가 아침에 출근하자마자 서로의 집에서 몸을 섞으며 뜨거운 관계를 유지했다. 급기야 끓어 넘치는 정욕을 주체할 수 없었던 K는 저녁마다 아내에게 수면제를 먹이고 자신의 집에 C를 불러들여 거실 소파에서 섹스를 벌이는 대담함까지 보였다. 무방비 상태에 혼절한 B의 옆에서 두 남녀가 보란 듯이 혼외정사를 나누는 상황에서 K는 야릇한 쾌감마저 느꼈다. 미답의 처녀지를 배회하다 노다지를 발견하고 중앙에 깃발을 꽂는 탐험가의 정복욕이라고 할까? 그러나 꼬리가 길면 잡히는 법! 여자의 육감이 작동했다. 여자만이 맡을 수 있는 다른 암컷의 암내를 대번에 감지했다. 한두 번은 넘어갔지만 남편과 저녁만 먹으면 자신이 매번 곯아떨어지는 걸 수상히 여긴 B는 침대 머리맡에다 녹음 기능을 켜놓은 채 휴대폰을 넣어두는 주도면밀함을 잊지 않았다. 역시 그녀는 장학생다웠다! 결국 둘의 애정행각은 고스란히 휴대폰에 담겼고, 채증을 통해 K는 빼도 박도 못하고 아내의 손에 이끌려 상담소를 찾게 됐다.

2 아담의 외도심리

K는 어떤 성심리를 갖고 있었을까? 기본적으로 상대를 어떻게 이해했느냐에 따라 그 사람을 대하는 습관이 만들어지는데, 성관계도 다르지 않다. 여성이 남성을, 반대로 남성이 여성을 대하는 무의식의 습관이 있다. 남성은 여성에게 무엇인가 해주고 상대가 그것을 받아주면 무의식의 습관이 형성된다. 남성은 여성이 받아주지 않을 때에 대한 본능적인 두려움을 갖고 있다. 다큐멘터리 「동물의 왕국」을 보면, 수컷은 암컷의 마음을 사로잡기 위해 말 그대로 필사의 노력을 한다. 수컷 딱새는 암컷의 환심을 사려고 부지런히 벌레나 지렁이를 잡아다 바친다. 진화생물학의 관점에서 자신의 선물공

세를 받아주느냐 마느냐가 교미로 직결되기 때문에, 암컷에게 선심을 보이는 수컷의 이와 같은 행위는 본능이 시키는 종족번식의 필살기인 셈이다. 칼자루는 암컷이 쥐고 있다. 여성의 입장에서는 때로 다른 일로 기분이 나쁘거나 화가 나서 받아주지 않을 수도 있는데, 남성은 보통 그것을 거절의 행위로 오해한다. 여성들은 자신의 마음을 알아주고 기분까지 헤아려주는 상대에게 사랑을 주는 습관을 형성하고, 남성은 자신이 무엇인가를 해줄 때, 여성이 그것을 받아주느냐 마느냐에 따라 무의식의 습관을 형성한다.

남성의 심리적 행복은 목표를 달성하기 위해 **열정**을 다한 후 얻어지는 **성취감**, 그리고 그 결과로 발생하는 **성욕**, 즉 **심리적 에너지**이다. 남자의 열정 안에는 여자와 일이 함께 있다. 열정은 자신은 재미있지 않아도 상대를 즐겁게 해주기 위한 노력이다. 남성이 자신의 여자를 즐겁게 해주려고 노력할 때, 긍정적 반응과 인정을 해주면 자연스럽게 성욕이 생긴다. 소풍을 가는 날 마냥 설레는 것처럼, 남성들은 여자가 자기 얘기를 듣고 웃어주면 본능적으로 그녀에게 없던 정열도 일어나기 마련이다. 여자가 긍정적인 반응을 보이면 남자는 그녀와 성관계를 하고 싶은 마음이 생긴다. 언제나 남자는 주는 사랑을 한다. 섹스를 나눈 다음 "자기, 어땠어?"를 꼭 물어보는 존재들이다. 남자는 상대가 행복해하는 것을 보면 즐거워진다. 그래서 남자는 여자와 대화를 나눌 때 문제를 해결해 주려고 덤빈다. 여자가 하소연을 하면 그냥 들어주는 게 아니라 꼭 그 문제를 해결해 주어야 한다고 착각한다. 이성이든 동성이든, 여자는 대화를 할 때 자신의 힘든 마음을 함께 나누려고 푸념이나 넋두리를 한다. 하지만 그 하소연을 들은 남자는 슈퍼맨으로 변신한다.

남성의 열정(passion)은 건강한 심리를 가지고 있을 때와 스트레스를 가지고 있을 때가 전혀 다릅니다. 사실 같은 에너지라고 할 수 있지만, 전자는 인생의 목표와 가치를 실현하기 위한 희생과 처자식을 위한 헌신이 포함됩니다. 반면 후자는 현실적인 스트레스로 인해 남성이 목표를 잃고 일시적 쾌락의 목적을 따라 사는 욕구가 포함됩니다. 남성의 열정은 몰입의 힘이고, 성취는 여성의 긍정 반응과 인정이며, 성욕은 삶의 에너지와 섹스 두 가지를 포함합니다.

따라서 아내가 아닌 이 지구상에서 가장 위험한 여자는 자신의 남편에게 스스럼없이 상처를 말하는 여자다. 앞서 든 사례에서 B에게 일생의 주적은 C같은 여자다. 남자는 어떤 여자라도 자신에게 와서 반복적으로 자신의 상처를 말하며 불안을 토로하면 강력한 보호본능을 느끼기 때문이다. 이건 본능이기 때문에 이성의 명령으로 제어하기 힘들다. 상대가 누구든 상관없다. 자신의 와이셔츠를 다리는 세탁소 주인이든, 아침마다 길에 물 뿌리는 꽃가게 알바든, 저녁마다 찾는 헬스클럽 카운터든, 심지어 한 달에 한 번 방문하는 정수기 코디든, 남성이라면 일상에서 마주치는 어떤 여성에게도 이 보호본능(해결본능)을 느낄 수 있다. K는 해병대 출신 남편에게 매일 얻어맞는 C에게 무한한 슈퍼맨 콤플렉스를 느꼈다. 보통 스트레스와 마음의 상처를 받으면, 남자는 즐겁고, 재미있는 일을 하면서 빨리 풀어버리기 때문에, 여자에게도 똑같은 방법을 권하거나 아니면 직접 해준다. 그 방법 중 가장 간단한 방법이 역시 섹스다! 남자는 마치 '선의라도 베푸는 듯' 그녀에게 자신의 몸을 허락한다. "나, 이래 봬도 능력 있는 남자야!" 무언의 시위인 셈이다. 이렇게 남자는 여자가 끙끙대는 문제의 뇌관을 손쉽게 해체했다.

슈퍼맨 나가신다! 빤스를 내려라!

그래서 아내에게 외도를 들키면 일부 남자들이 대뜸 한다는 말이 "그 여자, 불쌍한 여자야"가 되는 법이다. 황당한 말에 아내가 분노를 표출해도 남자는 자신이 무엇을 잘못했는지 깨닫지 못한다. 왜냐면 자신은 바람을 피운 게 아니라 단순히 그 여자의 문제를 해결해 준 것에 불과하기 때문이다. 이처럼 남성에겐 섹스가 가장 손쉬운 해결책이다. 자고로 아내와 싸웠든, 상사에게 발렸든, 주식이 떨어졌든, 업무에 지쳤든, 남자의 머리에서 나올 수 있는 가장 간편한 솔루션은 섹스다. 상대를 사랑하는 감정과는 별개다. 오늘 처음 만난 사람과도 할 수 있고, 심지어 아무런 감정이 없는 밀랍인형(리얼돌)과도 할 수 있다. 문제는 자신도 그러니까 여자도 그럴 거라고 착각한다는 데 있다.* 그렇다면 여성의 외도심리는 어떻게 다를까?

---

* 2005년 실시한 한국판 킨제이보고서에 따르면, '사랑하지 않는 이성과도 섹스가 가능한가?'라는 질문에 남성은 77.4%가 '그렇다'라고 답변한 반면, 여성은 75.1%가 '아니다'라고 선을 그었다.

3 이브의 외도심리

여성은 섹스까지 도달하는 과정이 좀 복잡하다. 여성은 기본적으로 신뢰와 사랑이 전제되어야 섹스가 가능하다. 남성은 평소에 긍정 감정을 가지고 살기 때문에 상처의 감정이 없지만, 여성은 평상시 부정 감정을 가지고 살기 때문에 사소한 상처의 기억을 안고 살아간다. 여성은 왜 부정 감정을 기억할까? 남성과 달리, 여성은 온몸이 성감대이기 때문에 외부의 위협에서 자신을 지키기 위해 기억 속의 부정 감정을 쉽게 소환한다. 마치 카멜레온처럼 시시각각 변하는 외부 환경에 스스로를 방어해야 하기 때문에 소위 '방어기제'가 적극 활용된다. 이런 부분을 잘 알고 있는 남성이라면, 자기 여성의 몸을 더듬기에 앞서 그녀의 방어기제부터 먼저 풀어내야 할 것이다. 남성이 열정을 가지고 여성의 부정 감정을 긍정 감정으로 바꿔주었을 때 비로소 여성의 온몸이 다 열리고 남성을 받아들일 수 있는 상태가 되기 때문이다.

방어기제, 열려라 참깨!

여자는 본능적으로 남편에게만 속마음을 털어놓고 싶어 한다. 왜냐하면 남편이 자신의 상처를 알아주고 위로해야 몸이 열려서 그와 사랑도 나눌 수 있기 때문이다. 아내가 남편에게 SOS를 치는데 남편은 주파수가 맞지 않는다. 한편에선 FM 신호를 보내는데, 반대편에서 AM으로 튜닝 하는 꼴이다. 구조선을 보내기는커녕 신호를 잘못 이해해서 평소 순찰을 돌던 초계함마저 철수시킨다. 그러다 어느 날 옆집 아저씨가 무거운 물건을 들어주거나 말 한마디라도 친절하게 대해주면 갑자기 자기도 모르게 내면의 힘든 이야기를 털어놓고 싶어진다. 출발은 건전한 편이다. C도 옆집 아저씨 K에게 미주알고주알 자기 얘기를 꺼내놓으면서 바람이 시작됐다. 남편 흉을 보려고 시작했다가 상대 남자와 밥 한 끼 먹게 되고, 그러다 꽃구경 가게 되고, 그러다 정들고, 결국엔 모텔까지 가게 되는 것이다.

그런 점에서 남녀의 외도심리를 알고 싶다면, 코미디영화 「내 아내의 모든 것(2012)」을 꼭 보기 바란다. 영화 속에서 정인(임수정) 과 두현(이선균)은 K와 B처럼 일본 유학 중에, 그것도 열도가 지진 으로 마구 흔들리던 순간에 같은 시간 같은 장소에서 운명적으로 만나 결혼에 골인한다. 백일, 이백일, 남녀의 알콩달콩한 연애 과정 이 주마등처럼 스쳐가고, 영화는 결혼 후 7년이 지난 평범한 부부 의 일상으로 시작된다. 요리를 배운 여자답게 정인은 매일 아침저 녁으로 두현에게 온갖 산해진미 9첩반상을 해다 바치지만, 아이가 없는 부부의 권태기는 사그라질 줄 모른다. 두현은 어느새 여성미 라고는 눈 씻고도 찾을 수 없이 과격한 아줌마로 변신한 아내가 영 못마땅하다. 자기 앞에서 옷을 훌렁 벗고 시도 때도 없이 방구를 뿡 뿡 뀌는 건 그래도 참을 만하다. 때와 장소를 가리지 않고 한국 아 줌마의 용기를 시전하는 아내 정인을 보며 결혼을 후회하기 시작한 다. 회사에서 퇴근하면 시작되는 잔소리를 눈 하나 깜짝 안 하고 미 소로 화답하고, 돌격하는 아내의 육탄공격을 의무방어전을 치르듯 온몸으로 받아낸다. 아내가 잊을만하면 전화를 걸어와 삶의 불평과 고민들을 털어놓는 것에 넌덜머리가 날 지경이다. 심지어 휴대폰에 아내의 이름이 '투덜이'로 저장되어 있을 정도.

영화 초반에 클로즈업 되는 두현이 화장실 변기 위에서 「빼앗

긴 들에도 봄은 오는가」를 읽는 장면은 날카로운 복선에 해당한다. 도저히 맨 정신에 아내에게 이혼장을 내밀 자신이 없던 두현은 합법적으로(?) 이혼을 꿈꾼다. 옆집에 사는 전설의 카사노바 성기(류승룡)가 자신의 아내를 꼬셔 바람을 피우게 만드는 계획. 하루가 멀다 하고 국적 불문의 여성들이 꼬이는 성기에게 몇날 며칠을 삼고초려의 자세로 문틈에 꽂아 넣은, "살려주십시오!"라고 휘갈겨 쓴 두현의 명함에서 그의 절박함을 읽을 수 있다. 필자가 영화에서 눈여겨 본 대목은 서로를 바라보는 남녀관이 심각하게 왜곡되어 있던 두현과 정인의 입장이었다. 정인의 불평은 자신에 대한 실망이 아닌 사랑이었음을 두현은 갖은 우여곡절을 겪은 영화 후반부나 돼서야 점차 깨닫게 된다. 아이러니한 사실은 그 깨달음이 바람둥이 성기의 의도치 않은 태도에서 비롯되었다는 점이다.

04 성심리와 성행위의 조화

그리스-로마신화에서는 사랑의 관계를 '큐피드의 화살'로 묘사한다. '사랑'이란 말을 그리스어로는 아모르amor라고 하는데, 사랑의 신 큐피드의 원래 명칭이 여기서 유래했다. 라틴어로는 아모르가 큐피도cupido인데, 이 단어는 사실 욕정lust이라는 말에 더 가깝다. 그래서일까? 신화 속 큐피드의 화살을 맞은 사람은 사랑의 욕망이 끓어 넘쳐 '눈에 뵈는 게 없는' 단계가 된다. 남성의 욕정이 이와 같다. 기본적으로 성행위를 이해하려면, **의식심리와 습관심리**, **욕구심리**의 구조를 알아야 한다. 성행위, 즉 섹스를 하는 것에는 평소 생각, 자신의 기준과 습관이 작용한다. 섹스를 하는 패턴은 자신의 생각이나 습관과 상관없이 본능적으로 작동한다. 남성이 상대 여성의 마음을 얻기 위해 노력하고 여성은 남성에 대해 긍정 감정이 생겨 심리적 동의가 일어날 때, 여기에 성심리가 결합해서 성행위를 하게 된다. 성행위를 할 때는 습관적으로 하게 되지만, 남녀가 결합하게 되는 심리는 남성이 시각을 통해 여성을 여자로 인식하면 그 순간 열정이 발생하며 한 마디로 다른 건 '눈에 뵈는 게 없는' 상태가 된다. 일순간 여성에게 몰입되어 그녀의 반응에 온 신경이 쏠린다. 이러한 마음이 욕구심리이다. 이 욕구심리는 누가 가르쳐주지 않아도 남성이 여성을 보면 솟아난다. 자기도 모르게 성기의 해면체에 피가 몰리며 팽창하고 발기하여 삽입이 가능한 상태가 된다.

인간의 의식은 인성을 만들고 무의식적인 말과 행동의 습관을 만들기 위하여 인체의 위장과 같은 기능을 합니다. 음식을 먹으면 위장에서 소화시키고 소화가 되면 영양분에 따라서 근육을 만들기도 하고 몸의 건강을 유지할 수 있게 하는 것처럼, 의식은 정보를 받아들이면 이해를 통해 몸을 움직이고 행동하게 해줍니다. 반면 욕구심리는 모든 인간에게 기본적으로 있는 생리적 센서이자 프로그램입니다. 심리는 위계를 갖고 있는데, 맨 밑에는 근본적인 욕구심리가 놓여 있고, 그 위로 남자와 여자가 정반대로 발달되지만 각 성별로 구분하여 공통적으로 발달되는 집단무의식, 그리고 행동하는 습관, 마지막으로 의식심리가 놓입니다.

남성과 여성이 성관계로 결합하는 것은 서로의 마음에 성심리가 발생해 몸이 교감하여 이뤄진 결과다. 성관계는 남녀 모두에게 이를 데 없는 쾌락을 준다. 행복의 감정은 남성과 여성 모두에게 충족감을 선사한다. 구체적으로 말하면, 남성은 미래의 행복을 달성하기 위한 삶의 에너지를, 여성은 현재 느껴지는 행복과 어떤 어려움도 극복할 수 있는 삶의 에너지를 얻는다. 여성은 남성의 성기를 직접 받아들이며 온몸으로 느끼기 때문에 섹스를 하는 현재가 행복하다. 미드「섹스 앤 더 시티(2008)」를 보면, 주인공 캐리(사라 제시카 파커)가 30대 미혼 뉴요커 친구들과 수다를 떨면서 "아, 오늘 밤은 위에서 나를 눌러줄 사람이 필요해!"하며 아쉬운 푸념 사이로 간드러진 목소리를 내뱉는 장면이 나온다. 여자들 역시 멋진 남성과의 원나잇스탠드를 로망으로 간직하고 있다. 그래서 현실에서 사랑을 충분히 느끼지 못하는 여성은 로맨스소설을 읽으며 가공의 인물과 열정적인 사랑을 꿈꾼다.

반면 남성은 미래에 대한 기대 행복과 그에 따른 삶의 에너지를 얻는다. 남자는 "아, 이 좋은 섹스를 이 여자와 앞으로 계속 할 수 있겠지?" "이 짜릿함이 영원히 지속될 수 있을 거야"라는 상상에 가슴이 벅차오른다. 물론 눈앞의 여자와 당장 섹스를 하고 있는 순간도 즐겁지만, 남성은 내 아래에 있는 여자가 앞으로 나와 관계를 가져줄 것을 기대하며 즐거움을 만끽한다. 이렇게 남녀가 각기 현재의 행복과 미래의 행복으로 만나 결합하면서 긍정 감정이 시너지를 내게 되고, 이는 자연스럽게 강력한 삶의 에너지를 생성한다. 그래서 K도 B와 결혼한 것이다. K의 왜곡된 무의식이 습관으로 형성되어 나중에 발기부전까지 가는 어려움도 있었지만, K 역시 여느 남자와 마찬가지로 끊임없이 아내와의 통쾌한 섹스를 꿈꾸며 결혼에 도달했을 것이다. 비록 심인적 이유로 그 꿈이 현실에서 지속되지 못했을 뿐이지만.

여자는 현재 느껴지는 사랑의 감정
남자는 미래의 행복을 달성하기 위한 열정

남성이 상대를 여자로 인식하고 내부에서 열정이 끓어 넘치게 되면, 그 과정에서 성적 즐거움과 재미를 추구하게 되고, 사랑의 감정과 성심리가 결합하면서 성행위를 통해 여성과 깊은 교감을 나누게 된다. 어쩌면 사랑은 이미 만들어졌는지도 모른다. 섹스는 단순히 그 사랑을 확인하는 과정일 뿐이다. 여성은 이런 남자의 열정을 받으며 바늘에 실 가듯 사랑의 감정을 만들고, 이 사랑의 감정을 확인하는 방식의 하나로 남자와 섹스를 허락하게 된다. 이처럼 여자의 성심리는 반드시 남자의 열정이라는 연료가 주입되어야 자가 연소를 시작한다. 따라서 남성은 여성과 섹스하기 전에 '마음의 애무'를 먼저 해야 한다. 자칫 욕구에 이끌려 섣부르게 여자의 성감대를 직접 주무르거나 거칠게 다루면 몸이 제 기능을 발휘하지 못한다. 부정적인 마음을 긍정적인 마음으로 바꾸어 주어야만 여성은 온몸의 성감이 살아난다. 사막의 마른 꽃이 단비를 맞으며 피어나듯, 여성의 몸과 마음이 촉촉이 젖어들 때까지 충분히 분위기를 끌어가는 게 중요하다. 마음이 준비되지 않고 평소 부정적인데 상대가 서둘러 삽입부터 하려고 시도하면 여자는 대번 화가 난다. 순서가 중요하다. 대화와 무드로 여성의 성심리를 끌어내고 손이나 발처럼 바깥에서 보다 깊숙하고 은밀한 부위로 차근차근 접근하는 인내심이 남성에게 요구된다. 사람마다 개인차는 있으나, 여자의 성감대 역시 부위와 강도에 따라 단계가 있으므로 여자가 상대에게 존중받고 있다는 느낌이 들도록 지난한 과정을 하나씩 밟아가야 한다. 게다가 자극을 주는 방식도 손뿐 아니라 혀와 치아, 심지어는 무심한 듯 피부와 피부가 스치는 가벼운 마찰조차 여성이 몸을 열어줄 수 있는 무기가 되므로 다양하게 바꿔주는 게 좋다. 자동차 기어를 변속하듯이. 이처럼 성욕구를 충족하는 여자와 남자의 몸과 마음의 작용이 매우 다르다. 이런 차이를 모르고 시작하는 관계는 사랑이라는 이름으로 서로에게 깊은 상처를 내게 되고 결국 외도로 이어진다.

5 상처와 위로의 성심리

　'토크쇼의 여왕'으로 유명한 미국의 진행자 오프라 윈프리는 사춘기 때 성적 학대를 당했던 자신의 부정 감정을 긍정적으로 승화한 드문 케이스에 속한다. 여성의 입장에서, 성장기 때 얻은 일반적인 상처는 부정적인 감정을 낳게 한다. 그래서 상대에게 감정이 있으면 무의식중에 섹스를 차단하려는 게 여성의 심리 메커니즘이다. 대부분의 여성은 상대에게 자신의 상처에 대한 위로를 요구하는 동물이다. 일정한 위로를 받아야 그 다음에 몸이 열린다. 한 마디로 마음이 가야 몸이 가는 구조다. 영화 「스캔들, 조선남녀상열지사(2003)」에는 이런 여성의 감정이 원숙하게 그려진다. 조선시대

희대의 바람둥이 조원(배용준)은 조씨 부인(이미숙)과 은밀한 내기를 하고 남편과 사별하여 아홉 해나 정절을 지키며 열녀문까지 하사받은 지암 윤길준 대감 며느리 숙부인 정씨(전도연)에게 접근한다. '청상인지 청승인지' 27년이나 남자를 거부한 그녀에게 "음양의 이치를 깨닫게 해주겠다"고 호언장담한 조원은 내기에서 이기면 조씨 부인과 하룻밤을 보내고, 지면 머리를 깎고 스님이 되기로 약속한다. 남녀가 유별한 시대에도 남녀의 관계는 정절과 부정 사이를 관통하는 성심리가 고스란히 작동하고 있다.

조원은 줄기차게 자신을 밀어내던 정씨의 상처를 보듬고 그녀의 온몸을 열어젖히는 데 자신의 열정을 남김없이 사용한다. 기대된 위로가 이루어지면 여성 스스로 상처를 치유하고 성심리가 꿈틀댄다는 걸 조원은 잘 알았다. 마음이 활짝 열리면 요조숙녀도 옹녀로 돌변하는 법. 결국 철옹성 같던 정씨는 자신을 여자로 만들어준 조원과 뜨거운 하룻밤을 허락한다. 정씨는 조원의 품에 안겨 가장 마음 속 깊이 감추어둔 속내를 고백한다. "천지간의 만남에는 두 가지가 있으니 하나는 임금과 신하의 만남이요, 다른 하나는 남녀 간의 만남이라 하지 않았습니까? 이제 그 지극한 만남을 이루어 나리를 만났으니 못할 게 무엇이 있겠습니까?" 자신을 두고 은밀한 거래가 이뤄졌다는 사실을 꿈에도 알지 못하는 정씨는 조원을 '하늘이 맺어준 인연'으로 믿는다. 역설적인 부분은 조원마저 이렇게 정숙하고 순수한 정씨와 그만 사랑에 빠지고 만다는 설정에 있다.

필자는 이런 설정이 단순한 영화를 재미있게 만들기 위한 페이소스에 머문다고 생각하지 않는다. 남성은 자신을 온전히 바칠 정도로 열정을 일으키는 여자에게, 여성은 그런 순수한 열정을 주는 남자에게 서로 끌리게 되어 있다. 남녀 모두 섹스 자체가 중요한 게 아니라 섹스에 도달하기까지 서로의 성심리가 어떻게 작동했는지 중요한 것이다. 그래서 프랑스 원작 소설을 번안한 이 영화는 자칫 진부한 주제를 이런 동서고금을 막론한 남녀의 성심리가 지니는 특징들을 콕콕 집어 드라마틱하게 풀어낸 수작이라고 생각한다. 우리는 이 영화에서 조원과 정씨 외에도 왜곡된 성적 관계에 탐닉하는 다른 인물들도 만나게 되는데, 윤대감(나한일)의 우유부단함, 조씨 부인의 성적 편력, 섹스 노예로 전락한 소옥(이소연) 등 여러 군상들이 보이는 갖가지 성심리를 들여다보는 것도 흥미롭다. 조원은 결국 살해당하고 조씨 부인은 야반도주해 가까스로 목숨만은 건지지만, 영화에 등장하는 인물들의 말로는 비참하기 그지없다.

조씨 부인은 왜 이런 위험한 거래를 하게 됐을까? 단지 성적 호기심이나 일상의 무료함을 달래줄 재밋거리를 찾아 조원을 끌어들였다고 생각하진 않는다. 그녀 역시 자신의 상처를 치료해줄 남편의 사랑이 부족했던 것은 아니었을까? 남편에게 위로를 요청했는데 남편이 응대해주지 않으면 아내가 한두 번 참다가 나중에는 아예 포기한다. 그럴 때 성적인 이상행동이나 정신장애가 올 수 있다. 상처를 애써 잊으려하다가 해리현상, 즉 상처를 기억하지 않으려고 습관적으로 자신을 치유하려는 심리가 발생하게 된다. 이럴 경우, 조씨 부인처럼 여성은 즐거움과 쾌락을 추구하지만 심리는 여전히 불안정하고 허전해진다. 심한 경우, 이러한 심리적 불안에서 벗어나려는 욕구와 함께 자기도 모르게 비정상적인 섹스의 욕구를 갖게 된다. 이때 여성은 자기 자신을 버린다. 몸이 섹스를 원하지 않고 성감대가 열리지 않더라도 마음이 아프기 때문에 상처 없이 쾌락적으로 이 사람 저 사람에게 몸을 내맡기게 된다.

이는 영화 「애수(1952)」에서 여주인공 마이아(비비안 리)가 결혼을 약속한 남자친구 로이(로버트 테일러)의 전사戰死 소식을 듣고 거리의 여자로 전락하는 경우와 같다고 할 수 있다. 자신의 비참한 운명을 이기기 힘든 여성은 고이 간직했던 몸을 더럽히므로 문제를 해결하려고 한다. 농담조로 자신을 'IBM(이미 버린 몸)'이라고 말하는 여성도 봤다. 비련의 주인공 마이아는 죽은 줄만 알았던 로이가 건장하게 나타난 모습을 보고 결국 워털루 다리에서 몸을 던져 자살하는 것으로 영화는 끝이 난다. 이럴 때 여성은 더 이상 잃을 게 없다는 심리가 내부에서 만들어진다. 조선시대 은장도는 멋으로 들고 다니지 않았다. 자신의 의지와 상관없이 순결을 잃는 위기상황에서 차라리 자결하므로 최소한의 떳떳함을 지키려 했던 정절 있는 사대부 여성의 덕목이자 도리였다. 물론 영화 속에서 조원이 주도면밀하게 꾸며낸 상황이었지만, 생면부지의 남정네들에게 겁탈당할 위험이 닥쳤을 때, 정씨는 품에 감추고 있던 은장도를 꺼내 자결하려 한다. 이처럼 목숨을 버릴 만큼 몸의 순결이 중요한 게 여성이다. 조금 고리타분하게 생각할지 모르겠지만, 비록 시대가 바뀌었다고 하나 이런 정서는 대부분 여성들의 본능에 가깝기 때문에 정도의 차이가 있을 뿐 결코 사라지지 않는다. 그런데 역설적으로 그토록 소중한 몸을 멋대로 마구 굴리는 것 또한 여성이기도 하다. 이름도 모르는 외간남자에게 자신의 마지막 밑천인 몸을 주고 다니는 여성은 한마디로 '무서운 여성femme terrible'이다. 그녀에겐 더 이상 잃을 게 없기 때문이다.

반대로 남성은 자신의 직장과 일에서 문제가 생기면 망가진다. 남성은 자신의 모든 것을 걸고 가정을 꾸리고 일을 벌인다. 그에게 일은 곧 존재의 이유다. 아무리 하찮은 일이라도 넝마주이에게는 쓰레기를 줍는 일이 그의 존재를 지탱해주는 힘이다. 그런데 남성이 이혼을 하고 직업까지 잃게 되면 스스로 더 이상 잃을 게 없다고 판단하고 인생을 막 살게 된다. 술을 마시고 폐인이 되든지, 일에만 몰두하고 일벌레가 되든지, 무위도식하는 백수가 되든지 한다. 남성의 뇌에는 여자를 경제적, 법적으로 보호해주고 싶은 무의식적 본능을 탑재되어 있다. 신이 그렇게 만들었는지, 오랜 진화의 과정으로 생득한 건지 모르겠지만, 분명히 정상적인 남성의 회로는 그렇다. 초등학교부터 만난 남녀가 성인이 되어 결혼하면서 아내는 남편에게 당부한다. "난, 자기가 교장선생님이 됐으면 좋겠어."내 여자의 이 한 마디는 이후 남성의 인생을 지배한다. 결국 남성은 교장이 된다. 아내의 바람대로 된 것. 그러던 어느 날, 교장이던 그가 학교 놀이터에서 놀고 있는 초등학교 여학생의 치마를 들춰 보다가 구속이 되는 어이없는 일이 발생한다. 아내의 입장에서는 청천벽력과도 같은 일이겠지만 그녀가 미처 몰랐던 사실이 있었다. 그건 바로 남편에게 교장 이상의 목표의식을 심어주지 못한 것. 내 여자의 행복을 위해 인생의 한 가지 목표만을 향해 달려왔는데, 그 목표를 이루고 나서 남자는 더 이상의 목표의식을 갖지 못하고 그만 길을 잃게 됐다. 심심하고 외로운 상황에서 일시적으로 저지른 단 한 번의 일탈이 그의 모든 교육자 인생을 날려 버렸다. 최근 신문지상에 오르내리는 판사나 검사 같은 번듯한 지위의 남성이 지하철에서 몰카를 찍다가 검거되는 사건들 역시 대부분 그런 상실감이 남성에게 얼마나 위험한 것인지 잘 보여주는 사례다. 성공한 남자에게 더 높은 목표의식을 독려하고 지지해주는 여성이 반드시 필요한 이유다. 다음 장에서 이런 오묘한 남녀의 성심리에 대해 자세히 살펴보자.

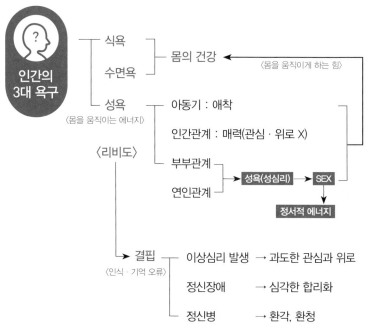

인간이라면 누구나 생존을 위한 욕구를 가지기 마련이지요. 인간이 살아가는 1차적 이유는 자신의 욕구를 충족하기 위함입니다. 그 중에서도 인간이 가지는 기본 3대 욕구는 식욕, 성욕, 수면욕입니다. 식욕과 수면욕이 채워지지 않으면 대번 몸과 마음에 이상이 오게 됩니다. 누구나 하루 삼시세끼 잘 먹고, 밤에는 잘 자야 건강한 삶을 영위할 수 있는 거죠. 반면 성욕은 보다 근본적인 욕구입니다. 프로이트는 일찍이 성욕 또는 리비도가 인간의 가장 기초적인 욕구라고 보았습니다. 여기서 성욕은 섹스 자체를 말하는 게 아니라 인간의 생존을 지탱하는 정서적 에너지 같은 것입니다. 이 에너지가 마치 연료처럼 연소해서 인간의 몸을 작동시키는 거죠. 이 정서적 에너지가 없으면 이상심리가 발생하거나 정신적 장애가 생깁니다. 따라서 적절한 성욕(성심리)의 이해 없이는 누구도 정상적인 삶을 계획할 수 없게 됩니다.

❖ 피터 폴 루벤스(Peter Paul Rubens, 1577~1640)의 「나무 그늘 아래, 아내 이사벨라 브란트와
  루벤스의 초상(Self portrait with Isabella Brandt, his first wife, in the honeysuckle bower, 1609)」.
  독일 뮌헨 알테 피나코텍(Alte Pinakothek) 소장.

chapter 2

바람은 왜 부는가

몸과 마음의 불협화음

"완벽한 연애는 전적으로 편지로만 이뤄진 관계다."
―오스카 와일드―

바람은 왜 부는가

제주에는 '임'이란 말이 있었다고 한다.[*] 우리말은 신기하다. 맘(마음)과 몸의 합성어인 이 낱말로 사람의 정신과 육체를 모두 가리킬 수 있기 때문이다. "임이 아파"라고 하면 몸과 마음이 다 아프다는 말이다. 맘이 아픈데 어떻게 몸이 안 아플 수 있을까? 이렇게 마음과 몸을 특정하지 않아도, 그냥 '임'이라고 뭉뚱그려 말해도, 그 두루뭉술한 낱말에서 서로 뜻이 통하

---

[*] "임은 해체되지 않은 인간을 기술하는 고유 기호로 쓸 수 있다." 김경용, 『기호학의 즐거움(민음사)』, 15

는 문화권에서 우리는 살았다. 우리에게 몸과 맘은 한끗 차이다. 데카르트 이후로 정신과 신체의 이분법적 사고를 하는 서구 문화에는 이런 말을 찾아보기 쉽지 않다. 영어로도 마인드mind와 바디body는 서로 별개의 영역을 가리킨다. 아쉬운 건 우리나라도 근대화를 겪으면서 언제부턴가 몸과 마음을 구분하는 서구의 사고방식에 길들여진 듯하다는 사실이다. 그럼에도 마음과 몸은 따로 갈 수 없다. 바늘 가는 데 실 가듯, 마음 가는 데 몸이 따라간다. 반대로 몸이 가는데 마음이 거슬러 갈 수는 없다. 여성은 특히 그렇다. '몸을 준다'는 말은 '마음을 준다'는 말이고, '마음을 준다'는 말은 '몸을 준다'는 말과 다름 아니다. 세상의 기준은 인간의 몸과 마음이다. 사람은 몸과 마음을 가진 하나의 객체, 곧 자연이다. 둘은 서로 긴밀하게 연결되어 있다. 어디서 어디까지 마음이고, 어디서 어디부터 몸인지 구분할 수 없다. 그래서 인간은 그냥 '몸'이다.

1 마음도 성장이 필요하다

　몸은 자연적으로 성장한다. 시간이 흐르면서 키가 자라고 몸집이 커진다. 가끔 영양 부족으로 충분히 자라지 못하더라도 기본적인 성장이 가능하다. 여성의 경우, 2차 성징을 거치며 음부에 털이 나고 가슴이 커지며 생리가 터진다. 이렇듯 의지와 상관없이 육체는 발달할 수 있다. 그러나 마음은 그렇지 않다. 제대로 가꾸지 않으면, 마음의 성장은 멈춘다. 교육을 받지 않아도 몸은 자랄 수 있지만, 마음은 그렇지 않다. 여기서 말하는 교육은 지식의 습득만을 말하는 게 아니다. 마음공부를 하지 않으면, 비록 많이 알고 있다 해도, 마음이 성장하지 못한다.

영화 「굿 윌 헌팅(1998)」에서 윌(맷 데이먼)의 사례를 보자. 공대 수학교수가 복도 칠판에 내놓은 수학문제를 거리낌 없이 풀어낼 정도로 비상한 머리를 가졌지만, 불우한 환경으로 마음공부를 할 기회가 없었던 주인공 윌은 자신이 진정 무엇을 원하는지 모른 채 길거리의 부랑아들과 패싸움을 일삼는다. 자기 이해와 타인에 대한 공감능력이 없었던 그는 결국 자신의 의도와 상관없이 여자친구를 떠나보내고 자신을 수제자로 받아들인 대학교수의 제안도 거절한다. 그렇게 관계가 틀어지고 세월을 낭비하던 그가 스스로의 마음을 솔직하게 들여다볼 수 있게 된 계기는 삼류 대학 심리학과 교수 숀(로빈 윌리암스)과 만나면서부터다. 개인적인 취향일지 모르겠지만, 이 영화의 명대사는 많은 사람들이 꼽는 것처럼 "그건 네 잘못이 아냐"가 아니다. 도리어 그의 친구 처키(벤 애플렉)와 공사판에서 나누던 대화가 영화의 백미다. 가진 것도 아는 것도 없는 죽마고우 처키는 자신의 재능을 하릴없이 썩히고 있는 친구가 안타까워 진심을 털어놓는다. "50년이 지나도 난 이 지긋지긋한 일을 하겠지. 괜찮아. 그런데 넌 당첨된 복권을 갖고도 돈으로 바꾸지 않고 깔고 앉아있는 샌님이야. 평생 이런 일을 하며 사는 나 같은 사람에겐 모독과 같은 행동이지. 매일 아침 차를 몰고 너를 태우러 가는 내게 가장 최고의 순간은 어떤 날인지 알아? 네 집 문을 두들겨도 아무 대답도 없는 그 10초야. 안녕이란 작별 인사조차 없이 니가 떠나버린 그 순간."

처키는 친구 월과 어울려 맥주도 먹고 여자 얘기도 하고 게임
도 하는 삶이 월이 지닌 재능을 배신하는 짓임을 알고 진심으로 충
고해준다. 뛰어난 재능은 없을지 모르겠지만, 필자가 보기에 그는
월보다 더 원만한 성격을 지녔다. 주변 모든 것들에서 마음공부는
시작된다. 지식의 습득도 중요하다. 보통 우리는 초등학교에 들어
가서 기초학문을 배운다. 중·고등학교에서는 자연의 이치와 우주
의 법칙을 터득하게 된다. 대학교에 진학해서는 보다 심화된 지식
과 직업에 관계된 전공을 이해한다. 비록 월은 학교를 다니진 않았
지만 엄청난 독서로 그 간격을 메웠다. 하지만 이런 학습이 마음공
부는 아니다. 지식에 발맞춰 정서학습이 이뤄져야 한다. 우리가 학
령기에 교육을 힘들게 느끼는 이유는 지식에 걸맞은 경험 없이 이
론만 배우기 때문이다. 그런데 불혹의 나이쯤 되면 삶에서 경험으
로 터득하다 보니 학창시절 지식으로만 배웠던 많은 부분을 이해할
수 있게 된다. 관계와 경험을 통해 지식을 체화했기 때문이다. 월은
바로 이 점이 부족했다.

몸과 달리, 마음은 내가 공부하고 성장시키지 않으면 크지 않
는다. '내면아이' 역시 이런 관점을 보여주는 용어다. 어린 시절 여

러 가지 상처로 인해 몸은 자랐으나 마음은 그에 걸맞게 성장하지 못하고 미숙한 자아로 남아있는 상태를 일컫는 말로 상담심리에서 자주 활용된다. 사람은 대상을 통해 마음을 성장시킬 수 있다. 보통 20대까지는 부모와의 관계, 친구와의 관계를 통해 정서적으로 성장하며, 20세 이후에는 부모의 품을 떠나 성인으로서 여성과 남성이 서로 배우자를 만나 개별적인 정서를 배우고 성장한다. 또한 서로 다른 성을 만나 사랑을 통해 가정을 꾸리고 결혼해서 갈등을 통해 성숙하게 된다. 그리고 상담은 그런 내면의 성숙에 결정적인 열쇠가 된다.

'내면아이 이론'은 누구나 인간의 무의식 속에 어린 시절의 아픔과 상처로 인해 미처 성숙하지 못한 자아가 도사리고 있다는 전제로 출발합니다. 이는 카를 융의 원형(archetype) 개념에서 착안하여 상담가 존 브래드쇼(John Bradshaw)가 『상처받은 내면아이 치유』라는 저서로 보편화시켰습니다.

남자는 몸으로 산다. 남자의 두 눈은 여자들의 클리토리스와 동일한 작용을 한다. 클리토리스를 만지면 엄청난 쾌감이 전신에 파도처럼 밀려들며 여자는 오르가즘을 느낀다. 반면 남자는 성기가 자극받기 위해서 시각적 자극을 먼저 받아야 한다. 여자의 표정과 치마 패션, 흰 목덜미, 앙상한 쇄골, 가는 손목, 셔츠 사이로 드러난 젖가슴, 허리를 숙일 때 드러나는 클리비지 등 다양한 형태에서 오는 시각적 자극을 수용해야 한다. 앞 장에서 언급한 K의 경우도 여기에 해당한다. 아내 B와 오랫동안 섹스를 하지 못해 성에 굶주려 있는 상태에서 뜻밖에 훔쳐본 옆집 아줌마의 젖무덤은 욕망이라는 방아쇠의 공이가 되어 K의 본능을 격발시켰다. 마른 장작 옆에서 부싯돌을 비비며 노는 어린아이처럼, K는 자신의 망막에 맺힌 C의 가슴에 조건반사적으로 잃었던 성기능을 되찾았다. 남자에게는 두 눈으로 자극을 받는 게 여자들의 클리토리스를 애무하는 것과 맞먹는 효과가 있다. 이것이 남성들이 여성들보다 압도적으로 포르노를 많이 보는 이유다. 솔직히 남성은 일상 자체가 시각 자극인 셈이다. '눈 뜬 장님'으로 살 수 없다면 성적 자극은 남성이 해결해야할 현실적인 난관의 하나다. 남자는 길가는 뭇 여성의 치마가 바람에 펄럭이는 것만 봐도 자기도 모르게 발기되는 존재다. 이 사실을 잘 알고 있는 여자들 중에는 자신이 마음에 들어 하는 남자를 단번에 사로잡기 위해 약속 장소에 과감하게 시스루를 입고 나간다.

남자의 두 눈은 여자의 클리토리스다!

반면 여자는 남자가 자신의 마음을 움직여 몸이 열릴 때까지 상대적으로 성적 자극에 둔감한 편이다. 여자는 남자들보다 시각적 자극에 예민하지 못하기 때문이다. 상담을 해보면, 야동을 보는 것 자체를 이해하지 못하는 여성들이 적지 않다. 심지어 불쾌감을 느끼는 여성들도 있다.[*] 대부분의 남성들은 처음 만나는 여성에게

* 재미있는 건 반대로 그런 여성들 중에 상당수가 유튜브 먹방은 즐겨본다는 사실이다. 굳이 따지

호기심이 발동한다. '이 여자랑 자면 어떨까?' 내 여자가 아닌 다른 여자에게 호기심을 갖는다. 낯선 관계는 섹스를 방해하지 못한다. 처음 보는 여성이 힘들다고 해도 본능적으로 문제를 해결하기 위해 섹스까지 간다. 반면 집에 있는 아내가 힘들다고 하면 남자는 야박하게 "나도 힘들다"고 말한다. 왜냐하면 아내는 이미 자신이 되어 있기 때문이다. 아내는 남편에게 여자가 아니라 자기 자신이다. 이를 '자기 동일시'라고 한다. 아내가 힘들면 자신도 힘들고, 아내가 행복하면 자신도 행복하다.

최근 미투운동이 확산되면서 사회 안팎이 논란으로 뜨겁다. 가해자와 피해자가 언론을 통해 공개됐을 때 남성과 여성의 행태를 보면 남녀에 대한 이해를 가질 수 있다. 충남도지사를 지내며 한 때 강력한 대선주자로까지 거론됐던 정치인 안희정의 경우를 보자. 상대 여성은 분명 성폭행을 주장했는데, 안씨는 "서로 합의하에 관계를 가졌다"고 주장했다. 같은 상황을 놓고 바라보는 관점이 이렇게 서로 다르다. 여자의 입장에서는 몸의 주도권을 잃고 일방적으로 강간당했다고 주장했지만, 안씨의 입장은 달랐다. 물론 이 상반된

면, 내가 직접 섹스를 하지도, 음식을 먹지도 못하기 때문에, 둘 다 대리만족을 위한 영상에 불과하다. 어떤 평론가가 먹방을 두고 '음식 포르노'라고 부른 것도 그런 이유에서다. 신기하게도 야동에서 '하고 싶다'는 욕망보다는 먹방에서 '먹고 싶다'는 욕구를 여성들은 더 잘 느낀다. 심리학자가 보기에 이 욕구들은 동전의 양면과 같다.

주장에 대한 법률적 판단은 법원이 내리겠지만, 필자가 주목한 점은 "피해자에게 미안한 마음이 있느냐?"는 기자들의 질문을 "저를 고소한 분께는 정말 죄송하지만 제 아내가 더 힘들지 않겠습니까?" 라며 되받았다는 사실이다. 그러면서 "이후 어떤 일을 당하든 아내와 가족들 곁에 조금 더 있어 주고 싶다. 내가 버티는 유일한 이유는 가족"이라고 말했다 전해진다. 안 전 지사의 발언은 매우 의미심장하다. 아내와 가족을 지킨다는 말은 남성으로서 그의 동물적 본능에 해당하는 발언이기 때문이다. 어찌됐든 추문을 통해 안씨는 일과 직장, 명예, 어쩌면 가족까지 모든 것을 잃었다. 남자의 경우, 가정과 직장을 잃는 수치심이 여자가 몸의 순결을 잃을 때 겪는 상처와 맞먹는다. 남자는 평생 일구어낸 직장과 가정을 잃게 될 때 상처가 되지만, 여자는 몸과 마음을 잃게 될 때 그렇다.

왜 이런 문제가 발생할까? 남성은 여성보다 몸이 먼저 반응하기 때문이다. 남성은 여성보다 '아름답다' 혹은 '슬프다' 같은 다양한 감정을 느끼는데 서툴다. 당연히 자신의 마음을 들여다보는 데 서툴고 상대에 대한 공감능력이 떨어지다 보니 여자가 "안 돼요"라고 말해도 남자는 그 의미를 정확하게 이해하는 데 더딜 수밖에 없다. 인간의 심리는 보통 정서, 감정, 기분으로 구성되어 있다. 보통 정서와 감정, 기분이 만나는 지점에서 행동으로 표출된다. 남자는 희로애락의 감정을 느끼는 것이 여자보다 약하고, 본능적인 욕구 중심으로 산다. 반면 여자는 감정의 마음을 가지고 살기 때문에 희로애락을 보다 자주, 그것도 분명히 느낀다. 예로부터 인간에게 오욕칠정이 있다는데, 인간이 다섯 가지 욕망과 일곱 가지 감정으로 구성되어 있다는 말이다. 여기서 다섯 가지 욕망은 보통 식욕, 성욕, 수면욕, 재물욕, 명예욕이며, 일곱 가지 감정은 기쁨, 성냄, 슬픔, 즐거움, 사랑, 증오, 욕심(두려움)이다. 여자들은 이 복잡하고 미묘한 욕망과 감정을 오롯이 느낀다. 감정의 변화와 구분에도 명확한 편이다. 여자들의 감정이 하루에도 수천 번씩 롤러코스터처럼 오르락내리락 하는 것은 이런 감정의 씨실과 날실을 모두 엮으면서 살기 때문이다. 안타깝게도 남자들은 이런 감정에 둔감하다. 나훈아의 「갈무리」에 나오는 가사처럼, "내가 왜 이러는지 몰라/ 도대체 왜 이런지 몰라/ 꼬집어 말할 순 없어도/ 서러운 맘 나도 몰라"를 달고 산다. 내가 지금 느끼는 감정이 미워하는 건지 미안해하는 건지, 분한 건지 부끄러운 건지 구분하는데 더디고 서툴다.

감정과 기분은 모두 사람이 동일하게 느끼는 것일 수 있지만, 감정은 지속적인 느낌인 반면, 기분은 일시적인 느낌입니다. 정서는 이런 감정과 기분이 합쳐진 것에 무의식이 추가된 느낌입니다. 남자는 비교적 일시적인 기분에서 머무른다면, 여자는 상대적으로 지속적인 감정을 보다 잘 느낍니다.

남자든 여자든 자신의 감정에 충실할 필요가 있다. 자신의 감정을 참으면, 첫째로 내가 싫어지고, 둘째로 상대가 싫어지며, 마지막으로 인간관계에 문제가 발생한다. 남녀관계에서 감정을 잘 표출하는 것이 중요한 이유가 바로 이 때문이다. 오욕칠정에 휘둘리라는 게 아니라 감정을 음미하고 사는 것이 필요하다는 말이다. 슬프면 '아, 내가 슬프구나' 기쁘면 '내가 이것 때문에 기쁘구나'하면서 감정을 하나하나 반추하는 것이 필요하다. 그래야 내가 살아 있음을 느끼게 되며, 상대에게도 나의 정서와 감정을 잘 전달할 수 있다. 남자들은 특별히 다섯 가지 욕망 중에 하나라도 빠지게 되면 그 결핍을 채우기 위해 혈안이 된다. 부부관계에서 문제가 생기거나 오랫동안 섹스리스 부부로 살게 되면 남자에게 이상신호가 켜진다는 사실을 명심하자.

3 여자의 맘

『여자가 섹스를 하는 237가지 이유』라는 도발적인 책을 읽은 적이 있다. 이 분야 최고의 학자들로 꼽히는 텍사스대학교 심리학과 교수인 신디 메스턴Cindy Meston과 데이비드 버스David Buss는 3,000여명이 넘는 대단위 프로젝트를 통해 여자가 섹스를 하는 237가지 동기를 찾아냈다. 그들은 책에서 이렇게 말한다.

"237가지 동기들은 세속적인 것("지루해서요.")에서 영적인 것("신과 더 가까워지고 싶었습니다.")에 이르렀으며, 이타적인 것("내 남자가 스스로에게 만족감을 느끼게 해 주고 싶었다.")에서 복수심에 불타는 것("나 몰래 바람을 피운 남편을 응징하고 싶었다.")까지 이르렀다. 어떤 여성들은 우월감과 힘을 느끼기 위해서 섹스를 했고, 자신의 품위를 떨어뜨리고 격하시키기 위해 섹스를 하는 여성도 있었다. 어떤 여성들은 친구들에게 강한 인상을 심어 주기 위해서 섹스를 했고, 적에게 피해를 입힐 목적으로 섹스를 하는 여성들도 있었다("경쟁자의 남자친구와 섹스를 하면 그 관계를 찢어 놓을 수 있다고 봤어요."). 어떤 여성은 섹스로 낭만적인 사랑을 표현했는가("다른 사람과 하나가 되기를 원했어요.") 하면 불온한 증오심을 표출하는 여성도 있었다("누군가 다른 이에게 성병을 옮기고 싶었어요.")."*

이만큼 여성들은 복잡하다. 농담 삼아 남성들을 대상으로 연구를 진행했다면, 아마도 책 제목은 '남자가 섹스를 하는 단 한 가지 이유'가 됐을 것이다. 여성에게 중요한 것은 애정의 관계, 즉 마음이다. 여성이 남자와 섹스를 하고, 아이도 낳아주는 것은 애정의 관계를 유지하고 있기 때문이다. 남성은 아내가 아닌 다른 여자와 잠을 잔 바로 그 행위가 바람을 피운 것이라고 생각하지만, 여성은 관계가 중요해서 사랑이 유지되었다고 생각하기 때문에 외도를 서로의 애정이 깨져버린 것이라고 판단한다. 이만큼 여성에게 애정의 관계는 중요하다. 남성보다 여성은 관계를 포괄적 관점에서 이해한다.

_____

* 전게서, 9~10페이지

영화 「언페이스풀(2002)」에서 한 남편의 주부로서 평화로운 일상을 보내던 코니(다이안 레인)는 '바람이 매우 심하게 불던 날' 시내에 나갔다가 넘어져 '무릎'에 찰과상을 입는다. 영화의 설정 자체가 매우 의미심장하다. 세찬 바람은 자신의 몸도 가늘 수 없는 질풍노도의 관계가 다가오고 있음을 암시하며, 무릎은 그런 바람에 굴복한 그녀의 자아를 상징하는 듯하다. 따지고 보면, 그녀는 모든 면에서 부족한 게 없다. 건실한 남편 에드워드(리처드 기어)와 사랑스런 아들이 언제나 그녀의 옆에 든든한 버팀목처럼 있다. 남편이 벌이는 사업도 안정적이어서 일찍이 번잡한 도시를 떠나 교외에 저택을 구매해서 살아갈 만큼 넉넉한 경제력도 갖췄다. 무엇보다 그녀를 끔찍이 사랑하는 남편은 최고의 자산이다. 그러나 이런 모든 상황은 그녀가 길에서 우연히(!) 만난 한 외간남자와 사랑에 빠지는 데 아무런 안전장치가 되어주지 못했다. 불친절하게도 영화는 처음부터 끝까지 여주인공 코니가 왜 불륜을 저질렀는지 명확한 이유나 단서를 제공하지 않는다. 화면은 그저 외도의 늪에 빠져 허우적대는 주연과 조연들의 불행을 담담히 그려내고 있을 뿐이다.

　　그녀는 시내에서 만난 중고서적상인 폴(올리비에 마르티네즈)의 친절이 머리에서 떠나질 않는다. 바람이 불던 날, 자신의 까진 무릎에 연고를 발라주던 남자의 부드러운 손길이 일상에서 환영처럼 되살아난다. 설거지를 해도, 집안일을 해도, 아들 도시락을 싸줘도 온통 그 남자 생각뿐이다. 이런 자신이 너무 황당해서 여러 차례 머리를 가로저어 망상을 떨쳐내려고 한다. 그녀가 정신을 차렸을 때는 이미 폴이 적어준 번호로 전화를 걸고 있는 자신을 발견한다. 그렇게 해서 코니는 다시 시내에 있는 폴의 집을 찾게 되고, 그 집에서 둘은 격렬한 사랑을 나눈다. 폴의 젊고 싱싱한 육체는 농익은 중년의 여체를 순식간에 집어 삼킨다. 그녀는 자신을 제어할 수 없다는 낭패감과 남편이 아닌 다른 남자와 관계를 가졌다는 죄책감에 도망치듯 뛰쳐나온다. 집에 돌아와 몸을 씻으면 조금 죄의식이 달아날까 싶어 욕조에 물을 받아놓고 안에 들어앉아 누우니 어김없이 폴의 강직한 성기를 맹렬히 탐닉하는 자신이 추잡할 정도로 미워진다. '어라, 이건 뭐지?' 비누질을 하다가 몸에 사인펜으로 그려진 낙서를 발견하는 코니. 짓궂게도 폴은 그녀가 잠깐 잠든 사이 그녀의 아랫배에 큐피드의 화살(!)을 그려놓았다. 그건 그냥 장난이라기보다는 마치 '너는 내 꺼'라는 선언과 같은, 그래서 자신의 소유권을 과시하듯 소의 엉덩이에 찍은 낙인과 같은 인상을 준다. 도리어 그 문양은 그녀에게 하나의 면죄부와 같다.

울리히 벡은 "사랑은 지독한, 그러나 너무나 정상적인 혼란"이라고 했던가? 코니는 정상적인 부부관계에서 상상조차 하지 못했던 실험적인(?) 아크로바틱한 체위를 넘나드는 모험을 감행한다. 그리고 그런 자신을 혼란스러워한다. 지인 둘과 커피숍에서 이야기를 나누다가도 전화로 폴을 불러내 가게 화장실에서 둘은 굶주린 이리처럼 서로를 겁탈하듯 뒤엉킨다. 혹 남들에게 들킬지도 모른다는 두려움에 묘한 쾌감마저 느끼는 그녀는 영화 중반이면 어느새 관계중독에 빠진 상간녀로 전락하게 된다. 영화 중반에 여자문제로 코니와 폴은 심하게 다투게 되고 "이제는 끝"이라고 절교하는 그녀를 뒤쫓아 가더니 폴은 난간에서 그녀의 팬티를 내리고 저항하는 그녀를 돌려세운 뒤 동물과 같은 성관계를 갖는다. 처음엔 싫다고 하면서도 그녀 역시 그가 자리를 잡고 진입하도록 순순히 다리를 벌린다. 그녀 역시 기다렸던 것이다. 비록 외도였지만, 엄연히 그가 자신의 남자가 아니었지만, 그래서 그가 자신이 아닌 다른 어떤 여자를 만난들 자신과는 아무런 상관이 없는 문제였지만, 코니는 폴의 여자친구에게서 여자라면 피할 수 없는 강렬한 질투심을 느낀다. 남편과 자녀를 둔 정상적인 현모양처에 교양과 도덕성, 사회적 지위와 안정적인 생활을 모두 갖춘, 그래서 한두 번의 불장난에도 전혀 중독되지 않을 것 같은 코니가 아는 것이라고는 전화번호와 주소, 이름이 전부인 정체불명의 한 남자와 공공장소에서 그렇고 그런 질펀한 성관계를 갖는 이유를 무엇으로 설명할 수 있을까?

여자는 청각적으로 반응한다. 남자의 언어에 여자는 마음이 움직인다. 코니는 폴의 다정다감한 보살핌과 따뜻한 말투에 감전됐다. 코니는 불나방처럼 더 강렬한 전율, 더 높은 전압의 전류를 원했다. 그 전율은 그녀가 쌓아왔던 가족이라는 울타리를 무너뜨렸고 부부의 일상을 파괴했다. 여자는 남자의 언어를 귀가 아닌 마음으로 듣는다. 안타깝지만, 이 사실을 제일 잘 알고 있는 남자가 소위 '강남제비'들이다. 자고로 플레이보이들의 무기는 외모가 아니다. 적절한 타이밍에 적절한 말을 구사할 수 있는 언어능력이다. 그들은 오로지 말로만 먹고 산다. 일단 여성의 환심을 사는 순간, 여성들은 그들에게 몸도 돈도 다 주기 때문이다. 여자의 귀를 채워줘야 한다! 그 행동 하나로 재산 전체가 넘어갈 수도 있다. 시쳇말로 직업여성이 술집에서 '웃음을 팔아 돈을 번다'는 말이 있다. 어떻게 들으면 어폐가 있을지 모르겠지만, 필자에게는 역설적으로 그 웃음에 그만큼 돈을 벌 수 있는 가치가 들어있다는 뜻으로 들린다. 마찬가지다. 옛말에 "말 한 마디로 천 냥 빚을 갚는다"고 한다. 남자가 여자에게 평소 하는 말 한마디에 그만한 액면가가 있다는 뜻이다. 필자는 아내의 손을 잡고 상담소를 찾아오는 모든 남성 내담자들에게 개인적으로 노사연의 「바램」을 백번 들으라고 솔루션을 준다. "큰 것도 아니고 아주 작은 한 마디/ 지친 나를 안아 주면서/ 사랑한다/ 정말 사랑한다는 그 말을 해 준다면/ 나는 사막을 걷는다 해도/ 꽃길이라 생각할 겁니다." 남자라는 동물은 여자에게 백 번 잘 하다가 말 한 번 잘못해서 늘 욕먹는다. 손발이 오그라들어도 내 여자에게 긍정 감정을 불러일으키는 말을 쓰자. 여자의 귀에 핀잔만 채워주지 말고 사랑을 채워주자.

여자의 두 귀는 남자의 페니스다!

제 아무리 남자가 '화술의 신'이라 해도 집에서 아내에게 쓰면 약이 되지만, 밖에서 여자에게 쓰면 독이 된다. 후기구조주의 철학 자 미셸 푸코와 쟈크 데리다는 '약藥'을 뜻하는 그리스어 '파르마콘 pharmakon'에 '독毒'이라는 이중적 의미가 함께 담겨있다는 사실에 주목했다. 우리말에도 "잘 쓰면 약, 못 쓰면 독"이라 하지 않던가? 아무리 좋은 말이라도 상황과 맥락에 맞지 않으면 상대방의 기분을 상하게 하는 유해한 언어로 전락하는 법이다. 바깥에 있는 남의 남 자는 이걸 잘 아는데, 안에 사는 남편은 모른다. 내 여자의 귀에 문 제만 채워주니 어느새 약은 독으로 돌변한다.

4 상호 이해의 출발

자두의 「대화가 필요해」는 적어도 남녀 상담에 있어 단순한 대중가요 이상의 진리를 말해준다. 가사를 한 번 보자. 여자는 남자의 관심을 끌고 싶어서 정든 긴 머리를 싹둑 치고 데이트 장소에 나갔지만, 왠지 남친의 반응은 "나이 들어 보인다"며 시큰둥해 한다. 사실 이해할 만하다. 남자는 여자의 그 긴 생머리가 마음에 들었던 것인데, 자신이 상대방에게서 발견하는 중요한 가치를 하루아침에 잃어버려서 얼마나 놀랐겠는가? 뿐만 아니다. 남녀의 오해는 계속된다. 여자는 문득 남자에게 전화를 걸어 "나 사랑해?"라고 묻는다. 여자는 자꾸 사랑을 확인하려 한다. 이때 남자의 반응은 늘 귀찮은 듯 말한다. "나 지금 바빠!" 옛말에 역지사지易地思之란 말이 있다. 남의 입장에 서서 문제를 바라보라는 말이다. 북미 인디언 속담 중에 "상대의 모카신Moccasin을 신고 두 달을 걷기 전까지 그를 판단하지 말라"는 말도 있다. 나에게 낯선 행동이 상대에게 자연스러운 것일 수 있다. 남성은 여성의 입장에서, 여성은 남성의 입장에서 생각하는 습관이 필요한 이유다. 남성이 자신의 무의식을 통해서 여성을 이해하면 수많은 오해가 생길 수 있고, 마찬가지로 여성이 자신의 무의식에 비추어 남성을 보면 상당한 갈등을 키울 수 있다. 대체 왜 그럴까?

인간은 누구나 **의식, 개인무의식, 집단무의식**, 그리고 자기 몸을 가지고 살아간다. 일찍이 심리학자 프로이트Sigmund Freud는 인간의 사고를 이드id와 자아ego, 초자아superego로 나누었고 무의식을 발견한 인물로 거론된다. 나아가 인간의 의식은 빙산과 같아서 커다란 얼음덩어리의 일부만이 물 위로 노출된 채 떠다닐 뿐 마음의 대부분을 구성하는 무의식은 수면 아래에 잠겨있다고 주장했다. 흔히 '**빙산이론**'이라고 하는데, 결국 인간은 무의식적 습관, '그동안 무엇을 이해하고 살았나' '어떤 경험을 했는가' 하는 것들의 결정체인 셈이다. 무의식의 자원들, 내가 이해해서 만든 무의식이든 집단에 의해 주어진 무의식이든, 나의 무의식 그리고 나의 몸, 이것들이 총체적으로 '나'이다. 이 무의식 속에 어떤 것들이 내장되어 있고, 나만 모르는 이 무의식이 내 주변에 어떤 영향을 미치는지 이해하는 것이 나를 아는 것이고 상대(너)를 보는 것이다. 그래서 자의식, 즉 자신의 몸과 마음을 어떻게 이해하고 사느냐는 것이 그 사람의 운명을 가른다.

프로이트는 인간의 의식을 빙산에 비유했습니다. 물 위에 떠 있는 작은 부분을 의식으로, 물 표면을 오르락내리락 하는 경계 부분을 전의식으로, 물속에 잠겨 있는 대부분을 무의식으로 보았죠. 수면 위에 떠있는 빙산의 드러난 부분보다 감춰진 부분이 더 많듯, 인간의 의식보다는 무의식이 훨씬 크고 깊다고 본 것입니다.

인간은 무엇을 이해하고 살았느냐에 따라서 몸을 움직이고 감정을 표출하며 행동을 하게 되는데, 이를 총체적으로 성격이라고 한다. 남자와 여자는 생각하고 인식하는 방식이 정반대로 되어 있다. 여자는 외부에서 정보가 들어오면 인식하고 생각하는 것이 매우 섬세하며 하나라도 이해가 되지 않으면 전체를 통합하여 볼 수 있는 부분이 남자보다 둔하여 부정적으로 인식하는 경향이 남자보다 큰 반면, 남성은 정보가 들어오면 전체적인 이미지로 인식하며 세부적인 생각은 필요에 따라서 하기 때문에 작은 부정성들을 인식하는 것에 여자보다 둔하여 대부분 긍정적으로 인식하는 것이 습관화되어 있다. 남자와 여자는 몸의 구조가 정반대인 것처럼 심리, 마음, 성욕도 완전 정반대이다. 대부분의 사람들이 부부란 서로 사랑하는 사이인 만큼 동등하고 같아야 한다는 함정에 빠져 옷부터 커플티를 맞추고 생각도 습관도 서로 같아지려고 노력하고, 또 그렇지 못한 경우, 상대에게 서운함을 느끼는 경우가 많다. 그런데 이런 동일성의 추구는 서로를 지치게 하며 암암리에 상대를 구속하기 마련이다. 차라리 서로 다르다는 사실을 인정하는 데에서 모든 관계가 출발해야 한다. 남녀가 이해하는 사랑의 관계는 다르다. 이런 차이점을 도표로 정리하면 다음과 같다.

남자	여자
몸	맘
시각	청각
긍정적 인식	부정적 인식
단기적 삭제	장기적 지속

A씨(51세)는 군기무사 고위직 간부였다. 그간 숱한 내담자를 상담해온 필자였지만, A만큼 독특한 이력을 가진 의뢰인도 드물었다. 사실 고 김종필 총재가 지었다는 '음지에서 일하고 양지를 지향한다'는 과거 중앙정보부 표어처럼, A도 처음에는 자신의 정체성을 쉽게 드러내지 못했다. 필자와 충분한 라포가 형성되지 않았을 때

만 해도 자신이 기무사에 있다는 사실조차 숨겼으니까. 사실 그는 세상에 공식적으로 존재하지 않는 기밀 업무를 수행하는 사람이었다. 그만큼 개인사를 비밀로 치부하고 싶은 직업의 특성 때문에 A가 상담소를 찾을 때까지 오랜 시간을 망설였다고 한다. 그는 전문직 연구원으로 사회생활을 하는 아내 H씨(48세)와 20여년 넘게 부부로 지내왔고, 당시 둘 사이에 고등학생 아들 한 명을 자녀로 두고 있었다. 사실 「미스터 앤 미세스 스미스(2005)」같은 첩보물을 보면, 한 이불 덮고 자는 부부조차도 자신이 비밀요원인 사실을 배우자에게 숨기는데, 필자가 이 부부를 상담하면서 현실은 꼭 그렇지만 않다는 사실을 알게 됐다.

기밀 업무를 맡던 A는 정보 수집 작전의 일환으로 해외에 출장을 가는 일이 잦았다. 그는 해외에서 함께 첩보 활동을 하던 동료 K씨(47세)와 바람이 났다. 신분을 감추는 직업의 특성상 은밀히 작전을 수행하거나 한 곳에 오래 잠복하는 경우가 많았고, 둘은 서로의 가족에게 자신의 위치나 소재를 알리지 않고 함께 있는 시간이 계속됐다. 아무리 서로에게 아무런 감정 없는 남남이라 해도, 함께 좁은 공간에서 오랜 시간 살을 맞대고 있다 보면 그간 없던 정도 생기기 마련이다. K는 노처녀였지만, 종종 프리섹스를 즐기는 남친이 따로 있었다. 혼자 살면 아무래도 자신에게 더 많은 것을 투자하기 마련이다. K는 평소 필라테스로 몸매를 가꾸고 틈틈이 문화생활도 챙기는 '화려한 싱글'이었다. 처음에 A는 입사동기인 K에게 전혀 사심이 없었다고 한다. 아내가 워낙 자신에게 잘 했고, 아들도 꾸준히 전교 1등을 도맡아 할 정도로 똑똑했기 때문에, 순간의 일탈로 평온한 가정의 울타리를 깨고 싶지 않았다. 그러던 어느 날, A가 아내와 함께 필자를 찾아온 날, 비가 억수같이 많이 내리던 때였던 것으로 기억한다. 부부가 함께 상담을 받다 말고 아내 H가 문을 박차고 나가더니 빗속으로 사라져버리는 돌발 상황이 발생했다. 남편과 함께 주변을 수십 분 찾다가 공원에서 우두커니 서서 비를 홀딱 맞고 울고 있는 그녀를 겨우 찾아내 달래서 상담소로 다시 데리고 왔다. 눈물인지, 빗물인지, 콧물인지, 여하튼 H는 죽어버리겠다고 울다가, 또 막 고함을 지르다가, 갑자기 까르르 웃다가, 거의 제 정신이 아니었다. 이렇게 아내의 멘탈이 붕괴된 상태에서 걱정이 앞선 A는 수소문 끝에 필자의 상담소까지 찾아온 것이었다.

A가 상간녀 K와 바람을 피웠던 이유는 무엇이었을까? 부인 H도 원래 K를 남편의 동료로서 잘 알던 사이였다고 한다. 가끔 술자리에 합석해서 아내와도 같이 만나곤 했고, 자신에게 '언니, 언니' 하면서 연애상담도 하고 고민상담도 할 정도로 가까웠다. 그런 지인에게 당했으니 그녀가 받았던 충격이 어떠했겠는가? H의 말에 따

르면, 남편 A가 최근 들어 이상한 행동을 하더라는 것이다. 외도가 들통 난 시점에 공교롭게 자신의 친정아버지가 돌아가셨는데, 남편은 보통 때와 전혀 다른 사람처럼 굴었다. 장례식 때 부의금이 꽤 많이 들어왔는데, A는 자기 앞으로 들어온 돈은 다 자기에게 달라고 했다. 너무 기가 막혀 당시 H는 남편과 심하게 다투었고, 며칠간 서로 말도 안 하고 냉전 상태에 있었다. 그러다 우연히 남편의 휴대폰을 보게 됐고, H는 남편이 평소 K와 나눈 낯 뜨거운 문자메시지들을 읽고 말았다.

상담을 통해 두 사람의 관계를 복기해 보니, 남편 A는 아내 H에게 숨겨온 부정 감정이 그대로 노출됐다. 상담 중에도 "자신은 본래 아내를 사랑한 게 아니다" "사귈 때 관계를 가졌는데 덜컥 애가 들어서는 바람에 그냥 같이 살게 됐다"는 식으로 말했다. 옆에서 듣던 아내는 황당해 했지만 A의 작심발언은 당당하다 못해 뻔뻔했다. 이런 피해의식은 보통 사회적으로 잘 나가는 남성에게서 종종 발견되는데, 적절한 때 기억의 정리와 무의식의 교정이 이뤄지지 않으면 아내에 대한 부정 감정을 키우게 된다. 그 감정은 결국 마음밭에 싹을 틔우고 아름드리나무로 자라 남성의 여성관을 지배하여 왜곡시키고 만다. 이렇듯 상호 이해의 단계는 서로의 무의식을 꺼내 보는 과정에서부터 시작한다.

5 서로 다른 심리와 자기 정체성

상호 이해를 위해서는 자기 이해가 선행되어야 한다. 기무사 간부 A는 계속되는 상담 과정 중에 아내와의 결혼생활의 편린들을 하나씩 훑어보고서 눈물을 터트렸다. 자신의 오만함과 거짓, 나태함, 아내에 대한 오해와 미움, 사랑을 가장한 상처 주기, 관계를 빙자한 밀어 내기 등등. 상담을 통해 수면 아래 가라앉아 있던 왜곡된 무의식의 사고가 하나씩 솟아오르며 자기 이해의 직면에 나서자 A는 자지러졌다. '내 안에 이런 감정들이 있었다니.' 아내에게 미안했다. 급기야 황폐화된 아내 H가 자해를 시도하자, 해외 비밀작전 때 아예 그녀를 데리고 나가기까지 했다.

시작이 반이다. 자기 이해와 서로 다른 상대 심리의 이해는 외도상담치료의 절반에 해당한다. 무엇보다 남성은 자신이 남자라는 것을, 여성은 자신이 여자라는 것을 이해해야 한다. 여자는 "나는 여자의 몸을 가지고 태어났고, 여자의 마음을 가지고 있다"는 이해만으로도 여성의 무의식을 가질 수 있다. 어찌 보면 당연한 말인 것 같은데, 사실 한국 사회에서 살아가는 여성들에게 결코 쉬운 주문이 아니다. 일상에서 누구의 아내, 누구의 며느리, 누구의 엄마처럼 여러 가지 관계에서 주어지는 이해를 강요받기 때문에 여자 본연의 무의식을 자주 억압할 수밖에 없는 삶을 산다. 내 안에 잠든 여자의 무의식을 일깨워야 한다. 여성은 여자의 몸을 가지고 태어나서 여자의 마음을 가지고 세상을 살아가는 존재다. 여자의 4대 구성요소는 말씨와 솜씨, 맵씨, 그리고 마음씨이다. 여성스러운 말씨와 인간관계에 있어서 여성 특유의 솜씨, 여자로서 풍겨나는 맵씨, 그리고 건강한 심리에서 나오는 포근하고 따뜻한 마음씨, 이렇게 네 가지가 여성이라면 지니고 있어야 할 이상적인 여성성이다. "마음이 예뻐야 여자지, 얼굴만 예쁘다고 여자냐?" 나훈아의 노래처럼 보통 네 가지 '씨'가 있어야 여자답다고 할 수 있다. 이중에 하나만 변질되거나 탈락해도 여성성에 위기가 찾아온다.

여자는 말씨와 솜씨, 맵씨와 마음씨로 이뤄져있다

여자로서 사랑과 관심을 받기 가장 좋은 게 패션이다. 그래서 필자는 여성 내담자에게 패션부터 바꾸어야 한다고 말한다. 남자는 시각적으로 모든 것을 받아들이기 때문에 평소 여자들이 여성스럽고 예쁜 옷을 입고, 침실에서도 섹시한 옷을 입어야 여자로서 존중을 받을 수 있다. 장나라의 「나도 여자랍니다」를 주제가로 삼아야 한다. 이런 것들은 여성으로서 자존심을 버리는 게 아니라 도리어 남성의 성심리를 살려주는 미장센*에 해당한다. 여자가 나이 먹으면 귀찮으니까 안 꾸미게 되고, 옷도 대충 입는 경우가 많다. 이러면 같이 사는 남편은 사는 게 재미없다.

반면 남자의 4대 구성요소로는 **열정과 즐거움, 가치관과 몸**이 있다. 남자는 평소 생각에 묻혀 살기 때문에 생각을 요하는 고민거리가 생기면 대번에 스트레스를 받는다. 그래서 무념무상 아무 생각 없이 개그콘서트를 보며 낄낄거리는 게 나름 쉬는 것이다. 좀 답답해 보여도 소파에 누워 캔맥주를 마시며 프로야구 중계 보는 걸 이해해줘야 한다. 앞으로 애들처럼 레고나 피규어에 빠져 아이템을 사 모으거나 하릴없이 PC방에서 온라인 대전게임을 두세 시간 즐기는 남성이 주변에 있다면 그를 부디 사랑의 눈빛으로 바라보자.

---

* 프랑스어로 무대 위에 배치한다는 뜻으로 연극이나 영화 등에서 연출가가 무대에 설치하는 모든 시각적 요소들을 말한다

여성에게 힐링은 자신의 말에 공감해주고 불평과 걱정 등 이야기를 들어주는 것인데, 남성은 아무 생각 없이 쉬는 게 곧 힐링이다. 따라서 이제부터 남성들은 아내가 대수롭지 않은 소소한 일상을 가지고 수다를 떨고, 자신의 시시콜콜한 걱정과 불만들을 이야기하고, 평소 느꼈던 아픔들을 알아달라고 요청할 때마다 그윽한 사랑의 눈빛을 발사하자. 그건 여자가 자신을 공감해 달라는 표현의 행위이므로 맞장구만 쳐줘도 대화가 매끄럽게 진행될 수 있다.

남자는 열정과 즐거움, 가치관, 몸으로 이뤄져있다

「아메리칸 뷰티(1999)」의 레스터(케빈 스페이시)도 그랬다. 필자는 모든 위기의 부부들에게 이 영화를 강력히 추천한다. 비록 외화지만 우리에게도 시사해주는 바가 많은 수작이다. 레스터의 독백으로 이어진 영화의 줄거리는 처음에는 코미디로 시작했다가 심각한 예술작품으로 바뀌고 마지막에는 스릴러로 끝난다. 한 잡지사의 직원으로 일하는 중년의 그는 왠지 매일의 일상이 무료해서 견딜 수가 없다. 아내와 마지막으로 잠자리를 한 게 언젠지 기억조차 가물가물하다. 매일 아침 샤워실에서 비누로 자위를 하는 게 유일의 낙이자 하루 최고의 순간이라고 자평할 정도. 그의 아내 케롤린(아네트 베닝)은 능력 없는 남편을 둔 탓(?)에 부동산 중개업자로 살아가지만, 왠지 판매성적은 의욕에 비해 신통치 않다. 둘 사이에서 태어난 딸 제인(도라 버치)은 서로에게 만족하지 못하면서도 '화목한 중산층 가정' 흉내에 몰두하는 부모를 보며 신물을 낸다. 무능력한 아빠와 속물로 변한 엄마를 미워하는 증오심에다 사춘기 소녀 특유의 반항심까지 장착했으니 가정에 말다툼과 싸움이 끊일 날이 없다.

레스터는 자신이 왜 이렇게 형편없는 중년으로 전락했는지 영화 내내 답을 찾지 못해 혼란스러워 한다. 아내는 같은 부동산 판매업자 버디(피터 갤러거)와 대낮에 모텔을 돌며 '번개 섹스'라도 즐기는데, 정작 그는 어디서부터 꼬인 인생의 매듭을 풀어야 할지 몰라 일상의 추락을 거듭한다. 직장 상사는 하루가 다르게 꼴도 보기 싫어지고, 스스로 '창녀 같은 일'이라 평가절하 하던 광고 영업실적은 이미 곤두박질친 지 오래다. 자신을 ATM기로 취급하는 아내와 자신을 바퀴벌레 보듯 하는 딸, 그리고 그 잘난 직장에서 언제 잘릴지 모를 고용불안의 틈바구니 속에서, 어느 날 레스터는 뜻밖의 원천에서 삶의 목적을 찾는다. 딸이 다니는 고등학교에서 농구시합이 있었는데, 치어리더로 공연하는 딸의 친구 안젤라(미나 수바리)에게 꽂힌 것이다. 아무리 외국 애들이 한국 학생들에 비해 조숙하다 해도, 나이 같지 않은 농염함과 섹시함을 뽐내는 그녀를 정신줄을 놓고 바라보다 레스터는 혼잣말로 "20년간 혼수상태에서 막 깨어난 것 같은 느낌이 든다"고 고백한다. 큐피드의 화살에 정통으로 맞았다.

그날부터 레스터는 삶의 목적을 다른 곳에서 확인한다. "근육이 있는 남자가 좋다"는 안젤라의 반농담조의 얘기를 엿듣고, 그는 차고에 처박아 두었던 벤치프레스를 다시 꺼내 매일 운동에 매진하기 시작한다. 조금 웃기는 상황이지만, 그는 진지하다 못해 자못 심각하다. 안젤라에 대한 성적 판타지는 그의 삶을 송두리째 바꿔놓았다. 레스터는 아내에게서 보상받지 못한 남성성을 안젤라와의 '상상 섹스'에서 얻어지는 위안으로 치환한다. 마치 「은교(2012)」의 적요(박해일)가 딸뻘 되는 은교(김고은)를 보고 느끼는 활력과 같다고 할까? 다 늙어 죽을 날만 기다리는 천재 노老시인 적요는 봄날 아지랑이 같은 여대생 은교의 싱싱한 육체에서 이미 자신에게서 사라져버린 지난날의 젊음을 소환해낸다. 자신이 남성임을 확인시켜주는 은교의 여성성만으로도 적요는 회춘과 맞먹는 삶의 생기를 되찾는다. 레스터 역시 마찬가지. '가장'이라는 규격화된 삶에서 탈출해 남성 본연이 가지는 인생의 노골적인 의미들을 하나씩 실천해나간다. 돈 벌어오라며 소리 지르는 아내에게서 느끼는 거세불안을 대마초를 피우며 날려버리는가 하면, 십 수 년간 일했던 직장을 눈하나 깜짝 안 하고 때려치우더니 동네 드라이브-인 레스토랑에서

햄버거 패티를 굽는 알바를 시작한다.

영화의 전개와 결말은 생략한다. 필자는 레스터와 캐롤린의 일상을 통해 남녀의 자기 이해가 어떻게 이뤄지는지, 자아self가 없을 때 남녀의 성심리는 어떻게 왜곡되는지 말하고 싶었을 뿐이다. 셀프가 없으면 남도 도울 수 없다. 무엇보다도 셀프서비스를 시작해야 한다. 서구의 문화를 지탱해온 황금률의 근간이 『성서』에 등장한다. "남에게 대접받고 싶은 대로 남을 대접하라." "네 이웃을 네 몸과 같이 사랑하라."* 그런데 남을 대접하고 남을 사랑하기에 앞서 자신을 먼저 사랑해야 이런 조언들도 성립 가능하다. 내가 나를 사랑하지 않고 막 대하는데 어떻게 남을 사랑할 수 있겠는가? 남자는 여자라는 상대를 모르기 때문에, 여자는 남자라는 존재를 오해하기 때문에 서로를 혐오하고 상처를 준다. 또한 남자는 남자도 모르고 여자는 여자도 모르기 때문에 서로를 사랑할 수 없다. 남녀가 건강하게 살기 위해서는 내 자신에 대한 이해와 상대에 대한 심리적 이해가 있어야 한다. 그래야만 몸과 마음의 건강을 지킬 수 있고 행복한 부부관계를 유지할 수가 있다. 다음 장에서는 본격적으로 남녀의 외도심리를 살펴보자.

---

* 「마태복음」, 7장 12절: 22장 39절

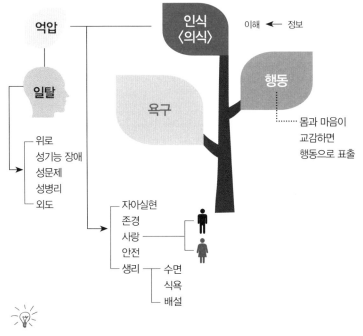

동서양에서는 예로부터 남자와 여자의 몸을 음양의 구조로 정의했습니다. 여자가 들어가 있는 곳은 남자가 나와 있고 여자가 나와 있는 곳은 남자가 들어가 있죠. 이런 남자와 여자의 마음 역시 정반대로 발달하기 때문에 성욕을 채워가는 방식, 삶의 에너지를 만들어가는 방식도 정반대일 수밖에 없습니다. 그래서 남녀가 한평생 행복하게 살아가기 위해서는 서로의 성심리를 정확하게 이해해야 하는 거죠. 매슬로우의 말처럼, 인간에겐 다섯 가지 기본적인 욕구가 있습니다. 그 욕구는 자연스럽게 행동을 유도하게 되고, 그 행동은 우리의 의식에 의해 제어를 받게 되어 있습니다. 여기서 꼭 알고 가야할 것은 남자와 여자가 이 욕구를 충족하는 방식이 다르다는 사실입니다. 식욕과 수면욕의 경우, 남녀가 다르지 않습니다. 그러나 사랑의 욕구인 성욕을 충족하려는 방식은 첨예하게 다르죠. 이 서로 다름을 이해하지 못하면 사랑하는 만큼 서로 상처를 주고받게 된답니다.

❖ 폴 세잔(Paul Cezanne, 1839~1906)의 「대화(La Conversation, 1872)」. 개인 소장.

chapter 3

—

스멀스멀 찾아오는 위기의 바람

외도의 근본적인 원인

"말 한 마디 한 마디가 잔느의 심장을 비트는 소리였다.
그렇게, 첫날 밤, 푀플로 돌아온 첫날밤부터 그 사람은 이 하녀 애와 자려고
그녀 곁을 떠났던 것이다.
바로 그 때문에 그녀를 혼자 자게 내버려 두었던 것이다!"
—모파상,『여자의 일생』, 169—

스멀스멀 찾아오는 위기의 바람

　　소싯적에 모파상의 소설 『여자의 일
생Une Vie』을 읽은 기억이 새삼스럽다. 예로부터 유교문화권에서 통
용되던 여성에게 주어진 삼종지도三從之道를 들먹이지 않아도 어려
서는 아버지를, 젊어서는 남편을, 늙어서는 아들을 따라야하는 기
구한 운명을 고스란히 프랑스 작가의 소설에서 발견하게 될 줄이
야. 노르망디 귀족의 딸로 태어나 수도원학교에서 곱게 길러진 온
실 속의 화초와 같던 주인공 잔느가 바람둥이 쥘리앵을 남편으로
맞으면서 파란만장한 삶을 겪어간다. 야속한 남편은 자기에겐 눈

곱만큼도 사랑과 관심을 주지 않고 젊거나 늙거나 치마를 두른 것들은 죄다 건든다. 집안 하녀를 임신시키지 않나, 옆집 백작 부인과도 정을 통하고 놀아나다 결국 백작의 손에 죽는다. 졸지에 남편을 잃고 외아들에게 인생의 희망을 걸어보지만, 그 아비에 그 아들이랄까? 둘 사이에서 낳은 아들 폴 역시 저잣거리 창녀들과 매음을 일삼고 도박에 빠져 살다 피붙이로 계집애 하나만을 어머니에게 달랑 남긴 채 요절하고 만다.

나중에서야 안 사실이지만, 20세기 초반, 이 소설이 일본을 거쳐 우리나라에 번안 소개돼서 그렇지, 사실 제목은 '여자의 일생'이 아닌 '어떤 인생'에 불과하다. 모파상이 지극히 사실적으로 여성의 삶을 들여다보았으면서도 그가 단지 여성의 삶만을 조명하지 않았다고 생각하기 때문에, 나는 '여자의 일생'이라는 번역에 불만이 많다. 소설 마지막에 덤덤한 독백처럼, 정말 "인생이란 사람들이 생각하는 것만큼 그렇게 좋은 것도 그렇게 나쁜 것도 아닐"지 모른다. 그리고 그 인생이 여자의 일생이라면 더욱 그렇다. 모파상은 인간 보편의 인생, 그 쓰디쓴 인생의 험로를 말하고 싶었던 게 아니었을까? 꼭 모파상의 소설을 읽지 않더라도, 한 배우자의 외도가 빚어낸 비극을 남겨진 다른 배우자가 어떻게 감당하는지 이번 장에서 본격적으로 알아가 보자.

1 가시버시,
그 끝없는 밀당

'가시버시'라는 말이 있다. 부부를 일컫는 순우리말이다. 참으로 예쁜 낱말이다. 관련서적을 찾아보니, 옛말에 '아내'를 '갓'이라 불렀다고 한다. '가시나'도 '각시'도 모두 이 단어에서 나온 말이다. 우스갯소리를 하자면, 개인적으로 타당한 말인 듯하다. 말 그대로 아내는 갓God, 즉 하느님과 같은 존재니까. 요즘 남편들도 '인간의 도리를 다 하고 하늘의 명을 기다린다'는 진인사대'천'명盡人事待天命을 농담 삼아 진인사대'처'명盡人事待妻命이라고 바꿔 부르는 걸 보면, 이게 필자의 지나친 발언만은 아닌 듯하다.

그런데 언제부턴가 가시버시가 가시방석이 돼버렸다. 세상에 하나밖에 없는 가시와 버시가 만나 '검은 머리 파뿌리 될 때까지' 백년해로를 꿈꾸며 영원한 인생의 동반자로 결혼(結婚, 혼인을 맺음)했지만 어쩐지 결혼(結魂, 영혼을 묶음)은 못하는 것 같다. 영혼을 묶지 못한 가시와 버시는 서로의 '짝지'를 곁에 두고도 다른 버시와 가시를 각기 찾아 나선다. 자신의 외도가 들킬까봐 좌불안석이니, 부부로 사는 게 가시방석이 따로 없다. 서로의 존재가 가시가 되어 서로를 밀어내더니 이제는 서로를 방석 삼아 깔고 앉은 형국이다.

최근 개봉했던 영화 「바람바람바람(2017)」은 외도가 주는 가시 버시들의 일상을 그려냈다. 주인공 석근(이성민)은 제주도에서 모범택시를 운전하는 평범한 가장. '모범'이라는 말이 어울리지 않게 그는 제주도를 찾는 셀 수 없이 많은 여자들과 원나잇스탠드를 즐기는 바람둥이다. 택시 승객과도 잠을 자는 대담함을, 그러면서도 사실 바람난 남편의 편력을 다 알고 있는 아내에게 살뜰함을 잊지 않는 천연덕스러움을 함께 가지고 있는 남자다. 젊은 시절 그가 놀이동산의 롤러코스터를 설계한 전문가였다는 설정은 바람기와 권태기 사이의 아찔함과 쫄깃함을 관객들에게 선사하는 극적 장치의 하나다. 바람은 천당과 지옥을 오고가는 과정 아닐까? 하지만 아무리 간 떨어지는 청룡열차라도 안전벨트만 차고 있으면 떨어져 죽을 일은 없는 법.

바람은 천당과 지옥을 오고가는 과정 아닐까

석근의 여동생이자 제주도에서 파스타 레스토랑을 운영하는 미영(송지효)은 영화 속에서 아이를 갖고 싶어 하는 난임 여성으로 그려진다. 남편 봉수(신하균)의 정액을 입으로 받아 산부인과에 갖다 주는 열성을 보이지만 번번이 임신에 실패한다. 왠지 봉수는 임신에 대해 심드렁해 보이지만, 아기에 대한 미영의 바람은 간절하다 못해 처절하기까지 하다. 이때 봉수는 댄스아카데미에서 요가를 가르치는 제니(이엘)를 만나게 된다. 자유연애와 프리섹스를 인생철학으로 삼은 듯 제니는 '고개 숙인 남자' 봉수를 꼬시더니 급기야 불타는 연애를 시작한다. 하루는 봉수의 차(그것도 경차!) 안에서, 하루는 아내가 자리를 비운 업장에서, 마치 청룡열차를 타듯 때와 장소를 가리지 않고 둘은 짜릿한 섹스를 즐긴다.

영화는 관객의 기대와 달리 엉뚱한 방향으로 흘러간다. 바람기는 시들시들한 봉수의 남근에도 힘을 불어넣더니 급기야 다 죽어가는 아내의 레스토랑도 살려낸다. 하루는 메뉴에도 없던 제주도의 풍미가 느껴지는 '신박한' 유채꽃탕수육을 선보인다. 흑돼지고추

잡채, 한라봉깐풍기, 깐쇼옥돔, 다금바리양장피.... 아내가 아닌 다른 여자와의 잠자리는 잠자는 사자의 코털을 건들 듯 수면 아래 가라앉아 있던 봉수의 요리 실력에 '이연복 쉐프급' 창의력을 사정없이 불어 넣었다. 어느새 정신을 차려보니 파스타집 레 프랑쉐즈는 중국집 봉스 차이나로 바뀌어 있었고, 하루 종일 파리새끼 한 마리 날아다니지 않던 식당은 쉴 새 없이 밀러드는 손님들로 발 디딜 틈이 없을 만큼 장사진을 이룬다. '내 남편이 이런 잠재력이 있었다니.' 육체적=경제적으로 쪼그라들던 부부관계에 새로운 활력을 불어넣은 남편 봉수를 아내 미영은 한껏 반기면서도 여자 특유의 불길한 육감이 발동한다.

자, 여기까지! 나머지 이야기는 직접 확인하시라! 이 영화는 결혼을 해도 서로 외로운 부부들의 이야기를 코믹하게 그러냈다는 점에서 권태기로 고민하는 이 시대 많은 가시버시들의 공감을 끌어냈다. 상담가의 안목에서 볼 때, 영화의 설정이나 인물들의 묘사는 합격점이다. 다만 현실은 영화처럼 그렇게 유쾌하지만은 않다는 점이 생략됐을 뿐! 남성과 여성은 밀물과 썰물 같다. 중립은 없다. 밀고 들어가든지 아니면 밀려나든지, 남녀의 줄다리기는 이렇게 평생 계속된다.

2 외도의 징후들

　사방에서 불어오는 바람을 어떻게 간파할 수 있을까? 배우자가 바람을 피울 때는 예전에 느끼지 못한 다른 낌새가 든다. 남편이나 아내가 평소 안 하던 행동을 하던지 습관이나 외모가 달라지면, '이 사람이 죽을 때가 됐나? 왜 안 하던 짓을 하지?' 무던하게 넘기지 말고, 여기저기 흩어져 있는 뼈를 수집하는 고고학자처럼 냉정하게 단서들을 모아야 한다. 영화에서 봉수는 갑자기 안 치던 테니스에 몰입하기 시작한다. 물론 테니스는 제니와의 육체노동(?)을 의미했지만, 아내 미영은 눈치채지 못한다. 남자와 여자가 상이한 부분이 있지만, 그간 상담을 통해 정리한 내용을 추리면 다음과 같

다. 개인적으로 체크해보고 개수가 7개 이상이면 소위 '위험군'에
속한다고 보면 된다.

① 자꾸만 귀가시간이 늦어진다.
② 이런저런 문제로 타박이 많아진다.
③ 평소와 다르게 주말에도 외출이 잦다.
④ 항상 휴대폰을 손에 쥐고 있다.
⑤ 휴대폰에 잠금장치(암호, 패턴)를 걸어 놓는다.
⑥ 가족이나 배우자에게 갑자기 자상해진다.
⑦ 갑자기 옷(속옷)에 신경을 쓰기 시작한다.
⑧ 전에 없던 화색이 얼굴에 돈다.
⑨ 갑자기 처갓집(시댁)에 신경을 쓰는 척 한다.
⑩ 이전보다 샤워를 자주하고 화장품이나 향수를 챙긴다.
⑪ 자기 물건을 만지지 못하게 꼼꼼히 챙긴다.
⑫ 부부관계에 별로 신경을 쓰지 않는다.

배우자의 바람을 어떻게 확인할 수 있을까? 일단 평소 익숙해
진 오감각이 반대로 진행한다. 남편의 경우, 허구한 날 딴죽을 걸
고 티격태격했는데 갑자기 돌변해서 아내에게 다정다감하게 군다.
가정의 평화가 찾아올 때 아내는 왠지 불안하고 외로움을 느낀다.
'나, 이대로 행복해도 되나?' 평소에 한숨 좀 돌리고 주변을 돌아보
는 평화로운 생활을 바랐지만, 아내는 자꾸만 폭풍전야처럼 느껴
진다. 아내의 경우, 갑자기 안 하던 다이어트를 하고 화장품을 사기

시작한다. 꾸미기 시작했다는 말이다. 특히 바람이 난 여자는 남자와 달리 빨리 현실을 벗어나고 싶어 하기 때문에, 남편에게 갑자기 짜증을 내고 사소한 것을 가지고 쪼기 시작한다. 당연히 남편과의 성관계도 끊어진다. "너희가 이런 일이 나는 것을 보거든 바람이 가까이, 곧 문 앞에 이른 줄을 알라."

도청 공무원이었던 P씨(44세)가 그런 경우였다. 평소 P는 아내에게도 다정하고 가정적인 남편이었고, 아이들에게도 친절하고 훌륭한 아빠였다. P는 아내 Y씨(43세)와 결혼 15년 차 생활을 이어갔고, 일 년에 한두 번씩 가족끼리 해외여행도 다니는 평범한 가장이었다. 이유는 알 수 없지만, 둘 사이에 성관계가 소원했던 점만 빼면 어디 내놔도 빠질 것 없는 모범적인 부부였다. 지금까지 필자의 기억에 남는 이 부부에 특징이 하나 있는데, 양가의 부모님들이 그 지역에서 소문난 유지였고, 본래 아버지들끼리 서로 막역한 사이였다는 점이다. 양가 아버지들은 아직 애들이 어렸을 때부터 "딸 나한테 줘라." "우리 사돈 맺자." "아들 잘 키워서 우리 집에 장가보내라"는 식의 농담을 습관처럼 했다고 한다. 당연히 어릴 적부터 그런 얘기를 듣고 자랐던 P와 Y는 언제부턴가 서로의 존재를 자신의 배우자로 절대화했던 것 같다. 둘의 결혼은 가족의 결합이었고, 그런 의미에서 그들의 결혼은 차라리 중세 영주와 귀족의 정략결혼과 유사한 성격을 띠었던 셈이다. 예식장 잡는 것부터 예단이니 예물이니 주고받는 절차도 일사천리로 진행됐고, P는 별 무리 없이 Y를 아내로 맞이했다.

　그러던 어느 날, 전기에 감전된 것처럼 뜻하지 않은 바람이 그의 삶을 지배해버렸다. 상대는 같은 도청에 계약직으로 입사한 K씨(20대 초반)였다. 남부러울 것 없던 완벽에 가까운 중년의 생활을 영위하던 P가 나이도 어리고 박색인 K와 그렇고 그런 관계에 빠진 이유는 무엇이었을까? 지위를 이용해 부하직원을 성적으로 농락한 것일까? 직장에서 살아남기 위한 K만의 주도면밀한 전략이었을까? 이도저도 아니었다. 문제의 원인은 바로 남자의 성심리에 있었다. K의 입장에서 계약직에 나이 어린 신입이다 보니 사무실에서의 삶이 그리 녹록치 않았을 것은 분명하다. 때론 일이 손에 익지 않아 자잘한 실수를 연발하거나 상사 눈치에 가슴을 졸이기도 하고, 또 민원인이 힘들게 할 때면 조용히 건물 뒤에서 눈물도 훔쳤을 것이다. 그런 그녀의 고달픈 처지를 묵묵히 지켜보고 고민을 들어줄 슈퍼맨이 바로 P였다. 당시 K는 정규직으로 이전하려고 공무원 시험을 준비하던 이른바 '공시족'이었고, P는 공무원 선배이자 직장 상사로서 그런 K에게 조언을 아끼지 않았다. 둘은 공공도서관에 같이 다니며 함께 책도 읽고 공부도 하다가 점차 연인관계로 발전하게 된 케이스다. 슈퍼맨 콤플렉스가 바람의 베이스가 돼버렸다.

말했지만, 아내에게 가장 무서운 사람은 자신의 남편에게 '힘들다'고 말하는 여자다. 내 남자에게 슈퍼맨 콤플렉스를 유발시키는 여자, 팔을 걷어붙이고 왠지 도와줘야 될 것 같은 그런 여자가 아내에겐 경계 대상 1호다. 누가 됐든 여자가 힘들어하면 남자는 본능적으로 해결해줘야 한다고 생각하기 때문이다. P 역시 마찬가지였다. K가 도서관에서 공부하려고 참고서를 펼칠 때면 P가 옆에서 이건 이렇게 저건 저렇게 꼬치꼬치 조언을 아끼지 않았다. 자기 전공이니 또 얼마나 꼼꼼하게 가르쳐줬겠는가? 공부만 아니라 주말이면 책도 사주고 함께 맥주도 마시며 K가 여동생인 것처럼 대했고, K 역시 그런 P를 많이 의지하고 친오빠처럼 따랐다. 둘이 육체적 관계까지 발전하기 전에 둘의 관계가 들통 났기에 망정이지 남녀 사이에서 '오라버니'가 '오, 자기'가 되는 건 시간문제다.

P와 Y가 정기적으로 상담소를 찾아와 솔루션을 받아가기를 두어 달 지속한 뒤, 어느 날 Y는 필자 앞에서 펑펑 울면서 그간 있었던 일들을 털어 놓았다. 둘은 첫 째 아이를 출산하면서부터 누가 먼저랄 것도 없이 부부관계에 소홀했다고 한다. 처음에는 그것이 그렇게 부부사이에 거쳐야 할 중요한 정기적인 통과의례인지 몰랐다.

P 역시 중년에 접어들면서 한창 젊었을 때보다는 섹스에 큰 의미를 두지 않았고, 사회활동을 통해 늘어난 사교적 관계들을 관리하다 보니 서로에게 집중하는 시간이 적어지는 것을 당연하게 받아 들였다고 한다. 당시 Y는 필자와의 상담을 통해 그간 부부관계를 복기하면서 한 가지 사실에 대한 해답을 얻었다. 남편이 평소에 술을 너무 마셨다는 것이다. 마셨다 하면 거의 필름이 끊길 때까지 마셨고, 집에 돌아와서도 베란다에 오줌을 싸고, 장롱을 열고 그 안에다 실례를 하는 경우가 점점 많아졌다고 한다. Y는 남편의 체력을 걱정하며 홍삼이며 보약을 달여 주었는데, "지금 선생님의 말씀을 듣고 보니, 그이가 섹스에 대한 상실감 때문인 것 같다"고 고백했다. 평소 섹스를 하지 못하니까 남편은 몰두할 수 있는 다른 대리물, 이를테면, 사회적 관계나 모임에 더 집중하게 됐고, 그러면서 사람들과 만나면서 자연스럽게 늘어난 술자리는 그의 육체와 함께 정신을 파괴시킨 촉매가 된 것 같다는 것이다.

그녀의 진단은 의미가 있다. 이건 우리의 가장 깊은 내면에서 만들어진 성심리, 우리의 의지로 제어하기 거의 불가능한 무의식의 영역에서 일어난 문제기 때문에 사실 P도 이런 자의식을 갖지 못했다. P조차 K와 함께 도서관 가서 책 보고 저녁 먹으면서도 그녀와 따로 몸을 섞거나 사회 통념상 불륜이라 할 수 있는 짓을 하지 않았기 때문에 자신의 행동에 전혀 문제를 느끼지 못하고 있었다. 그는 단지 직장 후배와 친한 정도로 K와의 관계를 정의 내렸고, 간혹 도를 넘는 행위를 할 순간이 있을 때에도 스스로 제어하고 절제하기까지 했다고 한다. 필자와 상담을 할 때, 그는 자신이 K를 좋아한 것도 아닌데 자기가 왜 그렇게까지 그녀에게 빠져들었는지 자신도 이해할 수 없다고 말했다. "걔가 예뻤던 것도 아니고 그렇다고 삶에 특별한 쾌락을 주지도 않았는데, 마치 뭐에 홀린 것처럼 매일 걔를 챙겨주고 알뜰히 보살폈다"는 것이다. 아마 그의 말은 진심이었을 것이다. 그는 자신의 왜곡된 성심리를 정확하게 꿰뚫지 못했기 때문에, 자신의 행동이 기반하고 있는 무의식이 시키는 대로 맹목적으로 따랐을 게 분명하다. 자기 이해가 필수적인 이유다.

3 남녀의 외도 원인들

　　남녀가 바람을 피우는 크고 작은 이유들이 있겠지만, 그중에서 대표적으로 다음과 같이 네 가지 원인을 꼽을 수 있다.

■ 관계중독

관계중독은 상대에게 중독되는 것, 즉 자신의 상처나 불안으로 인해 특정인에게 중독되어 살아가는 형태를 말한다. 일반인들은 이것을 사랑이라고 착각하는데, 사실 이건 사랑과 다르다. 하루라도 안 보면 참을 수 없는 단계, 상대가 시야에 없으면 도저히 일이 손에 잡히지 않는 단계, 이런 감정이 병리적으로 발전하여 상대를 가 두려 하거나 구속하려는 단계로 진행하며, 심각한 경우에는 의부증이나 의처증을 동반하게 된다. 아이러니한 점은 이런 관계중독에 빠진 남녀가 외도에 빠질 확률이 그렇지 않은 남녀보다 훨씬 높다는 데에 있다. 남자가 관계중독이 들어가는 경우는 아내가 그 대상인 경우가 많다. 건강한 사랑을 하는 게 아니다. 부인이 아니면 아무 것도 할 수 없는 남자, 과연 매력적인가? 아내 입장에서는 고통도 이런 고통이 따로 없다. 남녀를 떠나 모든 인간은 관계에서 힘을 얻기도 하지만, 반대로 관계에서 힘을 빼앗기기도 한다. 제아무리 좋다는 꽃노래도 한두 번이지, 좋아하는 사람이라도 하루 종일 내 옆에만 찰싹 달라붙어있다고 상상해보라. 만남이 있으면 어느 정도 소원함과 독립적인 삶이 보장되어야 상대를 다시 찾고 싶은 충동이 생긴다. 이 중독은 단순한 호불호를 떠나 부부에게 심각한 문제를 주기도 한다. 자기 아내에게 관계중독이 있는 남편이 아내와 갈등과 문제가 있을 때 다른 이성에게 그 갈등을 대신 풀려고 하면서 외도가 발생하기 때문이다.

상간녀도 남자에게 중독될 수 있다. 남성과 달리 여성은 감정이 중독되는 경우가 많다. 사랑은 없는데 대상에게 중독된다. 상대의 이미지만 집착할 뿐 알맹이를 들여다보지 못한다. 심리가 건강한 사람은 상대와 사랑을 하지만, 심리가 불안한 사람은 상대에게 중독된다. 영화 「중독된 사랑(1993)」에서 톱모델 페넬로페(이자벨 아자니)가 조르쥬(이폴리트 지라르도)에게 빠진 것과 같은 경우다. 부족할 것 없이 세상 모든 것을 다 가진 것 같이 도도했던 페넬로페도 관계중독에 걸리자, 자신의 명성을 쌓아온 '크리스찬 디오르' 모델까지 포기할 만큼 나락으로 떨어진다. 그녀는 그와 떨어져 있는 1분 1초도 견딜 수 없어 결국 자살 소동까지 벌이게 되다가, 영화 후반부에 상담가를 만나고 나서야 자신이 관계중독에 걸렸다는 사실을 알게 된다. 관계중독에 빠진 남자가 아내가 주는 불안성을 다른 여자를 만나 해소하듯, 여자 역시 남편이 주는 정서적 문제를 다른 남자를 통해 해결하려는 과정에서 그만 중독에 빠진다. 이는 정서적 문제가 원인이 돼서 일어나는 것으로 왜곡된 감정이 습관으로 굳어져서 남편에 대한 사랑이 증발해버리면 상간녀는 이웃집 남자가 됐든 직장 동료가 됐든 관계에 탐닉하게 된다. 사람에 대해 존중하기보다는 상대를 대상물로 여기는 꼴이다.

「인간중독(2014)」도 관계중독을 주제로 한 작품이다. 1969년을 배경으로 한 이 영화는 전쟁과 사랑이라는, 언뜻 무관해 보이지만 서로를 끌어당기는 자장磁場을 가진 두 주제의 묘한 이중주를 담아냈다. 월남전의 영웅 진평(송승헌) 대령은 전쟁의 참상을 겪은 뒤 귀국해 후방에서 훈련장교로 생활한다. 그의 아내 진숙(조여정)은 그가 상사로 모시는 대장의 딸이다. 둘 사이에 아이가 없고, 남편 진급에 목을 매는 아내의 모습에서 사랑 없는 둘의 정략적 관계와 건조한 부부생활이 느껴진다. 이 와중에 직속 신임으로 우진(온주완)이 발령을 받아 부대에 들어온다. 그의 아내 가혼(임지연)이 진평과 생일이 같다는 우연은 앞으로 펼쳐질 둘 사이의 관계를 암묵적으로 보여주는 극적 장치다. 화교 출신으로 군인의 아내가 된 가혼은 수십 개의 새장을 집에 들어놓을 정도로 애완조에 깊은 애정을 보인다. 여기서 새장은 갇혀있는 자신의 처지를 우회적으로 드러내는 메타포로 보인다. 전쟁고아로 자라 남편의 집에 식모살이를 했던 가혼이 성장해 오라버니뻘 되는 우진을 남편으로 맞아들인 우여곡절을 상기할 때, 그녀가 기르던 새들은 어쩌면 자신의 아바타일지 모른다.

어쨌든 영화에서 자세히 드러내지는 않지만 두 부부의 불만족스러운 애정전선에 반전이 일어나면서 진평과 가혼은 서로에게 묘한 이끌림을 느끼고 식탁에서 몰래 티슈에 필담을 나누더니 비 오는 날 화교성당 앞에 차를 세워놓고 군용지프 안에서 뜨거운 사랑을 나눈다. "왜 이렇게 가슴이 뛰죠?" "대령님 손 좋아요. 식사할 때 이 손 만지고 싶었어요." 둘은 월남전 때 부하 하나가 운영한다는 르네상스 음악감상실에 가서 함께 네 박자 왈츠를 춘다. 둘의 불륜은 서서히 달아오르고 두 사람의 섹스는 더욱 대담해진다. 어느 새 진평은 가흔에게 깊이 중독되어 버린다. 진평은 대통령 특사로 장군으로 승진하는 날 파티에서 아내를 두고 가흔에게 같이 서울로 올라가자는 제안을 한다. 두려워서일까, 어떤 이유에설까? 가흔은 진평의 손을 잡아주지 않고, 이성을 잃은 그는 "왜 자신을 버리느냐?"며 난동을 부리고 급기야 자해로 둘의 불륜 행각은 끝난다. 사람이 사랑 때문에 관계에 중독되면 아무 것도 안 보이는 모양이다. 해결책은 여느 약물중독이나 다를 바 없다. 알코올중독이라면 술을 입에 대지 않고 평소 생활습관을 바꿔야 하듯, 관계중독 역시 치료과정 중에는 중독된 상대와 만나면 안 된다. 진평이 외도관계에서 벗어나려 했을 때 가흔의 생활반경에서 멀리 떠나 있었어야 했다. 문제를 본질적으로 이해할 때까지 철저하게 '만남의 금기'가 필요하다. 중독을 해결하려면, 문제를 해소하려고 하지 말고 이해하려고 노력해야 한다. 사실 관계중독은 전문적인 심리상담가를 통해 스스로를 직시하는 치료 외에 별다른 해결책이 없는 실정이다.

■ 관계회피

두 번째 외도 원인은 관계회피다. 관계회피는 앞선 관계중독과 정반대의 개념이라고 보면 된다. 아내 입장에서는 남편이, 남편 입장에서는 아내가 싫어질 때 이 증상이 나타난다. 이 경우, 남녀 모두 가출을 밥 먹듯 한다. 집에서는 더 이상 배우자를 통해 관계욕구에 충족이 없기 때문이다. 아리스토텔레스가 말했듯, 인간은 사회적 동물이기 때문에 아무도 여하한 관계를 맺지 않고 살아갈 수 없다. 그것이 이상적인 관계든, 깨어진 관계든, 인간은 자신의 결핍을 상대에게서 간취하려는 본능을 지닌다. 그래서 남녀 누구든 관계회피에 빠졌을 때, 피상적인 교류, 최소한의 접촉만 가질 뿐 대부분 배우자 이외의 상대를 찾는다. 이럴 경우, 보통 쇼-윈도우 부부로 남는 경우가 많으며, 결혼이라는 울타리는 흔적만 남고 실질적 기능은 혼외관계에서 담보된다. 흔히 우리 부모 세대가 습관처럼 "내가 참고 산다"고 말하는 것과 일맥상통하는 상황이다.

영화 「바람 난 가족(2003)」을 보면, 이런 관계회피의 전형을 보게 된다. '꽤 괜찮은 변호사' 영작(황정민)은 동네 무용학원 강사인 호정(문소리)과 이러한 무늬만 부부인 관계를 위태롭게 이어간다. 둘 사이에 하나 있는 아들도 입양한 자녀다. 둘의 부부관계는 건조하기 이를 데 없다. 호정은 더 이상 남편과의 섹스에서 오르가즘을 느끼지 못한다. 호정은 뭘 해도 마음 한 구석이 허전하다. 자신의 젊음이 신기루처럼 사라져 버린 느낌 때문이다. 친구에게 전화로 "결혼하면 섹스나 실컷 할 줄 알았는데, 이건 어째 젊었을 때보다 더 못 하고 산다"고 투덜댄다. "처녀 때는 그래도 유부남에, 총각에, 약혼녀 있는 놈까지 다양했는데." 말끝을 흐리는 호정은 어째 결혼 이후가 더 불행한 것 같다. 언뜻 영작은 남편의 역할에 충실한 듯 보이지만, 그건 그에게 할당된 배역을 통해 오래 숙달된 연기에 불과하다. 겉으로 부부는 아무 문제가 없어 보이지만 거의 남남에 가깝다. 그래서일까? 이 부부의 아들은 끊임없이 자신이 '진짜'가 아닌 '입양된' 아들이라는 사실에 존재 불안을 느낀다. 아들은 엄마인 호정에게 "출생의 비밀을 알기 이전으로 돌아가고 싶다"고 말한다. 왠지 이런 모습이 호정은 짠하다. 아들은 영화 후반부에서 영문을 알 수 없는 주검이 되어 돌아올 제 운명을 직감한 것일까?

제목 그대로 이 집안은 모두가 바람이 났다. 본 영화의 영문명 '괜찮은 변호사의 아내A Good Lawyer's Wife'는 외로운 군상들의 표피만 보여주고 속내는 숨기는 의도된 반전에 가깝다. 영작은 이미 오래 전부터 대학 후배인 사진사 연(백정림)을 섹스파트너로 두고 있었다. 명백한 두집살림인 셈. 화면에 그려지는 둘의 속궁합이 가히 장난이 아니다. 그들은 스튜디오의 암실에서 성관계를 갖고, 출장을 핑계로 외딴 섬에 밀월여행을 떠나기도 한다. 반면 영작의 아버지인 알코올중독자 창근(김인문)은 병원 침대에 누워 죽을 날만 기다리고 있다. 그가 술을 먹은 건지, 술이 그를 먹은 건지, 창근이 그토록 술에 집착했던 건 1·4후퇴 때 이북에 두고 온 가족 때문만은 아니다. 실향민들이 보통 그렇듯, 그야말로 끊임없이 돌아갈 수 없는 북녘 땅을 희구하는, 그래서 뭐 하나 부족할 게 없는 남한에서 새로이 일군 가족의 울타리에 부부라는 이름의 껍데기 같은 관계만 영위하는 관계회피의 전형이 아닐까? 복수가 차서 땡땡 부은 올챙이배로 침대에 누워 각종 주삿바늘을 몸에 꽂고 생명을 부지하는 창근의 모습은 사망 직전의 부부관계를 유비적으로 보여준다.

그의 아내이자 영작의 어머니 병한(윤여정)은 몸저누운 남편과 마지막으로 잤던 게 15년이 넘었다고, 이제는 남자친구랑 섹스도 하고 자유롭게 살겠다고 자녀들에게 엄포를 놓는다. 그런 시어머니를 응원하는 호정은 어느 날 머리에 피도 안 마른 옆집 고삐리(봉태규)의 대시를 받는데, 이상하게 기분이 나쁘지 않다. 그는 호정과 함께 서서갈비집에서 고기도 구워먹고 야간 산행도 같이 가면서 연인 흉내를 내고, 호정은 그런 그가 귀엽다. 얼마 안 있으면 아버지 등살에 프랑스로 조기 유학을 떠나야하는 그에게는 시간이 없다. 내일은 없는 불나방처럼 3류 영화관이든 댄스학원이든 닥치는 대로 가슴을 조물딱 거린다. 자기는 한 번도 직접 여자의 성기를 본 적이 없다며 대놓고 "이번에 한 번 제대로 보자"는 그의 말에 호정은 선심 쓰듯 다리를 벌려준다. 영화의 말미에 호정은 그와 경련에 가까운 성관계를 갖게 되고, 웃어야할지 울어야할지 모르겠지만,

정작 남편과의 관계에서 오랫동안 잃어버렸던/잊어버렸던 성감대를 되찾는다. 게다가 한 번의 성교로 덜컥 옆집 고등학생의 아이를 임신하게 된 건 보너스다. 위태로운 두 부부의 관계를 지탱해주던 마네킹 같은 가짜 아들이 죽자, 그 빈자리에 자신의 욕망대로 낳은 진짜 아들이 들어섰다는 건 대단한 역설이다! 부부가 그토록 기다렸던 아이 아니던가? 영화적 설정이니까 이 콩가루 집안에 도덕적 불쾌감을 가질 건 따로 없을 것 같다. 영작과 호정의 관계회피는 두 부부가 아들을 잃고 파국으로 치닫는 운명의 단초가 됐을 뿐. 영화 마지막에 아내의 임신 사실을 알게 된 영작이 다시 그녀에게 돌아와 "앞으로 잘 하겠다"고 싹싹 비는 모습은 홍상수 감독이 만든 영화의 엔딩치고 유일하게 거의 코미디에 가깝다.

■ 섹스중독

섹스중독은 앞서 말한 두 개의 증상과 전혀 다른 병리적 문제로 귀결된다. 본래 섹스에 몰입하는 건 인간이면 누구나 갖는 자연스러운 본능이다. 생존을 추구하는 종種의 원대한 마스터플랜에 따라 인간은 수만 년에 걸친 진화의 과정 속에서 섹스라는 지극히 원초적인 남녀 간의 신체 행위를 뇌의 회로 속에 저장해왔다. 비록 남녀의 것이 서로 다르게 운용된다 할지라도, 그 회로는 별다른 어려움 없이 인간이 활용할 수 있는 번식의 도구이자 쾌락의 통로를 제공해왔다. 그렇기 때문에 섹스에 몰입하지 못하고 성욕 자체가 생기지 않는 이들은 대번 생존에 위협을 느끼는 위기 상황에 직면하게 된다. 그런데 반대로 그 몰입이 하루에도 너무 빈번하게 반복될 때, 그래서 정상적인 생활이 거의 불가능해질 때 역시 문제가 발생할 수 있다.

섹스중독은 현실의 고민과 아픔을 잊으려고 술을 먹거나 심하면 마약에 손을 대는 경우와 크게 다르지 않다. 아내가 지속적으로 부정 감정을 남편에게 심어주면 남자의 뇌는 그 감정을 잊지 않는다. 원래 남자는 선천적인 재부팅 능력이 있기 때문에 누가 가르쳐주지 않아도 즉석에서 부정 감정을 날려버리는 데 능수능란하다. 그런데 여자는 그런 남자에게 도리어 기억을 주입시키려고 애를 쓴다. 부부싸움 때마다 여지없이 튀어나오는 아내의 레퍼토리부터 그렇다. "뭘 잘못했어?" "내가 왜 화났다고 생각해?" "다시 그럴 거야, 안 그럴 거야?" 이 세 질문을 무한루프로 반복한다. 바둑도 아닌데 여자는 남자에게 끊임없이 잘잘못을 복기하고, 축구중계도 아닌데 남자의 실수들을 리플레이 한다. 이걸로도 직성이 풀리지 않아 남자에게 자필 각서까지 받는다. 자고로 남자는 까먹어야 정상이다! 일단 남자가 까먹어야 할 부정 감정을 제거하지 못하고 그 정서에 발목이 잡히면 남성으로서 아무런 능력도 발휘할 수 없다. 섹스도 못하고 일도 못한다. 그 여자 앞에서 발기 자체가 되질 않는다. 이 부비트랩을 탈출하는 간편한 방법은 술을 먹거나 게임을 하는 것. 또 다른 하나가 섹스에 빠지는 것이다. 우리나라만큼 남성들이 마음만 먹으면 어디서고 자유롭게 성을 구매할 수 있는 사회가 또 어디 있을까?

반면 여자들의 섹스중독은 남편에게 사랑을 못 받을 때 중증 우울증에 빠지면서 부수적으로 발생한다. 정서적으로 표현하면, 여성은 남성의 사랑을 받는 해바라기다. 남성이 전폭적인 사랑을 줄 때 여성은 긍정의 씨앗들을 맺는다. 필요한 사랑을 받지 못할 때 여성은 기괴한 방식으로 변한다. 유전자 변형식물에서 얻은 씨앗을 땅에 심으면 소위 '미치광이풀'이 나듯이, 여성의 마음속에 사랑의 씨앗이 없으면 알코올중독을 비롯한 각종 중독에 빠질 수 있다. 여성이 섹스중독에 빠지는 비율도 남성 못지않다. 필자가 상담했던 B씨(48세)가 그런 경우였다. B는 고등학교 여선생이었는데, 언제부턴가 그녀는 학교 남학생을 보면 끓어오르는 이상성욕 때문에 애를 먹었다. 대체로 견딜 수 있었지만 급할 때는 대책이 없었다. 당직 때 아무도 없는 교무실에서 자위를 했다. 어떤 경우에는 수업이 없는 시간에 남학생 화장실에 몰래 들어가 손수건으로 자위를 하기도 했다. 가장 고통스러운 순간은 남학생들 앞에서 수업을 진행하다가 갑자기 성욕이 올라올 때였다. B는 자신이 왜 이러는지 도무지 이해할 수가 없었다. 학생 중 누군가 봐주기를 기대하며 노팬티 차림으로 수업에 임한 적도 있었고, 가슴이 깊게 파인 브이넥 블라우스를 입고 괜히 칠판 앞에서 허리를 숙이며 수업을 진행하기도 했다.

보통 남자들은 스트레스를 풀기 위해서 자위를 한다. 반면 사정하고 나면 순간 쾌감을 느끼며 바로 욕구가 사라진다. 소위 '현자타임'이 온다. 반대로 여자들은 자신이 가지고 있는 억압된 정서를 풀기 위해, 자기가 스스로를 위로하기 위해 자위를 한다. 자위自慰라는 말 자체가 '자신을 위로한다'는 의미니까 이 상황에 더 없이 어울리는 단어다. 그런데 여자는 남자와 달리 자위를 하고 나서도 그 불안한 정서를 풀지 못한다. 감정을 억압하고 사는 여자일수록, 남에게 화를 내거나 표현을 하지 못하고 혼자 감당하려고 할 때 자위를 한다. B도 그랬다. 교사 임용 후, 학교에서 평소 눈여겨둔 고등학생을 방과 후 노래방에 데리고 가서 성교를 제안했다. 뿐만 아니었다. 학교에서 젊고 예쁜 기간제 여교사, 남학생들 사이에서 인기가 있는 여선생들을 맹렬하게 질투하고 미워했다. 이후 B는 필자와 꾸준한 상담치료를 통해 스스로를 대상화하며 섹스중독을 거의 완치했다. 자아가 없는 사람이 대상에서 보상만 받으려고 하면 거기에 중독된다. 그 대상이 술이든, 도박이든, 섹스든 마찬가지다. 내가 자신을 사랑하지 않고 남으로부터 사랑을 받으려고만 했기 때문에 빚어진 결과다.

B는 전형적인 섹스중독 환자다. 술이나 섹스는 일시적으로 위안을 줄뿐 실질적인 해결책이 아니다. 일중독뿐만 아니라 각종 동호회나 산악회 같은 모임에 몰두하는 것도 어떤 점에서는 모두 중독이다. 이런 여자는 가만히 있으면 도리어 불안해진다. 그래서 뭔가에 탐닉하게 된다. 어떤 일이든 몰입하는 순간엔 불안감을 잊을 수 있기 때문이다. 그 중 하나가 섹스다. 자신의 부정적 감정을 해소하려는 출구로 섹스를 이용할 뿐이다. B같은 중독자는 남자 성기와 닮은 물건만 봐도 섹스하고 싶어진다. 점심시간에 동료와 버섯전골만 먹어도, 상차림에 올라온 아삭이고추만 봐도 야릇한 상상에서 빠져나오지 못한다. 치료법은 여타 중독을 치료하는 것과 동일하다. 알코올중독자가 병원에 입소해서 술을 입에 대지 않고 치료하듯, 섹스중독자도 일단 섹스를 못하게 하면서 상담을 통해서 치료를 진행해야 한다. 섹스에 대한 무의식의 습관이 바뀔 때까지 지속적으로 관찰하고 상담해야 한다.

■ 섹스리스
여자는 남자의 성에 대해, 남자는 여자의 성에 대해 잘 모른다. 나중에 8장에서 다시 언급하겠지만, 단편적인 수준에 머물러 있는 우리나라 성교육으로 사회 내에 불필요한 혐오가 양산되고 있다. 이는 고스란히 사회적 비용으로 둔갑하여 삶의 질을 저하시키고 기회비용을 높인다. 섹스리스는 평소 성에 대한 부정적인 인식을 가진 여성에게서 많이 발생한다. 평소 엄격한 집안에서 자랐거나 어린 시절 교회나 종교 활동으로 인해 불필요한 억압을 받았던 여성들은 성인이 된 이후에도 성에 대한 왜곡된 무의식 때문에 남자와의 섹스를 부도덕한 행위로 여기게 된다. 흔히 교회 안팎에서 행해지는 혼전 순결서약의 경우를 보자. 자신의 몸을 장래의 배우자를 위해 지킨다는 서약의 취지 자체가 나쁜 것은 아니지만, 자칫 순결을 지나치게 강조하다 보면 자기도 모르게 몸의 주권을 잃어버릴 위험이 있다. 성의 결정권은 결국 자신에게 있다. 안전한 성, 바람직한 성은 중요하지만, 무지한 성, 무능한 성은 문제가 있다.

J씨(34세)의 사례가 그랬다. 필자를 찾아왔던 당시, 그녀는 육체적으로는 성인이었지만, 사내에서 사귀게 된 남친과 가까워지면서 상대의 몸을 어떻게 용납하고 자신의 몸을 어떻게 써야할지 전혀 알지 못하는 아이와 같았다. 여러 차례 진행된 상담을 통해 필자는 J가 소싯적에 받았던 순결교육에 불필요한 집착을 보이고 있음을 알게 됐다. 요즘 초등학생이면 으레 다 뗀다는 포르노나 춘화잡

지에도 전혀 노출되지 않았다. 남성의 육체가 어떻게 생겼고 어떤 기능을 하는지조차 거의 모르고 있던, 한 마디로 성에 있어 숙맥 수준이었다. J는 모 교회 목회자의 딸로 성장하며 종교라는 이름으로 결혼 전까지 순결을 지키며 뭇 남성을 가까이해선 안 될 '음흉한 존재'로 믿는 교육을 받았고, 결혼 적령기가 지나서도 이런 섹스에 대한 부정적인 무의식은 교정되지 않은 채 남아있었다. J가 나중에 용케 결혼을 하게 되더라도, 이런 부정성을 제거하지 않으면 중년 이후 섹스리스 부부로 진행될 소지가 다분히 있다.

정반대의 경우도 많다. 어려서 지인이나 가족 중 누군가에게 몹쓸 짓을 당하고 그 트라우마로 남성과의 성행위에 대한 부정적인 인식이 자리 잡은 경우, 적절한 상담을 통해 치료를 받지 않으면 정상적인 방식으로 남성과 교제하기도 힘들뿐더러 어렵사리 가정을 꾸렸다 하더라도 출산을 목적으로 하는 섹스를 제외한 여타의 신체적 접촉 자체를 거부할 가능성이 농후하다. 이들은 성은 더러운 것, 섹스는 아픈 것, 남자는 범죄자라는 단선적 등식을 가지고 있다. 필자가 상담한 내담자 중에는 자신에게 이런 정서가 숨어있으리라고는 전혀 생각지 못했는데 결혼 후 어려서 자신이 옆집 아저씨에게 성폭행을 당했다는 기억을 되살려낸 여성도 있다. 간호사 P씨(46세)는 남편을 만나 정상적인 가정을 꾸리고 단란하게 살았다. 그녀는 상담을 통해 마치 폴라로이드 사진을 찍듯, 당시 아저씨가 손가락을 자신의 음부를 찌르고 만졌던 장면을 정확하게 기억해 냈다. 놀라운 사실은 그런 기억이 그동안 전혀 의식의 수면 위로 떠오르지 않았다는 점이다. 그녀 역시 남편과 부부관계가 원활하지 않아 그 문제를 상담하다가 기억을 되찾게 되었다. 어떻게 이런 일이 가능할까? P는 자신의 불행한 기억을 지워버렸고, 나중에는 기억을 지웠다는 사실조차 소거해 버렸다. 즉 P는 간단히 컴퓨터 키보드의 삭제키를 누르듯, 그 사건을 의식에서 없애므로 과거 성폭행의 기억에서 스스로 자유로워지는 길을 택했다. 그리고 P는 애 둘 낳고 중년이 다 되어서 섹스리스로 필자를 찾아왔다.

그렇다면 남성에게 섹스리스는 어떻게 일어날까? 심리적 이유, 신체적 이유로 아내가 섹스를 거부하거나, 의도와 상관없이 한두 번 섹스가 이뤄지지 않았을 때 남성은 섹스리스에 빠질 수 있다. 남편 D씨(36세)는 대기업 간부였고, 아내 M씨(34세)와는 결혼 3년차 밖에 안 된 신혼이었다. 둘 사이에 16개월 된 아들 하나를 둔 평범한 중산층 가정으로 중학교 미술선생님이었던 M은 D와 함께 맞벌이로 생활했고, 아들은 친정엄마에게 맡기고 있었다. 임용고시에 3번이나 떨어지고 어렵게 교사가 됐지만, 여자 집안이 매우 부유했기 때문에 그리 문제될 게 없었다. 조금 이상하게 들릴지 모르겠지만, 일반적으로 남편 입장에서는 여자에게 일정한 궁핍이 필요하다. 학벌이든 재력이든 배경이든, 일정한 구멍이 있어야 남자가 비집고 들어갈 틈이 생긴다. 아내 집안이 무탈하면 남편이 무료할 수밖에 없다. 도움이 필요 없는 가정이라면 슈퍼맨은 바깥으로 돌기 십상이다. D의 경우도 그렇다. 아내가 워낙 혼수도 많이 했고, 평소 자신이 모는 자동차도 장인어른이 사주셨다. 무의식중에 D는 아내 집안의 재력에 주눅이 들었을 수도 있다.

남자는 부인이 힘들고 바쁠 때 꼭 바람을 피운다. 고달픈 고시 생활로 스트레스를 받았는지 M은 결혼 3년 만에 유방암에 걸렸다. 엎친 데 덮친 격으로 친정엄마는 덜컥 치매가 찾아왔다. 이런 절체절명의 순간에 남편은 같은 회사 여직원과 놀아났다. 심지어 아내가 입원한 병원 지하주차장에까지 상간녀가 찾아와 성관계를 가졌다. 남편이 아프면 여자는 남편을 수발하지만, 아내가 아프면 남편은 스트레스를 받는다. 이 타이밍이 외도가 시작되는 최적의 시기다. D는 여직원을 데리고 모텔과 공원을 전전하며 섹스를 즐겼다. 차 안에서도 하고 하루에 두 번도 하고 그랬다. 문제가 터지자, D의 부하 직원이었던 상간녀는 상사의 강압에 못 이겨 섹스에 응했다고 답했다. 마치 섹스에 걸신들린 사람처럼 달려들어서 때로는 자기가 임신했다고 둘러대며 관계를 피하기까지 했다고 한다.

어떻게 이런 일이 가능할까? 한마디로 남편은 섹스가 고팠다. D는 M과 원만한 성관계가 이뤄지지 않자 성적 대리자를 찾아 나섰고, 간편하게 직장 내에서 상대를 물색했다. M은 어떻게 대응했을까? 그녀는 남편의 상간녀를 찾아가 스스로 괜찮은 여자인 것처럼 정중하게 충고하고 돌아왔다. 보통 전문직 여성일수록 더 이런 반응을 보인다. 머리끄덩이 잡고 너 죽고 나 죽자고 달려드는 저렴한 행동이나 상대의 면전에 컵에 담긴 물을 끼얹는 짓을 하지 않는다. 교양 있는 마나님으로 상간녀에게 조곤조곤 훈계를 하고 돌아온다. 하지만 이렇게 해서는 복수심이 해결되지 않기 때문에 돌아와서 그만 몸져눕고 끙끙 앓는 법이다. M의 경우가 그랬다. 남편이 자기 몰래 새파란 계집과 온몸을 물고 빨며 외도를 즐길 때, M는 이유 없이(?) 핼쑥해진 남편을 위해 보약까지 달여 주는 지극정성을 보였다. 다행이 상담을 받을 때 M은 암에서 완치는 됐지만, 가정은 무너질 대로 무너진 상태였다. 필자는 그녀가 처음 상담실을 찾았을 때를 잊지 못한다. 펑펑 울면서 자기 좀 살려달라고 울부짖던 M의 애처로운 모습이 아직도 생생하다. 남편의 외도는 보통 아내에게 7개월에서 9개월 안에 들킨다. 용케 빨리 들통 날 수도 있지만 M처럼 직장을 갖고 있는 아내의 경우에는 더 둔감할 수밖에 없다. 이런 경우, 문제의 원인을 찾고 적절한 솔루션을 통해 7~9개월은 꾸준히 상담치료를 해야 정상적인 부부관계로 돌아갈 수 있다. 남자와 여자의 모든 습관을 다 바꿔야 외도 이후에도 서로 얼굴을 맞대고 살 수 있고, 외도 이전보다 더 행복해져야 다시 서로 사랑할 수도 있다.

4 의처증과 의부증

오늘날 '위험사회'로 진입하면서 건물이 무너지거나 화재, 사고, 천재지변으로 외상후스트레스장애PTSD가 오는 사례가 늘고 있다. 우리나라의 경우, 삼풍백화점 붕괴사건이나 대구지하철 화재사건에서 살아남은 생존자들이 종종 이와 같은 정신적 후유증을 호소한다. 보통 이런 정신적 장애는 시간이 약이다. 사건이 일어난 시점에서 어느 정도 지나고 나면 스스로 상황을 수용하고 스트레스를 극복하는 경우가 다수다. 물론 적지 않은 시간을 요하는 환자들도 더러 있지만, 결국 그들도 충분한 시간이 지난 후 외상의 터널을 빠져나오게 된다. 하지만 사람에 대한 스트레스는 의도적으로 해결하지 않으면 결코 사라지지 않는다. 여기서 "시간이 약이다"라는 말은 그릇된 말이다. 물질적이고 물리적인 재해로 받는 정서적 고통은 시간이 약일 수 있지만, 인간에게 받는 스트레스는 시간이 갈수록 응축되고 누적될 뿐이다. 나중에는 **감정부전**이 오게 된다. 결국 앞서 언급한 네 가지 징후들이 섞이고 융합반응을 일으켜 심각한 관계의 문제를 야기하는데, 대표적인 사례가 의처증과 의부증이다.

■ 의처증

의처증은 섹스리스로부터 출발한다. 남자는 내 여자가 왜 섹스를 안 해주는지 모르고 심리가 불안해지면 대번 아내를 의심하게 된다. '이 여편네가 바람이 났나?' 의심의 다음 단계는 상대를 주도면밀하게 관찰하게 된다. 당연히 자기 렌즈를 통해 보기 때문에 다 이상하게 보인다. 안 보이던 여성의 무의식이 보이기 시작하면서 이른바 **확증편향**이 오는데, 한 번 관찰이 시작되면 아내의 미소조차 이상하게 보인다. 옷은 왜 저렇게 입었는지, 요즘 향수는 왜 자꾸 뿌리는지, 말투는 왜 저렇게 바뀌었는지 의심에 의심을 더한다. 심지어 자신에게 짜증을 내는 것조차 외도관계를 숨기기 위한 치밀한 포석으로 여긴다. 필자를 찾아왔던 T씨(45세)가 그랬다. 아이러니하게도 그는 당시 상담심리를 전공한 상담가였다. 정신적인 멘붕이 오자 T는 깊은 자괴감으로 필자를 찾아왔고, 어렵사리 입을 연 그에게서 믿을 수 없는 그간의 놀라운 이야기들이 쏟아져 나왔다. 아내를 만나 연애를 하던 당시에도 의처증으로 의심되는 남다른 정서가 자신에게 있다고 느꼈단다. 심리학을 전공한 T의 입장에선 무척 당혹스러웠다. 마음을 다부지게 먹으려고 부단히 애썼다.

다행히 결혼하고 한 동안은 괜찮았다고 한다. 그러나 의심의 병이 도지자 그는 다시금 아내의 일거수일투족을 감시하기 시작했다. 집에 벗어 놓은 아내의 속옷을 검사하고, 외출하는 아내를 뒤에서 미행한 적도 있다고 털어놨다. 아내의 자동차에 위치 추적기를 붙이고, 심지어 아내의 휴대폰에 몰래 도청장치까지 달려고 했다. 머리를 휩싸 쥐며 자기도 왜 이런지 모르겠다며 낭패감을 토로했다. 그는 인터넷에 돌아다니는 오만 가지 가짜 정보를 찾아서 자기 마음대로 재구성했다. 아내를 제멋대로 조울증이라고 진단하고는 병원에 입원시키려고 했다. 실제로 정신병원에 전화를 해서 상담하기도 했다. 아내가 자주 체하거나 어깨가 뭉친다거나 하는 몸의 반응을 보이자 그는 외도를 은폐하기 위해 엄살떠는 거라고 생각했다. 성관계를 가질 때에도 아내의 아래가 젖어있지 않은 것도 평소 외간남자랑 섹스해서 그런 거라고 추궁했다. T는 서서히 자기 착각, 선택된 망상에 시달리기 시작했다. 필자조차 아내와 미리 내통한 게 아닌지 의심할 정도였다. 물론 T가 함께 데리고 온 아내는 멀

쩡했다. 필자가 자신의 말을 받아주지 않자, 급기야 T는 상담을 거부했고, 이후 그 부부가 어떤 인생을 살게 됐는지 필자로선 알 길이 없다. 모르긴 몰라도 그리 건설적인 관계로 회복되긴 힘들었을 것이다.

■ 의부증

반대로 의부증은 어떻게 발생할까? 여자는 배우자가 사랑을 확인시켜주지 않을 때, 즉 남편에게 긍정 감정이 느껴지지 않을 때 심리가 극도로 불안해진다. 경영진 측에서 지속적인 신뢰를 보여주지 않을 때 회사원들이 고용의 불안을 느끼듯, 남자가 지속적인 사랑을 보여주지 않을 때 여자는 관계의 불안을 느낀다. 자고로 여자는 남편이 3일에 한 번씩 사랑을 주면 더 이상 과거가 기억나지 않는다. 하지만 일주일 동안 제대로 사랑을 주지 않으면 과거의 모든 기억이 다 새록새록 떠오른다. 하지만 이런 정서가 의부증까지 발전하는 경우는 그리 흔치 않다. 보통 의부증은 아내가 남편의 외도를 경험하고 별다른 심리 치유 없이 묻고 넘어간 경우에 발병하게 된다. 남편의 모든 말이 믿기지 않는 단계에 이른다. 남편이 밤에 조금만 늦어도, 상가집에 간다고 전화해도, 아내는 남편이 올 때까지 잠을 이루지 못한다. 남편의 자동차 블랙박스 열어서 어젯밤 어디 갔나 하나씩 확인하고, 심부름센터나 흥신소에 가서 남편 뒷조사를 시킨다. 필자가 아는 한 남편은 부인한테 골프 치러 간다고 얘기하고 아내의 미행을 따돌리려고 중간에 친구의 차량으로 갈아타고 가기까지 한다고 한다. 보통 여자가 자기 인생이 없이 남편만 바라볼 때 의부증이 찾아오고, 의존성이 강한 만큼 비례해서 증상도 깊어진다.

지인의 소개로 대학로에서 공전의 히트를 기록하는 연극 「스캔들(2018)」을 본 적이 있다. 손남목 연출가의 연출이 돋보였던 수준 높은 번안 작품으로 특급 연기자들이 벌인 혼신의 연기 덕분에 오랜만에 주변 눈치 안 보고 마음껏 웃을 수 있었다. 소극장에서 펼쳐진 연극은 남편 성기가 아내의 외출을 틈타 불륜관계에 있는 모델 수지를 집에 끌어들이면서 일어나는 해프닝을 그린 작품이다. 그런데 꿈에도 생각지 못했던 사실 하나! 아내 지수는 남편의 친구 순성과 이미 불륜관계였던 것. 이들 사이에 눈치 없는 출장요리사 순지가 우연히 끼어들면서 남편 성기와 아내 지수가 서로를 속이기 위한 거짓말을 만들고, 그 거짓말은 또 다른 거짓말을 낳으면서 점차 스토리는 미궁 속으로 빠진다. 필자는 이 연극이 블랙코미디라고 생각한다. 배우들의 동선을 따라 열심히 웃다보면 어느새 간담이 서늘해지는 느낌이 들기 때문이다. '정말이지 상담사례와 너무 닮아 있잖아?' 필자는 극 속의 배우들이 데칼코마니처럼 현실 부부들의 실제 모습과 겹쳐지면서 의부증과 의처증을 넘나드는 복잡한 이성관계의 결말을 점쳐보게 됐다. 의심과 정절 사이의 관계는 '믿음'이라는 두 글자에 달려 있다. 그래서 정절fidelity이 믿음fide이라는 어원에서 나왔는지도 모른다.

5 섹스와
사랑의 차이

남자들은 여자가 다른 남자랑 섹스를 했다는 것에 분노하고, 여자들은 남자가 다른 여자를 사랑했다는 것에 분노한다. 이런 오해는 모두 섹스와 사랑을 바라보는 남녀의 성심리의 차이에서 기인한다. 앞서 언급했듯이, 여자들은 사랑의 확인으로 섹스를 하기 때문에 남편의 불륜은 자신의 사랑에 대한 심각한 배신이다. 반면 남자들은 자신이 그토록 집안을 일으키고 돈을 벌어오고 처자식을 먹이기 위해 들였던 노력이 물거품으로 돌아가면서 분노한다.

때로 섹스와 사랑의 차이를 구분하지 못하는 경우, 치명적인 문제를 야기할 수 있다. 대표적인 문제가 **이상성욕**이다. 배우자가 불륜을 저질렀을 때 남자든 여자든 이상성욕이 올라올 수 있다. 부부가 오랫동안 섹스리스로 살다가 어느 날 남자가 바람을 피우는 경우, 불감증의 아내는 순간 성욕이 되살아날 수 있다. 남자도 마찬가지다. 평소 잠자리에서 체위 좀 바꿔가며 하려고 해도 침대에 본드를 붙여놨는지 누워서 꿈쩍도 않던 목석같은 아내도 어느 날 외도를 했다는 소식을 듣는 순간, 남편은 갑자기 아내가 여성스럽게 보이고 성욕이 일어날 수 있다. 이건 무의식이 사랑을 회복하기 위한 자연스런 정서이며 몸의 호전반응이다. 어느 것 하나 부족함이 없는 생태계에서 갑자기 특정 동물의 개체수가 확 늘어나면 다른 상위 포식자들에 의해 잡아먹히므로 결국 전체적인 균형을 맞추는 것과 동일한 이치다. 이를 소위 **평형상태**라고 하는데, 이상성욕 역시 이런 몸과 마음의 균형을 맞추려는 본능적인 평형감각의 한 현상일 수 있다. 문제는 이것이 서로의 배우자에서 충족되지 못한다는 점이다. 외도로 빚어진 이상성욕은 배우자의 불륜 사실을 알고도 상대가 자신과 성관계를 지속해줬으면 하는 굴욕에 가까운 요구로 느껴지기 십상이다. 결국 이상성욕은 섹스중독이나 또 다른 외도로 진행될 수밖에 없다.

이상성욕이 일어난 아내는 남편의 귀가가 늦을 때마다 섹스에 관한 몽상에 몰두한다. 아내는 남편이 외간여성과 관계를 갖는 그림을 머릿속에 그리며 불안해한다. 평소 부부간 성관계가 없었다면 그 불안함은 배가된다. 그래서 남편이 외도를 한다고 인지했을 때, 아내가 외도의 원인이 성관계 때문이라고 판단해서 평소 안하던 섹스를 하려고 남편에게 달려드는 경우가 있다. "앞으로는 내가 업소 여자들처럼 잘 해줄 테니 바람피우지 마." 하지만 이건 섹스와 사랑을 바라보는 남성들의 성심리를 오인한 것에서 기인한 결과다. 남자라는 동물이 반드시 섹스를 해야만 살 수 있다는 건 큰 오해다. 섹스가 물론 중요한 가치를 가지지만 남자에게 절대적 가치를 띠는 건 아니다. 남성이 실질적으로 상담을 와서 하는 얘기가 "마음이 동하지 않으면 술집 여자 다섯 명이 발가벗고 나란히 서 있어도 섹스가 안 된다."고들 한다. 게다가 지금 자신이 바람을 피우다 딱 걸린 상황에서 아내와 원만한 관계가 되겠는가? 아내 앞에서 죄책감과 수치심에 발기조차 되지 않는 남성들이 부지기수다. 이때 여자는 남자의 반응을 오해하면 안 된다. '내가 자존심 버리고 이렇게까지 들이대는데 어떻게 무시할 수 있어?' 섹스의 부재로 인해 여자는 남편이 더 이상 자신을 사랑하지 않는다고 생각한다. 그러나 남자역시 정서적 문제를 겪는다. 남자라고 언제나 성기를 세울 수 있는 건 아니다. 외도를 들키고 아내를 무서워하는 남자들도 적지 않다. 여자는 남편이 상간녀와 섹스하는 장면이 떠올라 트라우마가 생기지만, 남자는 아내가 자신의 성기를 잘라낼 것 같은 **거세불안**에 시달린다. 남자는 죄책감 치료가, 여자는 상처 치료가 시급한 이유다.

1908년, 프로이트는 오이디푸스 콤플렉스에서 느껴지는 죄책감으로 인해 아이가 아버지에게서 성기가 절단되는 공포를 가지게 될 때 거세불안이 올 수 있다고 주장했습니다. 최근에는 좀 더 포괄적인 개념으로 사용되면서, 부모로부터의 강압적 교육이나 과도한 체벌 등에 의해 일어날 수 있는 정서 불안이나 신경증을 말하기도 합니다. 성인기 남성에게는 아내에게서도 이런 거세불안을 느낄 수 있습니다.

남자는 죄책감을
여자는 상처를 해결해야 한다

외도는 칼로 물 베기가 아니다. 외도에서는 닭이 먼저냐 계란이 먼저냐가 중요한 게 아니다. 정답을 아는 게 중요하다. 남자는 섹스에 그릇된 열정을 품어 외도에 빠지고, 여자는 섹스를 사랑이라 착각해서 불륜에 빠진다. 필자를 찾아온 많은 여성들이 습관처럼 하는 얘기가 있다. "아무도 없는 무인도에 가서 남편이랑 실컷 얘기하고 나서 한숨 푹 자고 돌아오고 싶다." 그만큼 정서적 소통을 원한다고 볼 수 있다. 그런데 이런 얘기 들으면 남자들은 대뜸 이렇게 말한다. "에구, 뭔 재미로 무인도에 가냐? 낚시 하러 갈 거면 몰라도....”이처럼 남자는 누군가와의 소통보다 내면의 자아와 마주하는 고독에 더 의미를 부여한다. 아내는 남편과의 수다를 통해 부정 감정을 해결하고 나서야 마음과 몸을 열어 그를 받아들일 수 있다. 그래서 아내가 갑자기 “자기, 나랑 얘기 좀 해!”하며 접근하면 그린라이트라고 봐도 무방하다. 대화하자는 건 여자가 마음의 응어리를 풀고 오늘 밤 상대와 한 번 찐하게 자고 싶다는 의미다! 이 순간이 남자에게는 위기이자 기회이기도 하다. 이런 심리를 알 턱이 없는 대부분의 남편들은 대화하자는 아내의 말에 대번 양미간을 찌푸린다. ‘아이고, 또 마누라가 오늘은 무슨 불평을 늘어놓으려는 걸까?’그러면서 아내가 조금만 무드를 잡아도 “우리는 가족이야!”하면서 아내를 밀쳐낸다. 이런 어긋남 때문에 부부의 오해가 쌓이고, 나아가 바람과 맞바람이 시작되는 것이다. 적극적인 외도상담이 필요한 이유다.

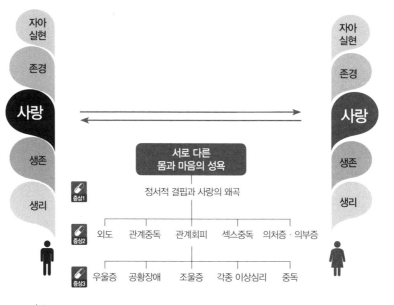

외도는 사랑이 아닙니다. 외도는 정서적 결핍에 의한 사랑의 왜곡이며 사랑의 왜곡은 문제 해결을 더욱 어렵게 만드는 원인이 됩니다. 사랑하는 사람과 영원한 사랑을 지키고 싶다면 서로 다른 심리, 성욕, 감정에 대해 알아야 합니다. 더불어 서로의 정서를 채워 주고 더 나아가 남녀가 서로의 정체성을 지켜주어야 합니다. 남자와 여자는 서로 다른 몸과 마음의 성욕을 가지며, 그 욕구가 서로에게서 충족되지 않을 때 결핍과 왜곡이 생겨나게 됩니다. 그 대표적인 현상의 하나가 바로 외도입니다. 몸은 눈에 보이지만 마음은 눈에 보이지 않기 때문에 서로 인정하기 힘든 부분이 많습니다. 때문에 남자는 사랑하는 내 여자가 누구보다 자기 자신과 똑같기를 바라고, 여자는 내 남자가 자신과 일치하기를 바랍니다. 그래서 점점 닮고 싶고 더 똑같아지고 싶지만 이는 더 불행해지는 원인이 됩니다. 둘 중에 하나는 자신의 욕구를 억압해야만 하기 때문이죠. 즉 내가 행복했던 만큼 그간 상대의 희생이 존재한 것입니다. 함께 행복해지고 싶지 않나요? 그렇다면 서로 다르다는 것부터 인정합시다.

❖ 피에르-오귀스트 르느와르(Pierre-Auguste Renoir, 1841~1919)의 「부지발의 무도회(Dance at Bougival, 1883)」. 미국 보스턴 미술관(Museum of Fine Arts) 소장.

chapter *4*

—

일순간 휘감아버리는 일탈의 바람

외도 발생에 대처하는 방법

"그 당시 인간은 팔이 네 개에 다리도 네 개, 얼굴은 두 개이고 부끄러운 부분도 두 개,
그 나머지 부분도 모두 마찬가지였다. 제우스는 인간의 불복종을 다스리고자
병조림을 만들기 위해 과일을 자르듯,
또는 말총으로 삶은 달걀을 등분하듯, 인간을 둘로 나누었다."

—플라톤,『향연』—

일순간 휘감아버리는 일탈의 바람

아리스토파네스는 플라톤의 『향연』

에서 태초의 인간이 양성구유兩性具有의 존재였다고 말한다. 한마디

로 남성과 여성이 한 몸을 이루고 있는 형태였던 것. 플라톤은 마치

샴쌍둥이를 떠올릴 정도로 사지가 쌍으로 존재한 것으로 묘사했다.

양성구유를 뜻하는 영어 '안드로지니Androgyny'는 남성을 뜻하는

'안드로스andros'와 여성을 뜻하는 '진gyn'이 합쳐진 말이다. 그러나

신의 천형으로 완전한 인간은 그만 둘로 쪼개지고 만다. 여기서 부

절符節처럼 나뉜 두 조각의 인간들, 즉 남성과 여성은 자신의 잃어버

린 반쪽을 찾아 영원히 서로를 희구하게 되었다는 전설이 만들어진다. 영미권에서 흔히 배우자를 '반쪽Better Half'이라고 지칭하는 것도 이런 연유에서다.

어떻게 보면, 히브리 신화는 그리스 신화와 반대다. 『성서』는 처음부터 남성과 여성을 따로 창조한다. 「창세기」를 보면, 애초에 여성은 남성보다 뒤에, 그것도 남성의 부속물(갈빗대)로 만들어졌다. 신은 이미 남성만으로 완벽한 인간을 창조했노라고 뿌듯해했다. 그래서 최초의 인간 '아담'은 고유명사라기보다 히브리어로 그냥 '사람human'이란 뜻이다. 히브리 신화가 말하는 여성의 존재이유는 고작 남성을 '돕는 배필'에 불과할 뿐이다. 신은 아담에게 여자(아담과 달리 처음엔 정확한 이름도 없었다!)를 선물로 주고 말한다. "남자가 부모를 떠나 그 아내와 연합하여 둘이 한 몸을 이룰지로다." 여기서는 『향연』에 등장하는 남녀의 영원한 평등관계는 보이지 않는다. 남성은 자신의 절반이 아니라 옆구리에서 잃은 부품을 하나 찾듯이 여성을 찾는다. 반면 『성서』는 남성을 향한 여성의 원초적 욕망에는 침묵한다.

외도 발견,
초기 대응이 중요하다

1

　요즘 막장드라마의 영향 때문인지 대부분 부부들은 배우자의 외도를 감지하면 흥신소부터 찾는 경우가 많다. 처음에는 분노와 배신감에 며칠 동안 제 정신이 아니다. 민기도 그랬다. 영화「해피엔드(1999)」에 보면, 은행직원이었다가 IMF로 실직한 남편 민기(최민식)는 영어학원 원장인 아내 보라(전도연)를 대신해 졸지에 살림을 맡게 된다. 돈을 만졌던 전직 은행원답게 푼돈까지 아끼는 살뜰함을 보이면서도, 틈만 나면 헌책방에 쪼그려 앉아 연애소설을 읽으며 눈물을 찍는, 나름 감수성이 있는 로맨티스트이기도 하다. 그런 그가 어느 날 아내의 차를 청소하다가 발견한 고속도로 톨게이트 영수증과 꼼꼼히 작성하던 차계부를 대조하면서 아내에게서 이상한 낌새를 알아차린다. '아내가 바람이 났나?'

안타깝게도 그의 육감은 적중했다. 어린 딸의 갑작스런 고열로 병원 응급실에 다녀오던 길에 아파트 복도에서 아내가 대학시절 애인이었던 남친(주진모)과 부둥켜안고 격렬하게 키스하는 외도 현장을 목격한다. 행여 가슴에 둘러맨 갓난아기가 깰까 전전긍긍 하면서 복도 끝에서 서로를 더듬는 두 남녀의 애정행각을 바라보는 민기의 뒷모습은 애처롭다 못해 불쌍하기까지 하다. 며칠을 번민과 갈등 속에서 보내다가, 민기는 딸의 부양을 걱정하는 아빠로서 엄마이자 아내를 향한 처절한 복수를 계획한다. 에로물에서 스릴러물로 돌변한 영화의 결말을 보면, 영화제목이 역설로 다가온다. 바람난 아내 때문에 파국을 맞는 세 인물이 도달한 종착지는 결코 '해피'하지 않기 때문이다.

기본적으로 분노는 배우자의 외도를 직면했을 때 경험하는 첫 번째 감정들 중 하나다. '이제까지 나는 누구였나?' 가장 근본적인 존재의 이유를 묻는 질문이 자연스럽게 떠오른다. 상대를 철석같이 믿었거나 상대에게 의존했던 경우, 그 질문은 거대한 노도가 되어 당사자를 집어 삼킨다. 민기의 경우, 눈에 넣어도 아플 것 같지 않은 어린 딸은 밤새 아파서 엄마를 찾으며 울었는데, 정작 책임감 있는 엄마로 그 곁을 지켰어야할 아내는 외간남자랑 몸을 섞고 있었다는 사실이 커다란 배신감과 분노로 다가올 수밖에 없다. 반대로 남편이 세상의 모든 것이라 생각하고 평소 알뜰살뜰 뒷바라지 하던 내조의 여왕이라면 충격과 상실감 역시 어마어마할 것이다.

이처럼 배우자의 외도문제를 일반적인 부부갈등이나 부부문제처럼 여겨서는 안 된다. 남편 또는 아내가 갖고 있던 성격장애, 개인의 심리문제, 외도를 일으킨 환경적 요인, 부부간 섹스문제 등 부부를 둘러싼 다양한 내외 요인들이 총체적으로 엉켜 외도라는 결과로 나타난 것이기 때문에 일반적인 부부상담으로는 해결이 쉽지 않다. 게다가 일단 배우자의 외도가 드러나면, 부부의 상호신뢰는 깨지기 때문에 함께 한 자리에 앉아 상담가와 대면하여 대화를 나누는 것 자체가 불가능할 때가 많다.

외도문제가 발생하면, 무엇보다도 두 사람의 분노를 해결해야 한다. 그 이후에 배우자의 외도문제를 정확히 분석하고, 그 원인을 찾아서 이혼조정과 같이 문제를 법리적으로 해결하거나, 재결합과 같이 다시 사는 방법을 강구해야 한다. 누구에게나 한 번뿐인 인생이다. 함께 사는 게 지옥과 같다면 천국에서는 못 살아도 최소한 그

지옥을 벗어날 필요는 있지 않을까? 소중한 삶, 단 하루를 살아도 행복하게 살아야 한다. 그렇다고 이혼이 능사는 아니다. 홧김에 이혼을 선택하는 건 도피에 불과하다. 순간의 기분에 따라 속단하지 말고 그럴 때일수록 마음을 가라앉히고 전문가의 조언을 구하는 게 상책이다. 불륜에 빠진 부부를 상담을 하다보면, 남녀의 대응이 어쩌면 그렇게 천편일률적인지 상담가 스스로 놀랄 때가 많다. 보통 남편이 외도할 때 아내가 대처하는 방식은 다음과 같이 일어난다.

첫째, 앞으로는 남편의 외도를 눈치 채지 못한 것처럼 연기하면서 뒤로는 전문가가 아닌 주변의 유경험자 내지 지인에게 물어보거나 검증되지 않은 인터넷 사이트에 댓글을 단다. 안타깝게도 이런 접근은 상황을 냉정하게 바라보지 못하게 하는 장애물들이다. 친구나 지인에게, 혹은 인터넷의 불특정다수에게 남편의 외도를 폭로하는 것은 쓸데없는 감정적 소비만 일으킬 뿐 상황을 해결하는 데 아무런 도움이 되지 않는다. 외도는 남편이 잘못한 게 맞지만, 외도의 원인이 무엇인지 아내 스스로 냉철하게 판단해야만 한다.

둘째, 사생결단하고 남편에게 달려든다. 너 죽고 나 죽자는 발상은 상대의 외도를 탐지한 아내들이 가장 손쉽게 기댈 수 있는 대책이다. 하지만 이 방식으로 아내가 순간 화는 풀리고 해결되는 것 같아도 사실 문제에 단 한 발자국도 다가서지 못한다. 남편의 얼굴에 오선지를 그리기는 쉬워도 찢어진 관계를 이어가는 건 어렵다. 이미 발생한 외도를 다그치고 난리친다고 해서 해결되는 것도 아니며, 도리어 남편에게 악감정을 증폭시켜 사태를 악화시킬 우려마저 있다.

셋째, 외도 후의 남편에게 울고불고 매달리면서 다시 살아보려고 노력한다. 물론 관계회복은 중요하다. 하지만 남편이 혼외관계를 정리하고 제자리로 돌아온 것 같아도, 몸만 왔을 뿐 아무 것도 해결되지 않은 경우가 태반이다. 살면서 아내가 계속 배신감과 심적 고통을 갖게 되면 결국 남편과의 관계는 표피적으로 머물 수밖에 없다. 아내가 남편의 외도를 확인했을 때는 배신감, 모멸감, 수치심, 자괴감, 화, 분노 같은 정서적 증상에서부터 두통, 소화불량, 각종 통증과 신체적 기능장애까지 나타난다. 저항력이 약해지고 정신이 멍해지며 분리불안과 삶에 대한 회한, 우울증과 공황장애가 몰려온다. 남편이 싫어지기도 했다가, 한편으로 남편이 없으면 죽을 것 같은 양가감정이 든다. 이런 복잡한 감정들을 쉽사리 표현하거나 해소할 수 없기 때문에 자책과 분노, 연민과 증오라는 악순환이 계속된다.

넷째, 앞 장에서 언급했지만, 아내가 강한 이상성욕을 일으켜 남편에게 섹스를 요구한다. 여기엔 남자가 자신에게 성적으로 만족하지 못해 바람이 났다는 오해가 전제되어 있는데, 사실 남자의 성심리를 이해하면 남자의 외도가 순전히 섹스에 귀결되는 것만이 아니라는 사실을 잘 알게 될 것이다. 아무리 남편에게 온갖 정성으로 있는 기술 없는 기술 다 발휘하여 물고 빨고 다 해줘도 일단 바람난 남편의 마음을 돌이킬 수는 없다. 대부분의 경우, 아내의 시도는 무위에 그치고 만다. 이때 아내는 몰래 자위를 하면서 상간녀와 남편의 관계를 상상하기도 하고, 다른 남자와 자신이 음탕한 섹스를 즐기는, 아니면 외간남자에게 굴욕적으로 강간을 당하는 성적 판타지에 빠지게 된다. 이때 아내가 상담치유를 받지 않으면 이상성욕으로 부도덕한 행위를 저지르거나 아예 맞바람을 피울 수도 있다.

무엇보다 남편의 외도가 발생하면 아내는 스스로 버림받았다는 자책에 빠지지 말아야 한다. 아내는 남편의 외도로 삶의 뿌리가 흔들린다는 사실에 그 동안 얼마나 상대에게 의존하고 살아왔는지, 자신의 삶이 그간 얼마나 불균형적이었는지 깨닫는 시간이 절대적으로 필요하다. 주의 노래 「남자 때문에」 가사처럼, "더 이상은 남자 때문에/ 울고 웃지 않게/ 내 두 발로 서 있을래/ 누구에게도 다신 기대지 않고/ 살아가볼래" 하는 자세가 필요하다. 상처로 허우적거리는 아내가 제일 먼저 찾아와야 할 것은 자신의 자존감이다. 그 다음에 남편이다. 남편의 몸만 찾아오는 게 아니라 아내 자신이 삶의 주인이 되어 자신을 변화시키고 떳떳한 자주적인 개인으로 행복해지는 것만이 진정으로 남편을 돌아오게 하는 최고의 방법이다. 심리적 상처가 있는 여자는 결코 사랑을 주고받는 여자로 살아갈 수 없기 때문이다.

상대의 몸만 찾아오지 말고
마음까지 찾아와야 한다

2 여성의 상담과 치유의 필요성

　상담을 하다 보면, 배우자의 외도문제를 종교적으로 승화하는 분들을 종종 보게 된다. 특히 여성들 중에 자신의 감정을 꼬깃꼬깃 접어서 내면으로 꾹꾹 우겨넣는 내담자들이 많다. 그런데 이 문제는 용하다는 점집을 찾거나 기도원에 처박혀 있는다 해서 해결될 사안이 아니다. 자신의 문제를 신에게 위임하고 하늘에서 내리는 위로로 감정을 충당하는 건 좋지만, 배우자는 더 활개를 치면서 내담자의 마음을 지속적으로 후벼 팔 가능성이 많다. 게다가 한 번 내 안에 담은 감정의 에너지는 언젠가 도로 바깥으로 터져 나온다. 그 대상이 배우자가 아닐지라도 반드시 쏟아내야 한다. 그 농축된 부정의 감정을 배설한다면, 당사자든 누구든 감당할 수 있을까?

　　남편이 바람을 피웠을 때, 아내의 심리상담이 반드시 필요하다. 바람을 피운 당사자는 남편인데 왜 피해자인 아내가 상담이 필요한가 의아하게 생각할 수도 있다. 물론 남편도 상담이 필요하지만, 남편보다 아내의 상담이 시급하다는 사실은 여성들조차 잘 인식하지 못하는 것 같다. 이유는 간단하다. 외도를 한 건 남편이 맞지만, 마음에 상처를 받고 지속적인 부정의 감정으로 고통을 겪는건 다름 아닌 피해자 자신이기 때문이다. 남편의 외도가 발생하면, 아내들은 남편이 다른 여자를 사랑한 것에 대하여 배신감과 분노로 마음이 황폐화된다. 때문에 상담 중에 이런 아내의 분노를 해결하는 것은 가장 선행되어야할 과제 중 하나다. 나중에 다시 설명하겠지만, 아내가 외도했을 때도 남편보다는 아내를 먼저 상담하는 게 필요하다. 아내의 외도는 남편과 살면서 받은 스트레스와 상처로 발생하는 경우가 대부분이기 때문이다. 따지고 보면, 남편의 외도나 아내의 외도 모두 직접적인 원인이 남편에게 있다. 아내의 외도도 남편 잘못, 남편의 외도도 남편 잘못이다. 그러나 현실적으로 남편들이 이를 깨닫지 못하기 때문에 오히려 아내의 상담치유를 방해하는 경우가 허다하다.

아내가 상담을 받지 않는 상황이 초래하는 결과는 참혹하다. 무방비 상태의 아내는 배우자에 대한 원망만 커지고, 결혼과 부부생활 자체에 회의감만 깊어지며, 스트레스와 우울증으로 고통스러운 나날을 보내게 된다. 보통 현실과 타협하거나, 아니면 스스로를 자책하거나, 혹은 그럴 수도 있다고 합리화하며 근본적인 문제 해결보다는 자포자기 하고 만다. 외도를 한 배우자가 비록 잘못은 했지만, "다시는 외도를 하지 않겠다"고 싹싹 빌면 마음이 약해지거나, "여전히 너만을 사랑한다"는 말을 믿게 되면서 문제를 덮어버리는 데 급급하게 된다.

그렇지 않으면 너무 힘든 나머지 상대를 복수하려는 마음으로 맞바람을 피는 극단적인 선택을 하게 된다. U씨(29세)가 그런 경우였다. 젊은 시절, 남편이 한정식집 요리사로 있었고, U는 그 식당에서 알바를 하다가 둘이 만나 결혼하게 됐다. 이후 남편은 상업지구에 한정식집을 창업하여 요식업을 하면서 점점 집에 들어오는 시간이 늦어졌다. 평소 남편이 재미있고 유머러스한 사람이라 식당에서 일할 때도 가게 이모들 사이에서 인기가 많았기 때문에 U는 불안해졌다. 알고 보니 식당 윗층 댄스학원 실장과 바람이 났다. U는 세상이 무너지는 것 같았다. 남편에게 책임을 추궁하자, 그는 아내인 U에게 "니가 집에서 하는 게 뭐냐?" "아무 것도 없는 걸 데려와 살게 해줬더니 이젠 적반하장이냐?"며 도리어 큰 소리를 쳤다. 어이가 없었지만 U는 끝까지 가정을 지키며 그와 살아보려고 했다. 게다가 얼마 전에 낳은 아기는 또 어떻게 할 것인가? 할머니 슬하에서 고생하며 성장한 자신의 배경도 그렇고, 남편과 이혼하고 나면 딱히 비빌 언덕도 없다고 느껴졌다.

하지만 그녀의 분노는 사그라지지 않았다. 필자가 분노의 치유가 왜 중요한지 강조하는 이유다. 그 분노를 남편에게 풀 수 없었던 U는 남편이 밤에 귀가하면, 갓난아기를 맡기고 집을 나왔다. "내가 하루 종일 고생하며 애 봤으니까 이제 당신이 봐!" 그리고는 친구들 하고 나이트클럽과 술집을 전전하며 놀러 다녔다. 그렇게라도 하지 않으면 미칠 것만 같았다. 그러다가 결국 U도 남자 동창하고 바람이 났다. 쾌락적으로 즐기려고 한 것인데, 거기다가 남자들이 보듬어주고 따스하게 위로해 주니 여자치고 긍정 감정이 생기지 않을 리가 없다. 이렇게 부부는 쌍바람이 났다. U는 상담을 받으러 오지 않았기 때문에 이후 치료를 받지 못했다. 하지만 그녀의 진로는 뻔하다. 그녀는 양육권도 포기하고 남편과 이혼하고 새로운 출발을 할 것이다. 무엇보다 남편에게 왜곡된 감정을 가지고 있기 때문에 도저히 같이 살 수 없는 지경에 이르렀다. 그러나 모든 게 U의 뜻대로 되진 않는 게 안타까운 일이다. 보지 않아 정확하진 않지만, 그녀에게 긍정 감정을 불러일으켰던 주변의 남자들 대부분은 그저 어떻게 꼬드겨서 그녀랑 한 번 자볼까만 궁리하던 남정네들일 게 뻔하기 때문에, 가정을 박차고 나온 U의 인생을 모두 책임질리 만무하다. 자신의 인생과 아무런 상관없는 무책임한 남자들의 말한 마디에 자신의 소중한 전 인생을 걸만큼 U도 멍청하지 않기를 바라지만, 이후 그녀가 어떤 삶의 경로를 따라갔는지 필자는 알 길이 없다.

상담이 부재할 때 발생하는 재앙은 단연 이혼이다. "우리, 서로 생각할 시간을 갖자!" 감정을 추스르기 위해 부부는 잠시 떨어져 있기로 한다. 하지만 별거는 이혼으로 나아가는 관문에 불과하다. 한 집에 살지만 정서적으로 이혼 상태에 있는 경우도 있지만, 시간이 흐르면 동일한 결과로 귀결된다. U가 정확한 상담을 받고 자신의 분노를 해결하고 남편과의 갈등을 유발한 부정의 무의식을 직면하여 바라볼 기회를 가졌더라면, 그렇게 성급하게 이혼을 감행하진 않았을 것이다. 개인적으로 남편에게서 이후 소식을 들었지만, 이혼 이후 순탄치 않은 인생을 살아가는 U를 떠올리며 상담가로서 필자도 일말의 책임감을 느꼈다. 자신이 타고 다니는 자동차가 고장 나면 대번에 정비소에 맡기고 적정 비용이 들어도 차를 고치는 게 상례인데, 어떻게 배우자와의 관계를 개선하기 위해 반드시 필요한 상담에 드는 비용은 아까워하는지 필자로서는 이해할 길이 없다.

　확률은 낮지만 개중에는 자살이나 살인과 같은 극단적 선택을 하는 경우도 있다. 심각한 우울증으로 내상이 깊어지거나 출구를 찾지 못할 때 돌이킬 수 없는 길에 들어설 수 있다. B씨(39세)의 경우가 그런데, 그녀는 결혼한 지 10년이 지난 뒤부터 망상과 환청에 시달리고 자주 중요한 일들을 까먹는 횟수가 늘어났다. 김치를 가져다주러 오신 시어머니에게 폭언을 퍼붓는가 하면, 밤에는 아무 이유 없이 잠을 이룰 수 없어 수면제를 소주 한 잔과 함께 털어 넣어야 쪽잠이라도 잘 수 있었다. 증세가 점점 악화되자 필자를 찾아왔다. B와 심층상담을 통해 그녀의 무의식을 들여다보니, 그녀는 결혼 3년 차 둘째 아들을 출산한 뒤부터 시작된 남편의 외도를 자신의 내면에 넣어두고 속앓이를 해왔다는 사실이 드러났다. 무서운 사실은 B가 남편의 외도 사실을 기억해내지 못했다는 점이다. 임상병리적으로 조현병에 해당하는 그녀의 질환은 남편의 지속적인 불륜으로 비롯되었다고 말할 수는 없지만, 그렇다고 무관하다고 단정지을 수도 없다. 급기야 B는 두 차례 손목을 그어 자살 미수로 정신병원에 입원했다. 이후 그녀와의 연락이 단절되어 필자로서는 이후 결과를 알 길이 없다. 불행한 자신을 이기기 위해 반드시 상담이 필요하다. 배우자의 외도를 발견하고도 문제를 해결하는 방법과 순서가 잘못되면 심리적 고통과 어려움이 가중되면서 상황이 도리어 악화된다. 어떤 경우에는 문제의 순서만 뒤집어 놓고 접근해도 쉽게 솔루션을 얻을 수가 있다.

3 남성의 상담과 치유의 필요성

외도상담은 남편의 외도나 아내의 외도 모두 남편과 함께 사는 아내의 심리적 상처가 쌓여서 발생하는 것이기 때문에, 먼저 아내를 치유하여 새로운 부부간의 행복을 만들어 가야한다. 남편의 외도에 대한 상처를 갖는 것은 아내이고, 아내의 외도로 발생되는 남편의 분노는 심리적 상처라기보다는 아내가 외간남자와 섹스를 했다는 것에 대한 스트레스일 뿐, 실질적인 분노와 상처는 이미 외도 이전에 남편 때문에 아내가 상처를 받아 외도한 것이기 때문에 무엇보다 아내의 분노와 상처가 치유되지 않으면 이런 외도문제를 해결할 수 없게 된다. 그렇다고 남성에게 상담치료가 필요 없는 건 아니다.

영화 「주노명 베이커리(2000)」를 보면, 이런 아내의 바람이 갖는 심리가 잘 묘사되어 있다. 자신의 이름을 딴 동네 빵집을 운영하는 노명(최민수)은 아름다운 아내 정희(황신혜), 그리고 그녀와의 사이에서 낳은 예쁜 딸 하나를 두고 하루하루 열심히 살아가는 소시민이다. 남부러울 것 없이 단란하고 안정된 삶을 살아가던 노명에게는 최근 들어 걱정거리가 있다. 언제부턴가 아내가 활력과 생기를 잃어가고 있다는 느낌, 노명은 그 본능적인 느낌을 지울 길이 없다. 남다른 제빵 솜씨로 가게도 잘 되고 수입도 짭짤했지만 자기 옆에 있는 아내는 늘 나사 풀린 자동인형 같다. 그런 아내를 기쁘게 해주려고 온갖 노력을 기울이지만 무덤덤한 부부관계는 크게 나아질 기미가 보이지 않는다.

그런데 이때 바람이 불어온다. 그런 무전취식도 따로 없다. 등단은커녕 제대로 된 단행본 한 권 내지 못하고 세월만 보내고 있던 옆집 삼류 소설가 무석(여균동)이 빵집을 드나들면서 아내가 점차 달라지기 시작한다. 가뭄으로 쩍쩍 갈라진 논바닥에 초록색 밀 새싹이 돋듯, 한숨과 탄식만 가득하던 그녀의 입가에서 미소와 콧노래가 나온다. 어찌 여자만 육감이란 게 있겠는가? 아내에게 애인이 생긴 것이다. 그것도 매일 구들장이 무너져라 방바닥만 긁고 있는 백수가 제빵 명장인 자신의 연적이라니! 남편 노명은 자신과 비교해 보잘 것 없는 무석 때문에 아내가 이처럼 달라질 수 있는지 그저 놀라울 따름이다. 내심 자신이 주지 못하는 행복을 아내에게 주는 그를 바라보며 본능적인 질투가 끓어오르면서도 아내의 긍정적인 변화가 한편으로 고맙기도 하다. 문제는 이런 변화를 노명만 감지하지 않았다는 사실이다. 무석의 아내 해숙(이미연)은 좋아하지도 않는 빵을 하루가 멀다 하고 사오는 남편을 의심하기 시작한다. '돈도 못 벌어오는 주제에 바람을 피워?' 보험판매원으로 악착같이 매달 수입과 지출을 맞추며 살아가는 자신의 등에 배신의 칼을 꽂는 남편을 도저히 용서할 수가 없다. 봉지도 뜯지 않은 채 곰팡이가 나서 휴지통에 버리는 빵이 늘어나자, 해숙은 무석에게 집필을 핑계로 금족령을 내린다.

엄처시하 무석에 대한 뜻밖의 엠바고는 가슴앓이를 하던 노명에게 호재였으나, 졸지에 빵집에 발길을 뚝 끊은 무석 때문에 아내는 다시 시들시들해진다. 그런 아내를 하루 이틀 바라보다 노명은 결국 해숙을 찾아간다. 남편 무석을 다시 빵집에 오게 해달라는 것. 이때 해숙은 자신의 고민을 노명에게 털어놓게 되고 둘은 그만 애틋한 사랑에 빠지고 만다. 결국 두 부부가 서로의 배우자를 맞교환하는 스와핑이 되버린 것! 문제는 각기 정희와 해숙과 짜릿한 외도를 벌인 무석과 노명은 자신의 일에서 일취월장한다는 점이다. 자신이 쓴 책이 대박나면서 무석은 베스트셀러 작가로 우뚝 서고, 노명이 만든 빵은 더 맛있어지면서 주노명 베이커리는 주변 맛집으로 소문나게 된다. 남자에게 일과 섹스는 길항관계에 있다. 사무실에서 거유의 여비서와 질펀한 섹스를 나누는 설정이 야동이나 춘화잡지에 빈번히 등장하는 수컷들의 대표적인 성적 판타지 중 하나인 이유가 있다. 섹스가 잘 될 때 남자는 일도 잘 되는 법이다. 직장을 잃은 남성은 밤마다 고개 숙인 남성으로 지내기 십상이다. 자신이 하는 일이 술술 잘 풀릴 때, 비즈니스에서 최고의 성취를 느낄 때, 남성들은 갑자기 '섹스'라는 두 글자가 번뜩 뇌리를 스친다. 사업의 성공은 밤의 성공을 부른다. 노명과 무석 역시 그런 점에서 똑같은 수컷이다.

남자에게 일과 섹스는 길항관계다

한 때 중국에서 '59세현상'이란 말이 유행했던 적이 있었다. 59세에 고위급 관리가 갑자기 비리와 부패를 일으키고 불륜을 저지르는 경우를 일컫는 신조어로, 상무위원이 60세 이상 됐을 때 더 이상 승진을 하지 못하면 퇴임해야 하는 중국의 계급정년제 때문에 비롯된 현상이다. 공무원처럼 정년이 따로 있는 것은 아니지만, 나름 승승장구하던 회사 간부나 중역 역시 사내의 역학 구도에 의해 60세 전후로 퇴직을 하는 경우가 많기 때문에, 59세현상은 민관을 가릴 것 없이 널리 퍼져있다고 할 수 있다. 이 현상은 막 사회생활을 시작하는 20대 미혼여성들이 어느 정도 사회적으로 자리를 잡은 중년의 남성들에게 육체적-경제적으로 종속되는 풍조와 맞물려 현재 중국 내에서 남성들의 늦바람을 일으키는 사회적 문제로 대두됐다. 한국도 예외가 아니다. 나름 청렴하고 번듯하게 살아왔던 중년의 남성들이 젊은 여성과의 불륜을 통해 그간 쌓아왔던 부와 명성을 다 잃고 망가지는 모습을 종종 보게 된다. 왜 이런 현상이 반복적으로 일어날까? 바로 일과 섹스의 길항관계 때문이다. 이를 사회진화론적 시각에서 설명하는 학자들도 있는데, 소위 '알파 메일alpha male'이라 부르는, 비즈니스(사냥)에서 성공한 수컷은 그렇지 않은 수컷보다 우월한 유전자를 가질 확률이 높다. 당연히 한 집단의 생존과 번영을 위해서 그 우월한 유전자로 대를 이으려는 본능을 암컷은 갖게 되고, 이런 본능이 집단 내에서 암묵적으로 동의를 얻게 될 때, 그 수컷은 최대의 암컷과 교미를 통해 씨를 뿌리게 되는 것이다. 뒤집어 말하면, 다양한 연령과 계층의 여성과 섹스를 한다는 사실은 자신이 집단 내에서 알파 메일임을 입증해 주는 아주 중요한 표지가 될 수 있다.

알파 메일이란 사회집단 내에서 가장 높은 계급과 서열의 동물을 일컫는 용어로 평소 먹이와 교미에 대한 특혜를 받는 존재입니다. 보통 알파 메일은 우수한 신체적 기량을 지니고 있으며 유전적으로 우월한 위치에 있습니다. 인간사회에서 알파 메일은 집단 내의 사회적 노력과 구축을 통해 성공을 이룬 정점의 인물을 지칭합니다.

　앞에서 언급한 영화는 그저 영화일 뿐이다. 그렇다고 현실에서 스와핑을 감행하진 말기 바란다! 필자가 이 영화에서 주목한 부분은 정희가 바람을 피울 때 남편 노명의 대처방식에 있었다. 그는 무턱대고 상대에게 추궁하거나 분노하는 대신, 아내의 마음에 진공이 발생한 이유를 냉정하게 살폈다. 더불어 그의 태도는 해숙과의 관계에서 빛을 발한다. 마음의 상처를 안고 있던 해숙에게 훌륭한 상담가의 역할을 자처한 것. 방화의 특성상 훈훈하고(?) 건전한 결말을 위해 영화 후반 두 부부는 원래의 위치로 돌아가게 되는데, 사실 오랜 경험을 비추어볼 때 상담치유 없이 부부가 서로 원만하게 불륜을 해결할 가능성은 거의 제로에 가깝다. 일단 외도문제가 발생하면, 아무리 남편이나 아내가 사과하고 용서를 구해도 기존의 부부관계로는 돌아갈 수 없다. 깨진 유리잔은 다시 붙일 수 없다. 용케 붙었다 해도 줄줄 새기 때문에 쓸모가 없다. 차라리 용광로에 집어넣고 녹여 새로운 유리잔을 만들어야 한다. 남편과 아내가 서로

원해도 기존의 설정으로 관계가 성립되지 않으며 상담을 통해 완전히 새로운 부부관계로 만들어져야 한다.

4 상간녀의 심리

처음부터 악마는 없다. 치유 받지 못한 마음의 상처들이 악마를 만들 뿐이다. 아내 A씨(71세)는 어느 날 장성한 딸들의 등살에 떠밀려 필자의 상담소를 찾아왔다. 늘그막에 남사스럽다며 한사코 상담받기를 거부했던 그녀는 48년간의 결혼생활을 끝내고 남편 B씨(77세)와 황혼 이혼을 심각하게 고려하고 있던 참이었다. B는 평생을 가전제품을 제조하는 대기업에 근속하다 은퇴를 한 상태였고, A는 그런 남편을 내조하며 세 명의 딸을 다 출가시킨 현모양처였다. B는 평소 내성적이고 말수가 적었지만 아내 속을 한 번도 썩이지 않은 성실한 가장이었고, A 역시 조금이라도 가계에 보탬이 되고자 분식집이며 슈퍼마켓, 문구점을 닥치는 대로 할 정도로 강한 생활력의 소유자였다. 그 덕분인지 두 부부는 재테크도 잘 해서 건물과 부동산을 불려 안정적인 노후자금을 마련한 상태였다.

그렇게 아무런 근심걱정 없이 손자들의 재롱이나 보던 A가 청천벽력과도 같은 사실을 알게 된다. 천하의 숙맥인줄 알았던 B가 바람이 난 것이다. 문제의 발단은 B가 61세 되던 해에 우울증을 앓으면서 시작됐다. 삶의 의욕도 없고 밥맛도 없다고 푸념하는 남편이 심심풀이로 동네 노래학원이나 간다고 했을 때만 해도 A는 아무렇지 않게 "가 보라"고 말했다 한다. 원래 숫기가 없던 남편이 자기 발로 노래학원을 찾아간 것이 믿기지 않았지만 말년에 고상한 취미를 하나 갖는 것도 크게 나쁘지 않다고 여겼던 것이다. 그런데 A의 예상과 달리 B는 노래학원에서 여성들의 손도 잡아주고 이 허리 저 허리를 감아 돌리면서 그 중 한 유부녀와 정분이 싹텄고, 급기야 아내에게 들통이 날 때까지 장장 15년간 그 상간녀와 두집살림을 이어왔다. 한 마디로 남자의 '지루박'이 여자의 '뒤웅박'을 깬 것이다.

여기서 잠깐! '아니, 어떻게 15년간 남편의 외도를 모를 수 있을까?' 독자들 중에 의아하게 여기실지 모르겠다. 여기에는 나름의 사정이 있었다. A는 자신이 남편의 성격을 잘 알고 있으며 그런 B

가 외간여자와 바람을 피울 위인조차 되지 못한다고 마음 놓고 있었다 한다. 게다가 B가 아무런 변화 없이 감쪽같이 생활해서 일언반구 의심 섞인 말도 건네지 않았다고 한다. 그런 남편에게 뒤통수를 맞았으니 그 충격이 어떠했겠는가? 이런 사달이 나기 4년 전, 그러니까 A가 67세 되었을 무렵, 남편이 직장에서 퇴직하자 그녀는 여생을 편안히 보내려고 그간 벌여놓은 사업들을 다 접고 은퇴하게 된다. 남편도 바쁘고 자신도 바빴을 때는 서로 얼굴 보기조차 어려웠지만, 둘이 하루 종일 집에만 같이 있게 되자, 서로의 달라진 모습들이 하나씩 눈에 들어오게 되더란다. 그 중 하나가 항상 남편이 휴대폰을 갖고 화장실에 들어간다는 점이었다. 그리고 일단 화장실에 들어가면, 남편이 오랫동안 누군가와 통화를 나누는 경우가 잦아졌다. '이 영감이 변비가 심한가?' 그때까지도 A는 화장실에만 들어가면 함흥차사인 남편을 따로 의심한 적은 없었다고 한다. 그런데 하루는 들으려고 해서 들은 게 아니라 용케 화장실 문이 빼꼼히 열려 있었는데, 그 문틈사이로 남편이 어떤 여자와 나누는 밀어를 지나가던 A가 우연히 엿듣게 되었다. 문을 확 열어젖히고 미처 똥도 닦지 않은 남편에게 사실관계를 추궁하자 B는 그냥 친한 친구라고 둘러댔다. 마음 착한 A는 또 그 말을 곧이곧대로 믿었다. 돌이켜 보니, 평소 애교도 없고 무뚝뚝한 자신이 보였다. '내가 그간 너무 남편에게 무심했었나?' 자신이 애정을 충분히 주지 않아 남편이 바깥에서 여자친구들을 만나 껄떡댄다고 자책한 A는 그때부터 B에게 의도적으로 살갑게 대하기 시작했다.

남편의 외도가 발각되기 3개월 전, 큰 딸이 출산을 해서 A는 산후조리를 하러 딸집에 갔다. 그때 A의 휴대폰으로 B와 어느 외간여자가 자신의 집에서 홀딱 벗고 성행위를 하는 동영상이 전송됐다. 그뿐 아니었다. 그 여자가 버젓이 자신의 집 가족사진 앞에서 찍은 사진, 여관에서 남편과 성행위를 하는 사진, 심지어 평소 자신에게 잘 보여주지도 않던 벌거벗은 남편의 은밀한 사진들을 포함해 대략 15장을 함께 보냈다. 알고 봤더니, 사진을 보낸 사람은 남편 B의 정부였던 것. 남편이 화장실에서 애틋하게 통화를 나눴던 그 여자였던 것이다. 상간녀의 대담한 공격은 그 동안 쌓아왔던 A의 모든 가치들을 송두리째 무너뜨렸다. B 역시 아내뿐 아니라 자신의 딸들이 함께 그 영상과 사진들을 보게 되면서 남편으로서, 아버지로서 자존심과 체면을 잃고 말았다. 남편의 무분별한 외도로 아내는 공황장애가 올 정도로 심각한 정신적 충격을 받았다. 불면증과 우울증에 정신과 약물을 먹어야 생활이 가능한 지경에까지 황폐화됐다. 나중에 딸들이 차의 블랙박스를 떼어 확인하니 아버지도 상간녀에게 협박을 당하고 있었다는 사실을 추가로 알게 됐다. 아내가 달라지면서 마음이 바뀐 것인지, 상간녀가 싫증이 났는지 정확하진 않지만, 태도가 달라진 B를 두고 상간녀는 대담하게도 두 부부가 일군 부동산과 재산에 탐을 냈던 것이다.

남자들은 이런 경우에, 아내에게 돌아올 확률이 매우 높다. 아내는 남자의 최고의 가치, 어떻게 해서든 내 여자를 한 번 웃게 해주고 싶은, 그래서 박박 기고 일해서 매달 월급을 갖다 주고 싶은 그런 존재, 한 마디로 아내는 남자에게 전부다! 남편에게 아내의 여집합은 공집합과 같다! 반면 밖에 있는 상간녀는 그냥 노는 여자, 아내만큼 절대적인 가치를 주지 않는다. 비록 섹스를 하고 일시적으로 스트레스를 해소하는 상대이긴 하지만, 남자에게 그녀가 결코 자신의 자식들을 낳아준 아내와 등가일 수 없다. 남자는 상간녀에게 돈을 쓰는 것을 아까워한다. 상간녀와 아내를 같이 비교할 때, 십중팔구 남자는 무의식적으로 아내에게 기울어진다. 이런 점을 상간녀도 감지한다. 그래서 B의 경우도 상간녀가 문자로 사진을 투척하며 A를 정신적으로 무너뜨리려 했던 것이다.

$$남편에게 \ \{아내^c = \varnothing\}$$

남성은 긍정 감정이 '분산 몰입'되어 있다. 본능적으로 일과 여자, 여러 가지 대상에 감정을 쪼개서 분배할 수 있다. 반면 여성은 긍정 감정이 하나로 '집중 몰입'되어 있다. 여성에게는 오로지 남편을 중심으로 모든 우주가 돌아간다. 같이 한 이불 덮고 자는 남편에게 긍정 감정이 생기지 않으면, 그와 연결된 다른 모든 것, 이를테면, 그의 일, 그의 미래, 그의 어머니, 그의 직장도 다 싫어진다. 비유하자면, 남성은 여러 개의 위성을 거느린 행성이라면, 여성은 지구를 중심으로 24시간 얼굴도 돌리지 않고 뱅뱅 도는 달과 같다. 남성은 분산된 감정을 몰입할 수도 있고, 부정 감정이 쌓이면 쉽게 털어낼 수도 있다. 반면 여성은 긍정 감정이 생기지 않으면 부정 감정이 누적되며, 그 누적된 부정 감정은 중증 우울증을 낳게 된다. 남성은 아내에게도 상간녀에게도 긍정 감정을 줄 수 있는 위치에 있다. 반면 남편에게서 긍정 감정을 만들지 못하는 아내는 남편의 대리물, 그것도 총각이 아닌 유부남이나 이혼남을 만난다. 남자는 삶의 재미, 스포츠의 하나로 여자와 섹스를 하지만, 여자는 그 남자를 자신의 옆에 묶어두기 위해서 섹스를 한다. 적어도 스무 살에서 폐경 전까지는 여성으로서 행복을 추구할 수 있을 때까지 이런 해바라기 사랑을 필요로 한다. 불행 중 다행인 것은 A는 71세였기 때문에 상황을 보다 객관적으로 이해할 수 있었다. 처음에 필자에게 왔을 때 그녀는 "늙어서 이혼은 하지 않겠다"며 "남편이 바뀌면 살 수 있다"고 말했다. 이럴 경우, 어떤 솔루션이 필요할까?

외도부부를 상담하다 보면, 상담가가 심리적인 해결책뿐만 아니라 이따금씩 법리적으로도 상황을 안내해야할 경우가 존재한다. 바로 이 사례가 그랬다. A의 경우에는 남편의 상간녀에게 소송을 하는 게 마땅하다. 그녀가 남편이 유부남인 것을 알고 만났고, 15년간 간통을 통해 한 가정을 파탄 냈기 때문에, 그리고 현재 부부관계를 와해시키겠다는 고의성이 다분해 보이기 때문에, 나아가 재산을 노리고 자신과 남편 B를 공갈협박하고 있기 때문에 법에 호소하는 게 정상수순으로 보인다. 반면 유부녀였던 상대 여자도 억울한 측면이 있다. 어쩌면 그녀 역시 제 남편에게서 긍정 감정을 느끼지 못한 피해자였다. 상간녀 입장에서 자기 돈을 써가면서 B를 만났던 건 남편에게 느끼지 못했던 긍정 감정을 느끼고 싶었기 때문이다. 모르긴 몰라도 상간녀의 남편은 남부럽지 않게 꽤 잘 나가는 남자일 수도 있다.

남편이 능력자인 경우에 도리어 그 아내가 외도하는 경우가 많다. 이유는 간단하다. 남편이 너무 바빠서 그의 코빼기도 보지 못하기 때문에 다른 남자에게서 대리감정을 느끼려고 한다. 여자의 애정 욕구가 강하면 강할수록 대리감정에 대한 욕구 역시 증폭된다. 그것이 집착이고 보통 아내 외도의 발단이 된다. 남편이 벌어온 피 같은 돈을 외간남자에게 쓰면서까지 아내는 긍정 감정을 느끼려고 발버둥 치는 것이다. 그러니까 얼마나 억울하겠는가? '내가 해준 게 얼만데 이제 헤어지자고?' 그래서 보통 상간녀들은 바람을 피운 남자에게 돈을 내놓으라고 요구하는 것이다.

5 상간남의 심리

배우자가 있는데 바람을 피우는 남녀를 법적으로 상간남, 상간녀라고 부른다. 혼외정사를 가정파탄의 귀책사유로 보고 2015년 2월 26일 이전까지는 상대 배우자를 간통죄로 처벌할 수 있었다. 하지만 이후 여러 사회적 진통 끝에 간통법이 폐지되었다. 혹자는 이제 배우자의 불륜을 처벌할 법적 근거가 없어졌다고 한탄하지만, 우리나라 민법은 여전히 정상적인 부부라면 서로에게 성적인 성실의 의무를 다하도록 규정하고 있다. 간통죄가 폐지되었어도 그 정신은 여전히 법의 테두리 안에 남아 있다는 얘기다. 그래서 배우자 중 한 사람이 이런 성적인 의무를 성실하게 수행하지 않았을 때, 그에게 위자료를 비롯하여 합법적으로 이혼소송을 청구할 수 있는 권리가 여전히 피해자에게 남아있다. 문제는 법이 정한 혼인과 이혼이라는 범주에 상담에서 요구하는 여러 조건들이 생략되어있다는 데에 있다. 세상의 법으로는 남녀의 복잡한 관계를 다 규정할 수 없다.

그렇다면 남편과 상간남은 어떻게 다를까? 아내와 남편은 인생의 동반자이면서 인생의 가치와 사랑의 의미를 만드는, 자아실현을 이루는 항구적인 관계라면, 상간남과 상간녀는 의미를 만드는 존재가 아닌 왜곡된 인간관계나 정서적 어려움을 해소하기 위해 임시적으로 맺어진 관계다. 여자들의 삶의 의미는 감정이고, 남자들의 인생의 가치는 처자식이다. 그것을 완성하는 것, 일가를 이루는 것이 지구상의 모든 수컷들의 지상목표다. 아내 입장에서 내 남편의 어깨는 자신과 아이들을 먹여 살리기 위해 오늘도 분주히 가장으로서의 짐을 지고 있는 버팀목이다. 남자는 휴대폰 바탕화면에 깔린 처자식의 사진을 보며 인생의 파고를 넘는다. 손마디가 휘고 몸의 연골이 다 빠져나가도록 일을 해서 가족 부양의 원칙을 고수한다. 영어 표현 중에서 '가장家長'을 뜻하는 '브레드위너breadwinner'라는 단어가 주는 헌신의 위대함을 여성들은 알아야 한다. 아내와 백년해로를 결심할 때, 물론 지켜질 리 만무하지만, "당신 손에 물 안 묻히게 해줄게"라는 표현은 남자가 사랑하는 한 여자에게 할 수 있는 최고의 약속이며 최선의 선의이다. 그 말처럼 자신의 희생을 담보하겠다는 의지를 보여주는 문장이 세상에 없기 때문이다.

그러나 상간남에게서 이런 가치를 발견할 수는 없다. 그는 희생을 모른다. 그는 기껏해야 옆에 있는 여자의 마음을 위로해줄 뿐, 거기에 한 푼의 돈도 투자하지 않는다. 상간남의 유일한 목표는 타깃으로 정한 여자를 오늘밤 내 여자로 만들겠다는 일념뿐이다. 상간남은 브레드위너가 아니라 '우머나이저womanizer'일 뿐이다. 말 그대로 '여자 후리는 놈'이다. 그런 남자들은 섹스라는 한 가지 목표를 갖고 움직인다. 어떻게 해서든 이 여자를 꼬셔서 침대에 넘어트리려고 공을 들인다. 그들에게 미래는 없다. 반면 여자들은 가랑비에 옷 젖듯이 상간남에게 빠진다. 처음에는 여자 특유의 방어심리로 견제하고 밀어내려고 한다. 하지만 상간남의 끝없는 칭찬과 애정공세에 서서히 허물어지고 만다. "오늘 왜 이렇게 예뻐?" "자기, 가슴이 너무 탐스럽다." "피부가 십대 같아." 칭찬 마다할 여자 없다. 평소 남편에게서 한 번도 들어보지 못했던 이런 이야기들을 들으면 여자들의 귀가 채워지게 되고, 이어서 빈 마음이 채워지게 되며, 마지막으로 빈 성기가 채워지게 된다. 여자들은 상간남의 사탕발림에 '이 남자가 나를 사랑하는 구나'라는 느낌이 아닌 '아, 내가 여자구나'라는 느낌을 더 강렬히 느낀다. 자기가 귀하고 사랑받고 대단한 존재라는 느낌을 가지게 된다.

내가 여자구나라는 느낌

전쟁에서 맺은 사랑은 평화가 찾아올 때 깨질 수밖에 없다는 말이 있다. 불안한 시점, 박탈감과 허무함이 지배하는 시기에 찾아온 상대는 평안한 시점, 만족감과 삶의 의미가 충만한 시기가 되면 눈에 차지 않게 된다는 말이다. 감옥에서 수형자와 면회자의 관계에서 애틋한 순애보를 이어가던 조직폭력배가 출소하자마자 열심히 자신을 옥바라지하던 여자를 헌신짝처럼 버린 이야기를 종종 신문지상에서 읽게 된다. 멀리 갈 것도 없다. 헤밍웨이의 소설『무기여 잘 있거라』를 한 번 생각해 보라! 야전병원 운전사와 간호사의 관계로 만난 둘의 사랑은 끝내 전쟁의 파고를 넘지 못했다. 둘 사이에 생겼던 아기는 사산되었고, 여자 주인공은 과다출혈로 죽고 만다. 위기 상황에서 맺은 남녀관계는 오래 지속되기 힘들다. 사랑이 종종 전쟁에 비유되지만, 사실 결혼의 궁극적인 지향점은 평화다. 남녀의 외도는 모두 이런 지향점을 시야에서 놓쳤기 때문에 발생한다. 인생에서 지향점이 소실점이 되는 순간, 남자는 상간녀를, 여자는 상간남을 찾는다.

인생의 소실점에서 상간남과 상간녀를 찾는다

남편과 상간녀가 바람이 나면, 아내는 남편이 자기가 아닌 그 여자와 사랑을 나눴다고 분노한다. 하지만 그 관계는 단순한 쾌락의 관계일 뿐 애정의 관계가 아니다. 남편에게 상간녀는 그저 섹스 대상에 불과하다. 남자들이 흔히 하는 말처럼, '봉지'인 것이다. 솔직히 큰 의미가 부여되지 않는 껍데기 같은 존재, 해가 뜨고 볕이 들면 곧 사라져버릴 아침 안개와 같은 존재다. 일시적으로 남편의 욕정을 채워준 대상이며, 거기에 남편의 애정까지 넘어간 게 아니다. 십중팔구 남자는 다시 집으로 돌아온다. 간혹 남자 입장에서도 상간녀를 사랑했다고 착각하는 경우가 있는데, 이는 자기 오해다. 스트레스를 풀기 위한 왜곡된 열정은 인생의 재미를 얻기 위한 단기적 목표를 지향하기 쉽다. 남자에게 가장 간편한 단기적 목표는 단연 섹스다! 문제는 그 목표는 남자의 장기적 목표와 불일치를 이루기 때문에 얼마 안 가서 시들시들하게 된다. '어, 내가 왜 그랬지?' 젊어서 바람을 피우고 두집살림하며 그렇게 아내의 마음을 후벼 팠다가 늙어서 다시 조강지처에게 돌아오는 남자들이 많다. 그 이유는 남자의 장기적 목표, 즉 처자식과 가족의 울타리라는 가장으로서의 목표를 부분적으로 자각했기 때문이다. 그래서 남편을 집의 울타리, 즉 '허즈번드husband'라고 부르는 것이다.

6 외도 대처방안

얼마 전 황당한 뉴스가 있었다. 흥신소가 남편의 불륜 증거를 수집해 주겠다며 의뢰인으로부터 부당하게 1억원을 받아 가로챈 것. 어떻게 이런 일이 가능했을까? 모두 그런 것은 아니지만 절박한 의뢰인의 처지를 이용해 편법으로 사기를 치는 흥신소가 적지 않다. 흥신소 사장 한씨는 "남편이 다른 여성과 간통하는 현장을 적발해 달라"며 자신을 찾아온 피해자 A씨에게 활동비로 250만원을 받았다고 한다. 이후 한씨는 "남편이 생각보다 주도면밀하고 무서운 사람이니 4주를 더 미행해야 한다"고 속여 A에게 550만원을 더 뜯어냈다. 이후 한씨의 사기행각은 더 대담해졌다. 그는 법무

법인 변호사를 선임해야 한다고 A를 속여 총 1억원을 받아냈다. 남편의 지속적인 외도로 상황 판단능력이 부족했던 A는 눈 뜨고 코 베인 격이었다. 하지만 4주면 끝난다는 미행은 아무런 성과가 없었고 속성으로 해주겠다는 증거채집도 함흥차사였다. 막대한 돈이 넘어갔는데도 수사의 진척이 없자 A는 한씨를 다그쳤고, 이후 한씨가 흥신소를 운영하며 증거를 수집할 능력이 전혀 없다는 사실을 알게 되자 그를 고소하게 된 사건이다.

그런데 여기에 더 놀라운 반전이 있다. 한씨는 이미 유사한 사건으로 형사재판을 받은 피의자 신분이었던 것. 그의 수법은 배우자의 불륜을 수집해달라는 의뢰인의 요청을 받고 일정한 증거를 수집한 다음, 의뢰인이 아닌 불륜을 저지른 당사자에게 금품을 요구하고 협박하는 행태를 반복했다. 이미 이 사건으로 그는 징역 6개월에 집행유예 2년을 선고받은 상태였다. 흥신소를 찾아 무분별한 뒷조사를 하거나 사람을 사서 뒤를 캐는 건 절대 하지 말자. 같이 살 거면 어느 지점에선 덮어야 한다. 아는 게 병이다. 끝장 내지 않을 거면 묻지도 말고 영원히 무덤 속에 파묻어 두자. 영화「언페이스풀」에서 남편 에드워드도 사람을 사서 아내 코니의 뒷조사를 하게 한다. 그래서 건네받은 십여 장의 불륜 사진에 그는 그만 이성을 잃고 만다. 귀로 듣는 것과 자기 눈으로 직접 보는 것은 정말 다르다. 결국 에드워드는 그날 불륜남 폴의 집에 들이닥쳐 심신미약 상태에서 그를 죽이고 만다. 홍신소가 건네준 사진이 살인까지 부른 것이다. 필자는 많은 부부를 상담했는데, 많은 수의 아내들이 남편의 불륜장면이 뇌리에서 떠나지 않아 고통스러워하는 걸 자주 봤다. 누가 자신의 머릿속에서 남편과 상간녀가 뒤엉켜 놀아나는 장면만 싹 삭제해줬으면 좋겠다고 우는 여성 내담자도 기억난다. 보는 것이 믿는 것이다. 지금 순간은 다 끝내고 죽어버리고 싶은 심정이겠지만, 그런 흥분된 감정에 남편이나 아내의 뒤를 캐서 작살을 내는 것은 자신의 트라우마를 배가시키는 꼴이다.

무속인이나 점집을 찾아가는 것도 적절한 대처방안이 아니다. 무속인을 찾아가서 수천만 원 들여 굿도 하고 남편 베개 밑에 부적을 넣어두는 것도 무용지물이다. 무속인이나 종교인은 기본적으로 외도문제를 근본적으로 해결해줄 수 없다. 재산만 뜯기는 게 아니라 결정적인 순간에 실기를 하게 되면서 나중에 호미로 막을 것을 가래로 막게 된다. 얼마 전 남편이 아내의 외도 때문에 무속인을 찾아갔다가 법정 구속된 황당한 사건을 읽은 적이 있다. 해당 무속인은 아내에게 붙은 악귀를 몰아내는 굿을 해준다며 남편의 간절함을 역이용해 금품을 갈취했고, 남편이 부지불식간에 흘린 정보를 가지고 불륜 현장에 복면을 쓰고 들어가 아내의 상간남을 과도로 협박해 금품을 요구하기도 했다. 강도로 돌변한 무속인은 상간남을 강가로 끌고 가 구덩이에 파묻고 세 시간 동안 방치하는 대담무쌍함을 보였다. 이런 엽기적인 사건이 일어난 줄도 모르고 복채를 뜯긴 남편은 아내가 집으로 돌아오자 굿이 효험이 있다고 믿기까지 했다. 자기 자신 말고는 아무도 스스로를 구원할 수 없는 법이다. 필자의 내담자 중에는 남편이 바람나서 찾아온 무속인 A씨(55세)도 있었다. 그녀가 했던 말을 잊을 수 없다. "다른 건 잡아내도 남편 바람기는 점칠 수 없었다." 어떤 면에서는 A의 남편도 이해가 간다. 아내가 허구한 날 하얀 소복 입고 방울 흔들며 펄쩍펄쩍 뛰는데, 그걸 보고 성욕이 일어날 남자가 어디 흔하겠는가? A는 중이 제 머리 못 깎는다고 남의 운세는 봐주면서 바로 옆에서 한 이불 덮고 자는 남편의 바람기는 잡아내지 못했다. 그러니 바깥에서 해답을 찾으려하기 보다는 자신 안에서부터 답을 얻어야 하지 않을까?

무분별하게 상간녀를 찾아가서 욕하는 방법도 좋은 방법이 아니다. 상간녀나 상간남은 상대가 따지듯 달려들 때 도리어 뻔뻔해지는 경우가 다반사다. 괜히 정서적으로 소진되고 자신을 지탱시킬 힘만 뺏길 뿐이다. 홧김에 아내나 남편에게 이혼소장부터 던지는 것도 바람직하지 않다. 흥분한 상태에서 내린 결정은 나중에 가서 꼭 후회한다. 이혼은 언제든 할 수 있다. 기도요청? 언제든 할 수 있다. 일단 자신의 마음을 먼저 추스르고 안정을 찾아야 이혼도 하고 싸울 수도 있는 것이다.

또 하나, 외도를 주변 가족에게 절대 알리지 말아야 한다. 지인들이 받는 트라우마가 상당하다. 부부관계가 삐걱거리는 걸 알려봤자 주변에 가십거리로 퍼질 뿐이다. 행여 나중에 관계가 회복되었을 때라도 소문이 난 것 때문에 설날이나 추석 때에 주변 가족들을 못 만나게 된다. 그리고 자녀들에게도 알리지 말아야 한다. 자녀가 어려서 감당하지 못하며, 부모의 불안한 심리가 그대로 자녀에게 전이되기 때문에 불안정한 성장기를 보내기 십상이다. 용케 부부가 서로를 용납하고 다시 결혼생활을 이어가더라도 이때 망가진 자녀들 문제는 또 다른 시한폭탄이 되어 온 집안을 날려버릴 수 있다.

배우자의 외도에 대처하는 유의사항(dos and don'ts)
- 흥신소나 점집에 가지 않는다.
- 상간남/상간녀를 찾아가지 않는다.
- 가족이나 지인에게 알리지 않는다.
- 상황을 객관적으로 바라본다.
- 감정을 추스르고 이성적으로 판단한다.
- 전문가, 상담가와 면담을 통해 해결책을 찾는다.

마지막으로, 주변 지인들에게 조언을 구하지 말 것! 그들은 결코 전문가가 아니기 때문에 상대에게 시의적절한 이야기를 해줄 수 없다. 마음에 위로가 되는 말은 들을 수 있겠지만, 문제의 본질에 다가서는 조언은 거의 불가능하다. 무엇보다 내가 상처받았다는 것을 알고 심리 안정과 치유를 받아야 문제를 객관적으로 볼 수 있는 힘이 생긴다. 그리고 건강을 챙겨야 한다. 식음을 전폐하지 말고 주관적 생각보다는 상황을 객관적으로 냉정하게 보아야 한다. 전문가와 심리상담을 받아 자신의 심리와 남의 심리를 보고 이해해야 한다. 그렇다면 어떻게 외도상담은 이루어질까? 다음 장에서 그 자세한 이야기를 풀어가 보자.

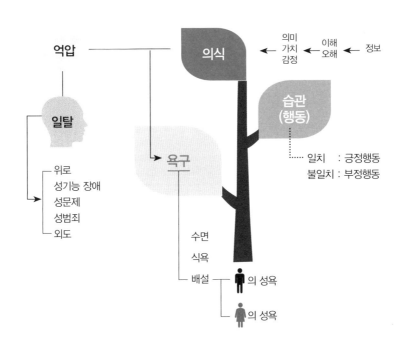

억압

의식

의미
가치 ← 이해 ← 정보
감정 오해

습관
(행동)

일탈

…… 일치 : 긍정행동
불일치 : 부정행동

위로
성기능 장애
성문제
성범죄
외도

욕구

수면
식욕
배설 — 👤의 성욕

👤의 성욕

남자와 여자는 수년간 함께 사랑하며 살아가는 유일한 존재입니다. 그러나 서로 사랑하면 할수록 남녀는 서로 똑같아지려고, 또 상대방을 나와 똑같이 만들려고 발버둥 칩니다. 처음 만났을 때 서로 달라서 끌렸던 것일 텐데 말이죠. 때문에 사랑하는 사이일수록 서로 다른 성심리의 차이에 대해 이해하고 받아들이는 것에 예민합니다. 보통은 이해보다 맞추며 살고 서로 지키고 싶은 만큼 참고 자신의 욕구를 억압하며 살아가죠. 그러나 사람의 마음은 분노를 억압하면 사랑과 열정도 함께 사라지고 수치심을 억압하면 내 자신을 사랑하지 않게 됩니다. 세상의 수많은 이상심리와 정신 병리는 이렇게 사랑하는 만큼 노력은 하지만 왜곡된 방식으로 해온 것에 대한 결과일 뿐입니다.

❖ 프랭크 버나드 딕시(Frank Bernard Dicksee, 1853~1928)의 「로미오와 줄리엣(Romeo and Juliet, 1884)」.
영국 사우스햄튼 시립미술관(Southampton City Art Gallery) 소장.

chapter 5

황량한 벌판에서의 치유의 바람

외도상담의 과정

"내가 한 말이 당신에게 상처를 주는 것이 아니다.
내가 한 말이 당신의 상처를 건드린 것이다."

—돈 미구엘 루이즈—

황량한 벌판에서의 치유의 바람

　　　　　　　　　　　　外도가 왜 바람일까? 필자가 이것저
것 뒤져봤다. '바람'이 영어로는 '어페어affair'인데, 원래 이 단어에
는 남녀의 부정不貞한 외도를 뜻하는 의미가 없었다고 한다. 사전을
찾아보면, 본래 어페어는 '외교문제foreign affair'와 같이 특정하지 않
은 '일'이나 공식적인 '문제'를 뜻하는 말이다. 그런데, 1702년, '어
페어 드 꾀르affaire de coeur'라는 불어가 영국 사회에 널리 쓰이기 시
작하다가, 1726년부터 어페어라는 단어에 남녀의 외도를 뜻하는 특
정한 의미가 붙기 시작했다. 그러고 보니 요즘 들어 바람은 일상적

으로 일어날 수 있는 '하나의 사건'에 불과할지도 모르겠다는 생각이 든다. 하루가 멀다 하고 매스컴에 유명인들의 불륜과 이혼 뉴스가 도배되다시피 하고, 머리를 식히려고 TV를 틀면 남녀 간 외도와 바람을 주제로 한 막장드라마가 판을 치니 말이다. 정말 바람은 일상적인 사건이 돼 버렸다.

우리나라말로 바람은, 비록 여러 가지 이견이 있지만, 보통 「용비어천가」에 등장하는 '㗀룸'에서 나왔다는 게 정설로 받아들여지고 있다. 바람을 뜻하는 한자 풍風이 오늘날 중국어 발음처럼 펑feng이 아니라 프람pram이었다는 설명을 듣고 보면, 순우리말로 알고 있던 바람이 한자에서 유래했다는 설도 어느 정도 일리가 있어 보인다. 우리의 궁금증은 기상현상의 하나인 바람wind이 왜 지극히 개인적인 차원의 관계를 묘사하는, 그것도 부정적이고 부도덕한 남녀관계를 일컫는 바람affair과 같은 어근을 갖게 되었는가에 있다. 필자는 어문학자는 아니지만, 동사 '바라다'에서 파생된 게 아닐까 싶다. 무언가 바라는 건 사실 좋은 일이다. 인간은 행복을 바라고, 성공을 바라고, 재물을 바라고, 친구를 바란다. 하지만 결혼이라는 울타리 밖에서 이성을 바라는 게 문제일 뿐.

1 심리상담은 과학이다

독심술이 가능할까? 상대방의 마음을 완벽하게 읽어낼 수만 있다면? 이런 상상을 누구나 한 번쯤은 가져봤을 것이다. 대학 선배 오빠, 매번 애간장을 태우는 그의 속마음이 대체 뭔지, 매일 밤 암 컷 냄새를 묻히고 들어오는 남편, 심증은 가는데 정확한 속내가 어떻게 되는지, 도장 찍자는 아내, 정말 이혼하고 싶은 건지 한 번 '뻥카'를 지르는 건지, 매번 내 앞에 있는 사람의 마음을 읽고 싶어 우리는 전전긍긍한다. 하루아침에 초능력이 생겨 상대의 마음이 내 귀에 들린다면 얼마나 좋을까.

「왓 위민 원트(2000)」는 그런 인간의 심리를 너무도 잘 그린 영화다. 잘 나가던 광고기획자 닉(멜 깁슨)에게 뜻하지 않은 인생의 위기가 닥친다. 하루아침에 경쟁사의 여성 기획자 달시(헬렌 헌트)가 자신의 회사에 직속상관으로 들어온 것. 평소 가부장적이고 남성우월적인 닉에게는 마른하늘에 날벼락인 셈이다. '앉아서 오줌 누는 여자를 보스로 모시라니, 오 신이시여!' 달시가 내준 숙제를 풀기 위해 자신의 집 욕조 안에서 립스틱을 바르고 뽕브라와 스타킹을 걸치며 한껏 여자 기분을 내보던 닉. 운명의 장난일까? 헤어드라이어에 감전된 닉은 그만 정신을 잃고 쓰러지고 만다. 신은 이런 그가 애처로웠던지 다음 날부터 그가 요구하지도 않았는데 여성의 감정과 마음을 완벽하게 읽을 수 있는, 아니 들을 수 있는 '귀'를 선물한다. 아마도 그 신은 남성인 게 분명하다!

전화위복인지 천우신조인지, 처음에는 자신도 믿기지 않았지만, 제목 그대로 '여자들이 원하는 것'을 속속들이 알게 된 닉은 자신의 초능력을 한껏 이용하여 달시에게 앙갚음을 하기로 마음먹는다. 그녀의 아이디어를 훤히 꿰뚫게 된 닉이 그녀보다 한발 앞서는 기획력을 보인 건 누워서 떡먹기였다. 하지만 신의 계획은 주도면밀했다. 시간이 흐르면서 자신이 평소 여성을 오해하고 있었던 사실을 깨닫게 된 닉은 그간 남녀를 가르고 여성을 남성의 지위를 빼앗는 주적, 아니면 성적 욕구를 배설하는 대상으로만 봤던 이분법적인 사고에서 점점 헤어 나오게 된다.

가공의 할리우드 로맨틱 코메디로 단장했지만 현실에선 독심술이 불가능할지 모른다. 하지만 직업병일까? 한 가지 장면이 필자의 기억에 남는다. 영화를 유심히 보신 분들은 아시겠지만, 이명耳鳴이나 귀신에 씌운 것으로 생각한 닉은 자포자기의 심정으로 10년 전 전처와 이혼할 때 상담을 받았던 퍼킨스 박사를 찾아간다. 주변의 모든 사람들이 미친 놈 취급을 했지만 그녀는 도리어 닉에게 용기를 준다. "프로이트조차 죽을 때까지 알고 싶어 했던 게 바로 '여자들이 원하는 것'이었다"고, "그걸 가진 당신이야말로 세상의 모든 걸 가진 남자"라고 말이다. 영화적 설정이니까 눈감고 봐줄만한 스토리지만, 한편으로 살 떨리는 설정이 아닐 수 없다.

심리상담은 우리 일상 속에 반드시 있어야할 필수요소다. 심리상담이란 나쁜 기억을 지우는 게 아니라 왜곡된 기억을 올바로 조정하는 작업이다. 상담을 통해 본인의 감정과 기억, 나아가 습관과 성격까지 바꾸는 과정이다. 우리가 흔히 아는 사람과의 대화나 조언을 구하는 일을 '상담'이라고 하는데, 상담은 이렇듯 포괄적인 뜻을 담고 있다. 남에게 생각을 '뱉어내는' 것만으로도 문제를 상당부분 명확하게 이해할 수 있는 안목이 생긴다.

그런데 누구보다 심리상담가는 인간이 가지고 태어난 마음 작용에 대해 잘 알고 있다. 살면서 부정적인 감정을 얻거나 관계에 문제가 생겼을 때, 심리상담을 통해 자신의 마음과 상대의 마음을 들여다보고 자신의 감정을 조절하고 문제를 해결하는 능력을 계발할수 있다. 상담가들은 말 한마디를 가지고 내담자의 감정과 생각을 바꿀 수 있도록 고도로 훈련된 전문가들이기 때문이다. 내과 의사가 환부에 메스를 들이대듯, 상담가는 마음에 메스를 들이댄다. 의사가 수술로 종양을 도려낸다면, 상담가는 대화로 내상을 치유한다. 상담가에겐 언어가 곧 그의 메스인 셈이다.

상담가에게 언어는 메스다

로마는 하루아침에 이루어지지 않은 것처럼, 상담심리 역시 오랜 시간 많은 학자들이 경험과 실험 및 임상을 통해 얻어진 근거 자료를 가지고 과학적 방법을 동원하여 이론을 세우고 적용해왔다. 그동안 상담을 통해 누적된 정보가 일정한 원칙에 따라 다종다양한 심리를 규정하고 그에 맞게 치료할 수 있는 임상적 토대를 마련해 줬다. 내담자는 상담을 통해 자신의 내적 문제를 통찰할 수 있으며,

상담가는 내담자의 무의식을 깊이 들여다보면서 근본적인 문제를 해결할 수 있도록 돕는다. 이 과정에서 적절한 심리상담기법을 통해 내담자가 일상생활을 유지하고 사회적응을 해나가도록 도움을 줄 수 있다. 기본적으로 심리상담가는 정신과 의사와 달리 약물을 사용하지 않으며, 오로지 축적된 경험에서 비롯한 대화기법을 통해 사람의 심리를 치유한다.

약은 약사에게, 진료는 의사에게, 상담은 상담가에게! 괜히 전문가가 있는 게 아니다. 내담자가 전문가의 심리상담을 받아 왜곡된 생각을 교정하면 부정적인 행동도 긍정적으로 수정할 수 있다. 그리고 더 나아가 인간관계에서 발생하는 여러 문제를 해결하면서 심리적인 변화와 성장을 도모할 수도 있다. 몸이 아프면 의사에게 가서 치료받지만, 마음이 아프면 상담가를 찾아야 한다. 쓸데없이 문제를 끌어안고 끙끙대며 사서 고생할 필요 없다. 늦은 밤 괜한 깡술로 속을 달래거나, 짜증내는 친구랑 전화 붙들고 새벽까지 울고불고할 시간에 전문가를 찾아가는 게 백번 낫다.

하지만 앞서 언급한 바와 같이, 인간의 몸과 마음은 서로 유기적으로 깊이 연결되어 있다. 정신과 신체 간의 **심신적 상관**은 질병을 예방하고 치료하는 데 중요한 전제이기도 하다. 대학병원 암병

동에 웃음치료사가 상주하고, 종종 내과와 정신과가 연계해서 진료 팀을 꾸리는 이유가 거기에 있다. 정신적 스트레스와 신체적 질병 사이의 인과관계는 선진국을 중심으로 수십 년 전부터 활발히 연구되어 왔다. 따라서 심리상담가는 단순히 내면의 상처만을 아물게 하는 수준을 벗어나 신체의 질병까지 다스릴 수 있는 기반을 닦는다. 일차적으로 내면을 치료하고, 궁극적으로 신체를 치료한다. 단순한 감정의 기복, 우울감정, 괴로움, 인간관계와 부부관계의 어려움뿐만 아니라 부부간 성문제, 조루, 지루, 불감증 등 남성과 여성의 심리적 요인에 의한 성기능 문제, 나아가 소화와 혈액순환, 두통 및 신진대사의 문제까지도 심리상담을 통해 치유가 가능하다. 그래서 심리상담은 과학이라 부를 수 있다.

심리상담이란 인간의 몸과 마음의 작용을 이해하고 너와 나 그리고 세상에 대한 이해를 통해 각종 정신적인 문제와 마음의 고통을 해결하여 행복한 삶을 살아갈 수 있도록 전문가의 도움을 받는 것입니다. 심리상담전문가란 인간의 심리에 대한 전문적인 훈련을 받고 풍부한 임상을 통해 다양한 사람들의 심리를 치유할 수 있는 자입니다.

상담가는 관심법을 쓰는 궁예가 아니다. 일전에 미드 「라이 투미(2009)」를 흥미롭게 본 적이 있다. 범죄스릴러물이나 프로파일링과 관련된 자료를 찾다가 알게 된 드라마인데, 필자의 전공이기도

하고 내용도 흡인력이 있어 한시도 눈을 뗄 수가 없었다. 드라마에 나오는 주인공 칼 라이트만 박사(팀 로스)는 실제로 미국의 심리학 자 폴 에크만Paul Ekman 박사를 모델로 만들어졌다고 한다. 그만큼 드라마는 현실과 유사한 에피소드들로 가득했다. 이야기 속에 그려진 칼 박사는 미연방수사국FBI이나 중앙정보국CIA이 범죄용의자나 잠재적 테러리스트들의 표정이나 심리를 분석할 때 활용하고 있는 기법을 통해 범죄자들이 거짓말을 하고 있는지 귀신같이 알아낸다. 범죄자의 표정 변화나 말의 속도, 손동작이나 고개의 위치 같은 몸 짓에서부터 동공 크기, 미세한 손동작에 이르기까지 주로 비언어적 신호를 포착하여 그의 심리상태와 말의 신빙성을 파악한다. 필자는 그의 신통방통한 프로파일링 기법을 보면서 배우자의 외도를 간파 하는 것도 비슷하다고 생각했다.

그러고 보면 유사한 점이 있다. 프로파일러가 비언어적 정보를 수신하여 상대를 파악한다면, 심리상담가는 언어적 정보를 수신하 여 상대의 내면을 통찰한다. 범죄심리분석관에게 찡그림과 떨림 같 은 안면 근육의 움직임이 중요하다면, 심리상담가에게는 정서의 표 출과 감정의 표현 같은 언어 정보의 내용이 매우 중요하다. 심리상 담을 받게 되면, 건강한 몸, 몸과 마음의 조화, 물 흐르는 듯한 인간 관계, 학문과 생활의 조화, 자신과 세상의 조화, 흔들림 없는 정신

력, 문제 해결능력, 감정에 대한 자가 치유능력을 얻게 된다. 심리
상담이란 단순한 대화나 공감, 경청이 아닌 마음의 상처를 치유하
는 작업으로써 여타 종교적 접근이나 정신과적인 접근과 다른 영역
이다. 어쩌면 신앙적 이해나 정신의학마저 포섭하는 상위개념일 수
도 있다.

2 여성의 외도 상담치유

여성의 행복은 현재의 행복이고, 남성의 행복은 미래의 행복이다. 여자는 사랑을 받아야 행복하고, 남자는 사랑을 주어야 행복하다. 이건 만고불변의 진리다! 남녀는 요철凹凸과 같다. 여성은 남성에게서 받아야 하기 때문에 성기가 속으로 파였고, 남성은 여성에게 주어야 하기 때문에 성기가 밖으로 돌출됐다. 단순한 몸의 이치를 넘어 남녀의 정서 역시 동일한 형식을 띤다. 여자가 사랑을 못받으면 상처를 받고, 남자가 사랑을 주지 못하면 스트레스를 받는다. 여성에게 사랑의 왜곡은 관심과 사랑을 받으려는 자세다. 남성역시 사랑의 왜곡은 단지 스트레스를 푸는 대상으로 여자를 대하는 자세다. 보통 남자의 사랑이 왜곡되면 여자의 사랑도 왜곡된다. 남자가 매일 만나서 여자와 섹스만 하려고 달려들면 여자는 '섹스=사랑'이라고 인식하며, 남자가 '책임감=사랑'이라고 생각하면 여자는 모성애만 만들게 된다. 모처럼 주말에 만난 연인이 모텔에서 나올 때 여자는 남자에게 퉁명스럽게 묻는다. "오빠 나 그거 하려고 만나지?" 사실 여자도 남자와 함께 즐겼다. 하지만 여자에게는 언제나 육체적인 관계 이상의 무엇이 필요하다. '섹스 플러스 알파'인 셈이다! 그런데 언제부턴가 남친과의 만남 속에 그 '플러스 알파'가 눈에 보이지도 마음으로 느껴지지도 않는다. 내심 불안한 여자는 남자를 채근한다. "자기, 나 왜 만나? 정말 섹스하려고 만나?"

$$sex + \alpha = love?$$

어쩌면 남자는 정말 그녀와 섹스하려고 만나는 것일지도 모른다. 남자에게 '플러스 알파'는 글의 사족 같고, 말의 군더더기 같다. 없어도 무방한 정서적 꼬리표에 그렇게 큰 의미를 부여하지 않는다. 하지만 여자는 편지에서 추신이 얼마나 중요한 위치를 점하는지 알고 있다. 어쩌면 편지의 본문보다 끄트머리에 달려있는 그 짤막한 추신에 더 의미심장한 내용이 담겨 있을 수 있다. 평소 독해에 서툴러서 문제가 되는 게 아니다. 여자는 도리어 독해를 너무 잘 해서 문제가 발생한다. 남자는 관계에서 '행간 읽기'에 실패한다. 남성들이여! 논리에 아무런 영향을 미치지 않는 띄어쓰기와 구두점에 정서적 진리가 담겨 있다. 이를 간파하지 못하는 남성은 모텔 앞에서 '플러스 알파'를 묻는 여친에게 성적 농담으로 받아치기 바쁘다. 이런 습관이 누적되고 반복되면 상대 여성은 그 남성에게 잘못된 무의식을 전수받게 된다. 이런 관계에서 오는 심리 왜곡은 나중에 심각한 심리장애의 원인이 될 수 있다. 남자에게서 순수한 열정을 받아야만 여자는 그에게 향한 순수한 사랑을 만들 수 있게 된다.

여성은 자신이 사랑을 받아서 사랑 게이지가 100이 되면, 남편과 자녀에게 돌려주는 사랑도 100이 된다. 반대로 상처를 받아 상처 게이지가 100이 되면, 돌려주는 상처도 고스란히 100이 된다. 여성은 서류상에 기혼이냐 미혼이냐가 중요한 게 아니라, 현재 아가씨인데도 남자와 그의 자녀와 함께 있으면 기혼여성의 심리로 바뀌고, 반대로 기혼여성인데도 남편과 자녀와 떨어져 살면 미혼여성의 심리로 모드가 바뀐다. 이처럼 여성은 남편과 자녀와 같은 공간에 살면 여자로서 사랑을 받아 긍정의 감정을 만들고 그것을 남편과 자식에게 준다. 이것이 기혼여성(유부녀)의 행복이다.

미혼여성이 외도녀가 될 때는 부모님에게 사랑과 관심을 못 받앉을 때이다. 성장기에 부모에게서 사랑을 듬뿍 받고 자란 여성은 유부남과 바람을 피우지 않는다. 부모님에게 사랑을 충분히 받지 못한 여성은 사랑의 상처가 있기 때문에 밖에서 무리하게 관심을 끌려고 애쓴다. 솔직히 그녀에게 필요한 것은 사랑도 섹스도 아니다. 바로 '관심'이다. 유부남을 유혹하는 여자는 정서적 결핍을 채우기 위해 남자의 관심을 구걸하고 있는 것이다. 필자가 어렸을 때, 다른 여자들이 질투하는 걸 보고 '왜 나는 질투가 없지?'라고 의아하게 생각한 적이 있었다. 돌이켜보니, 아버지에게 많은 사랑을 받았던 것 같다. 그 애정이 커다란 호수를 이뤘기 때문에 관계에서 충분한 사랑을 나눌 수 있었다. 개인적으로 필자가 애초에 질투심이 없다는 사실을 심리학을 전공하고 뒤늦게 깨달은 셈이다. 필자가 지금도 과분한 사랑을 주신 부모님께 감사하는 이유다.

그러나 모든 여성들이 필자와 같이 운이 좋은 건 아니다. 역기능가정, 편부모가정, 결손가정 등 채워지지 않는 상실감으로 자녀들에게 충분히 관심과 애정을 주지 못하는 환경에서 자란 이들도 매우 많다. 이럴 경우, 여성은 부모가 아닌 다른 곳에서 대체적 관심을 얻기 위해 과하게 행동하는 경향을 보인다. 그나마 상대가 관심을 주면 다행이지만, 원하는 관심을 주지 않을 때에는 복수를 감행하게 된다. 필자가 상담했던 동창생 사례가 이에 대한 적절한 예가 될 듯하다. 남자들이 중년쯤 되면, 동기동창을 찾는 욕구를 느낀다. 이 욕구는 보통 성욕보다 상위의 욕구로, 라이온스나 로터리 클럽 같이 지역사회 친교단체에 가입하거나 구의원, 시의원 등에 출마하는 식으로 표출된다. 일전에 큰 인기를 끌었던 아이러브스쿨이란 사이트 역시 이런 욕구에 충실히 기반해 만들어졌다. 남자는 성공하면 동창회에 나오고, 여자는 상처가 많으면 동창회에 간다. 성공하지 못한 남자는 좀처럼 동창 모임에 모습을 드러내지 않는다.

그런 의미에서 Y씨(45세)는 이 두 가지 조건을 모두 갖춘 셈이다. 명문대를 나온 Y는 사법고시를 패스하고 검사로 임용됐다는 소식이 전해지자 그의 친구들을 중심으로 중학교 동창회가 구성되면서 카톡을 타고 연락처가 돌았다. 크고 작은 행사들로 모임 공지가 뜨고 이런 저런 경조사에 동창들의 소식이 들릴 때쯤, 어느 날 Y의 휴대폰으로 모르는 번호가 떴다. 처음엔 받지 않았지만, 같은 번호로 전화가 계속되자 결국 통화 버튼을 눌렀다. "야, 아무개야! 잘 있었어? 나야!" Y가 전화를 받자 어떤 여자의 상기된 목소리가 전해졌다. 중학교 동창 S씨(45세)에게서 거의 30년 만에 연락이 온 것이었다. 심지어 그녀는 Y와 중학교 때 한 번도 같은 반이 아니었다. 그저 오고가며 한두 번씩 얼굴을 보고 친구를 통해 이름만 알고 있던 사이였다. 다짜고짜 S는 Y에게 만나자고 했다. 당시 Y는 검찰에 있었기 때문에 한 달에 수백 건이 넘는 사건을 처리하느라 눈코 뜰 새 없이 바빴다. 애초에 잘 알지도 못한 사이였고 몸이 열 개라도 모자를 정도로 정신이 없었기 때문에 정중히 다음 동창회 때나 보자고 둘러댔다. 그런데 S는 집요했다. 어느 날, 다시 전화가 와서는 일 때문에 지나다 들렀다며 바로 정문에 있다고 나오라고 재촉했다. 어쩔 수 없이 Y는 그날 S를 만나 함께 저녁을 먹었고, 둘이 포차에 앉아 2차와 3차를 거치며 코가 삐뚤어질 때까지 대작을 했다. 30년 만에 만난 친군데 얼마나 재미있었을까? 옛 친구 얘기며, 학교 선생 얘기며 어렴풋이 남아있는 추억을 안주 삼아 새벽까지 둘은 함께 술을 마셨다.

돌아가기에는 너무 늦은 시각. 차도 끊기고 몸을 가눌 수 없을 만큼 만취했기 때문에 어쩔 수 없이 S를 위해 Y는 상업지구 근처 모텔 방을 하나를 잡아준다. 타지에서 온 S가 하룻밤 머물고 다음 날 아침 일찍 서울로 올라가라는 그의 배려였다. Y는 정신을 잃은 S를 부축해 침대에 눕히고 작별인사를 나눴다. 그리고 Y는 방을 나오려고 했는데, 화장실에 잠깐 들어간다던 S가 거기서 옷을 홀딱 벗고 나왔다. 갑자기 S는 "기분도 꿀꿀한데 한 번 자자"고 그를 졸랐다. 깜짝 놀라 Y는 도망치듯 현장에서 나왔다. 그렇게 S의 육탄 공세는 미수에 그치고 말았다. 그러나 그녀는 쉽게 포기하지 않았다. 세 번째고 네 번째고 줄기차게 Y의 사무실을 찾아와 만남을 요구했다. 그리고 올 때마다 노골적으로 옷을 벗고 자자고 달려들었다. 자신이 입던 팬티들을 소포로 보내는가 하면, 자신의 은밀한 부위를 찍은 사진들을 문자로 마구 전송하기도 했다. 공직에 있던 Y는 보통 이런 경우에 자유로운(?) 의사결정을 하기 힘들다. 자칫 순간의 실수가 엄격한 조직 내에서 그가 평생 닦아온 경력을 물거품으로 만들어버릴 수 있다는 걸 잘 알고 있었다. 쓸데없이 소문이라도 안 좋게 나면 승진이나 인사에서 불리한 쪽으로 타격을 입을 수도 있었다. Y의 입장에서는 되도록 일을 키우지 않고 동창생의 스토킹을 덮어버리는 게 상책이었을 것이다. 결과론적인 이야기지만, 그런 미온적인 대처가 결국 문제의 불씨를 키우는 데 결정적인 역할을 하고 말았다.

점점 대담해진 S는 그때부터 남자를 협박하기 시작했다. "아내에게 알리겠다." "같이 술 마시고 같이 놀아난 사진을 인터넷에 게시하겠다." S의 스토킹은 Y의 평화로운 일상을 무너뜨렸고, 결국 Y의 아내의 삶도 망가뜨렸다. S는 "당신의 남편이랑 열두 번이나 밀회를 즐기고 정을 통했다"며 거짓말을 흘렸다. "좋겠다, 기집애. 니 남편 뒤로 하는 거 잘 하드라." 이 거짓말은 그의 가정 한복판에 떨어진 메가톤급 원자탄이었다. 그 원자탄 하나로 Y의 가정이 송두리째 무너졌다. 정신질환의 경계에 다다라서야 Y는 아내를 데리고 필자의 상담소를 찾았고, 결국 S를 고소하여 준엄한 법의 심판대에 세우고 나서야 이 지옥과도 같았던 폭주기관차를 멈출 수 있었다. Y의 아내는 정상적인 판단이 힘든 수준의 심한 우울증을 호소했고, 상담치료 과정도 매우 더디고 힘들었다. 한 여자의 치기어린 무고로 한 모범적 가정이 풍비박산이 났으며, 한 준수한 법조인도 졸지에 경력의 위기를 겪었다. 그의 모범적인 아들 역시 대입에 실패하고 말았다. 제법 이름만 대도 알만한 유명한 공공기관에서 전문연구원으로 살았던 S가 대체 왜 이런 극단적인 선택을 하게 된 것일까?

필자는 직접 S를 만나진 못했지만, Y가 전해주는 정보의 퍼즐 조각들을 맞추어 보면, 그녀가 소위 '관심'의 늪에 빠진 환자였다는 결론에 도달할 수 있었다. 모르긴 몰라도 그녀 역시 자신의 남편에게서 긍정 감정을 보상받지 못한 정서의 피해자이며, 그 깨진 정서를 제대로 치료하지 않은 채 관계의 썩은 고기들을 뜯어 먹는 굶주린 하이에나처럼 또 다른 감정의 희생양을 찾아 배회한 것이리라. 그녀는 평소 자신이 여전히 아름다운 여자, 남자에게 가치 있는 존재라는 사실을 확인하느라 전전긍긍했다. 그러다 운 나쁘게 Y가 그녀의 레이다망에 걸려들었을 뿐이다. 그녀가 선택한 간단한 방법은 성적 유혹이었다. 열 여자 마다하는 남자 없다는 식의 판단은 그녀의 그릇된 무의식에서 비롯된 왜곡된 성심리를 보여준다. 「아메리칸 뷰티」를 보면, 남자들이 자신에게 던지는 질척한 눈길을 도리어 즐기는 미나가 이와 같은 심리를 드러낸다. 어려서 청춘잡지 「세븐틴」 표지에도 실린 모델 지망생 미나는 영화 내내 자신의 존재 이유를 남자의 야릇한 시선에서 확인한다. 뭇 남성들의 추파는 그녀에게 삶의 에너지와 같다. 대부분의 남자들은 애나 어른이나 할 것 없이 자신의 매력에서 헤어 나오지 못하는 듯 했다. 그러나 뜻밖에 안젤라의 남친인 리키가 자신을 무시하고 자기보다 매력이 한참은 떨어지는 안젤라를 파트너로 선택하자, 고작 17살 밖에 안 된 미성년자 미나는 영화 초반 자신과 뜨거운 시선을 맞교환했던 레스터에게 접근해서 노골적인 성행위를 요구한다. 그녀의 입장에서, 이것은 자신의 진가를 알아보지 못하는 주변 남성들에 대한 치정 복수극이자 엽기적인 자기 학대이기도 하다.

멀리 갈 것도 없다. 여고시절을 한 번 떠올려보자. 한 반의 여학생들은 새로 교생실습을 나온 남선생님에게 너나 할 것 없이 질주적 본능을 보인다. '얼마 만에 남선생인가.' '게다가 늘씬한 꽃미남 총각 선생이다!' '표적남'의 눈에 띄려고 선의의(?) 경쟁을 벌이는 가운데, 안정적으로 성장한 여학생들은 기껏해야 선생님을 그리면서 조용히 일기를 쓰며 가슴앓이 하는 게 전부다. 그런데 부모에게 사랑을 못 받고 자란 여학생들은 화장부터 진하게 하고 치마를 위로 접어 입는다. 간혹 아예 스타킹을 벗고 다니는 친구들도 있다. 수업 시간에 윙크를 날리거나 교복 블라우스의 단추 하나를 푸는 과감함을 보이기도 한다. 관심을 끌기 위한 처절한 유혹은 상대가 반응을 하지 않거나 자신이 아닌 다른 대상에게 관심을 표현할 때 분노로 돌변한다. 그 남선생님이 자신의 어깨를 쓰다듬었다는 둥, 손을 넣어 브래지어를 만졌다는 둥 거짓 민원을 넣는 일들을 벌인다. 서우드 앤더슨의 소설 『와인즈버그, 오하이오』에 담긴 단편 「손」에서, 자신을 만졌다는 무고로 한 유망한 남선생을 나락의 길로 몰아넣은 아이들처럼, 적절한 복수에서 정서적 보상을 찾으려고 발버둥 친다. 이런 정서는 흔히 남자 아이돌 가수에게 관음적 이상심리를 표출하는 최근 일부 몰지각한 '사생팬'들의 그것과 맞먹는다.

여성은 사랑의 에너지로 살아간다. 그런데 사랑을 받지 못하면 감정의 왜곡이 일어나는데, 사랑의 대체물인 위로와 관심을 쫓는다. 싸구려 불량식품에 비싼 설탕 대신 사카린이 쓰이는 것처럼, 겉만 번지르르할 뿐 위로와 관심은 '**가짜 사랑**fake love'에 불과하다. 일단 이 가짜 사랑에 중독되면 무작정 위로만 받으려고 한다. 롤리

팝을 쪽쪽 빠는 코흘리개 아이처럼, 자신이 왜 힘든지 생각하고 싶지도, 기억하고 이해하고 싶지도 않고 마냥 남자에게서 위로만 찾는다. 용케 위로를 받으면 그때만 좋다가 다시 안 좋아지고를 반복한다. 안 좋아지면 또 다른 남자를 찾는다. 그러다가 위로와 관심에 집착하게 된다. 진짜 사랑은 정서를 살찌우지만 가짜 사랑은 정서를 황폐하게 만들 뿐이다. 이렇게 위로와 관심에 집착하는 사람은 결국 정서적 괴물이 되고 만다.

감정의 좀비가 된다

감정의 좀비, 살았지만 죽은 것과 같은, 마치 산송장이나 다름없는 몰골로 흐느적거리며 이런저런 관계에 기웃거린다. 인간의 각질과 음식 부스러기로 살아가는 바퀴벌레처럼, 자기 연민과 자기 애착은 감정의 좀비가 기식하며 살아가는 자양분이다. 상담소를 찾는 여성 내담자들 중에 이런 분들이 많다. 상담가의 조언은 안 듣고 무턱대고 자기에게 위로만 하라고 떼쓴다. 처음부터 **이해**가 아닌 **위로**로 들어가면 아무리 상담을 잘 해줘도 치료가 잘 안 되는 경우가 많다. 그런 내담자는 올 때마다 위로를 받아야 하기 때문에 자기 문제를 직시할 수 있는 단계에 도달하지 못한다. 상담실에서 긴 대화를 마치고 충분한 위로를 받지 못한 채 한숨을 푹 쉬고 고개를 숙이며 돌아가던 한 여성 내담자의 뒷모습을 필자는 아직도 잊을 수가 없다. 그녀는 집에 돌아가 감정의 좀비로 돌변해 남편을, 그리고 자녀들을 다시 물어뜯을 것이다. 어떻게 하면 가짜 사랑을 물리칠 수 있을까?

모름지기 여성은 여자로서 남자에게 플라토닉하고 에로스적인 사랑을 충분히 받아 아내로서 남편에게, 엄마로서 자식에게 사랑을 다시 돌려주는 아가페적인 사랑이 있어야 행복하다. 여자가 남자에게 사랑을 받으려면 남자의 심리도 알아야 하고, 마음의 상처를 관리하는 방법도 잘 알아야 한다. 결국 가짜 사랑은 진짜 사랑을 만나면 해체된다. 상담가에게는 설명을 통해 이해를 얻고, 위로는 남편에게 받아야 정상이다. 반면 남성들은 어떤 상담치료가 필요할까?

남성의 외도 상담치유

　영화 「연예의 목적(2005)」은 왜곡된 성심리를 지닌 남성에 대한 대표적인 사례를 담아냈다. 고등학교 영어교사 유림(박해일)은 학기 초 교생실습을 나온 미대생 홍(강혜정)에게 남자로서 호감을 느낀다. 사실 유림에게는 직업도 안정적인 교사면서 종종 어머니를 찾아가 명란젓을 선물하는 살뜰함도 갖춘 여친이 있다. 하지만 망태에 집어넣은 낚인 물고기는 강태공의 기억에서 지워진 걸까? 선약이 있다며 일어나는 홍에게 '파트너쉽' 운운하며 학교 회식자리에 기어코 남게 한 유림은 모두 사라지고 둘만 남게 되자 뻔뻔할 정도로 그녀에게 들이대기 시작한다. 이자카야에서 술안주로 조개를 먹는 홍을 지그시 바라보며, 유림은 "난 다른 조개 먹고 싶은데"라며 성적 말장난으로 농을 친다. 어느 정도 취기가 돌고 분위기가 무르익었다고 판단한 유림은 대어를 낚을 낚싯대를 적진 한가운데에 투척한다. "이런 말, 해도 될지 모르겠지만…. 같이 자고 싶어요." 화들짝 놀라는 홍에게 유림은 "저 굉장히 솔직한 스타일이거든요. 감추고 음흉한 거 보다는 낫잖아요?"라며, 요즘 문화로는 거의 성추행에 해당하는 찝쩍거림을 아무 거리낌이 없는 쿨한 구애로 둔갑시킨다. 그런데 사랑하지도 않는 처음 보는 사람과 하룻밤 잘 수 있다는 그런 생각을 여자의 머리는 도통 이해할 수가 없다. 그런 그녀를 남자는 열여섯 살 사춘기 소녀 취급한다.

그의 집요한 질척거림은 학교에서도 계속된다. 실제 나이도 한 살 더 많은 홍에게 "교계는 굉장한 엄격하고 고지식한 곳"이라고 훈계를 늘어놓으면서도 거의 무방비 상태에 있는 그녀에게 "요 앞 여관에 가자"며 대놓고 들이댄다. 필자가 특히 이 영화에서 눈여겨 본 대목은 여관에서 홍과 섹스를 즐기고 나올 때 유림이 보여준 여성에 대한 이중적 평가의 모순이었다. 유림은 자유로운 연애주의자인 자신에게 별 저항 없이(?) 몸을 내어준 홍과 엄격한 집안에서 조신하게 자라 남자와 자는 걸 싫어하는 여친을 수평 비교한다. 그 비교 심리 이면에는 사귄지 6년이 다 된 평소 "가족 같고 부모 같은"

여친과 신체적-심리적으로 원활한 섹스가 이뤄지지 않던 자신이 새로운 먹잇감을 찾아 교미하고 씨를 뿌렸다는, 지극히 생물학적이고 진화론적인 도식에 입각해 남녀의 성관계를 이해하는 대다수 한국 남성들의 무의식이 깔려있다. 도리어 이 문제에 있어서 여자는 남자보다 훨씬 단순해 보인다. 홍은 이분법적 사고를 가진 유림에게 섹스를 싫어하는 사람이 어디 있냐며, "선생님은 여자 친구에 대해 잘 모르시는 거 같아요"라고 핀잔을 준다. 홍의 이런 입장은 다음 장면에서도 고스란히 반복된다.

서로를 알 수 있는 어느 정도의 시간이 흐른 뒤, 어느 날 둘만이 갖은 술자리에서 홍은 유림에게 뜬금없이 '친한 친구' 얘기를 하나 한다. "선생님, 내가 왜 남자가 사랑한다는 말 못 믿는지 알아요? 대학 때 정말 친한 친구가 하나 있었는데, 걔가 학교 조교랑 사귀었는데 알고 보니 유부남이었대요." 물론 언제나 친구 얘기라며 들려주는 것들은 자신의 이야기인 경우가 대부분이다. 적어도 이때만큼은 여자는 남자에게 진심을 보였다. 안타까운 건 유림은 그런 진심을 간파할 정도로 예민하지 못하다는 점이다. 왜 그럴까? 아마 그 이야기의 주인공이 친구였다고 철석같이 믿었거나, 육체만 탐닉하느라 여자의 마음은 헤아릴 여유가 없었거나, 이도저도 아니라면, 술이 떡이 되어 분별력이 없었거나. 어쨌든 건성으로 듣던 유림과 달리 홍의 친구 이야기는 점점 심각해졌다. 잘생기고 매력적인 그 조교, 친구뿐 아니라 다수의 여학생들과도 그렇고 그런 사이였고 나중에는 돈까지 뜯어내는 것도 모자라 친구가 자기를 좋아해 스토커처럼 쫓아다니는 꽃뱀이었다고 동네방네 소문을 냈단다. 유림의 반응이 걸작이다. 수치심에 떨던 친구가 17층 아파트에서 떨어져서 자살했다는 말에 유림은 "뻔한 스토리"라며 도리어 그 친구가 멍청했다고 비난한다. "아니, 요즘 세상에도 남자한테 당했다고 자살해요?" 홍은 진지하게 그에게 말한다. "이 선생님은 여자를 잘 모르시는 거 같아요."

하긴 천연덕스럽게 "같이 자면 앞으로 서로 편해질 수도 있어요"라고 말하는 남자에게 여자가 어떤 진정성 있는 위로를 기대할 수 있을까? 일정한 교훈과 감동을 주려고 했는지 영화 말미에 가서 정신 차린 유림이 홍의 상처와 진심을 차츰 깨닫게 되는 대목이 나오지만, 결국 영화의 대부분은 발정난 남자가 그릇된 성심리를 표출하는 내용들로 도배되어 있다. 이처럼 많은 남성들이 거의 준강간에 해당하는 농담과 짓궂은 장난을 주변 여성들에게 시도하면서도 아무런 문제의식을 갖지 않는다. 뻔뻔한 성적 표현과 노골적인 성담론을 풀어놓는 자신이 진보적인 페미니스트이자 사랑꾼이라 착각하는 남성들을 주변에서 종종 보게 된다. 다시 한 번 말하지만,

이건 착각을 넘어선 질병 수준이다. 심각한 자기 반성을 통해 스스로 문제를 해결하려고 노력하지 않으면, 결코 고쳐지거나 나아지지 않는 중증 질환이다. 상담을 통해 무의식의 성심리를 교정하지 않으면 나중에 큰 낭패를 치르게 된다.

지역에 유력한 목사였던 L씨(61세)는 자신이 중증 환자라는 사실을 몰랐다. 젊어서 신학교를 졸업하고 강도사 시험을 치른 뒤 모 노회 소속 목회자가 되어 S지역에서 교회를 개척했다. 1년을 부부가 손잡고 둘만 예배를 보았을 정도로 개척 과정은 험난했다. 이후 교인들이 한둘 늘고 지역에 L의 신유 은사에 관한 소문이 돌면서, 교회를 개척한 지 10년 만에 두 번이나 교회를 옮길 정도로 부흥을 맛보았다. L은 특히 교인들을 안찰하는 기도로 유명했고, 기복적이고 샤머니즘적인 그의 설교는 서민층의 종교심에 꽤 어필하였던 것 같다. L의 아내이자 사모였던 M씨(58세)는 학교 교사로 활동하면서 목회자였던 남편을 뒤에서 잘 보필했다. 사실 L이 비교적 짧은 시기에 중견 교회의 토대를 일굴 수 있었던 원동력은 바로 사모 M의 내조였다. 목회가 지지부진할 때에는 한 동안 M이 벌어오는 봉급이 부부의 유일한 수입이었고, L이 목회에 지쳐 힘들어하거나 담낭암으로 고생할 때에도 M은 곁에서 묵묵히 간병을 했던 조강지처였다.

평생 고마움의 빛을 갚아도 모자를 판국에 L은 바람을 피웠다. 그것도 교회 내 여집사들을 건드린 것. 최근 대형 교회 목회자들의 성적 비행이 불거지며 사회에 큰 파장을 일으키고 있는데, L 역시 일반인보다 사회적으로 더 높은 도덕적 책임을 지닌 목회자로서 해서는 안 될 몹쓸 짓을 여신도들을 상대로 장기간에 걸쳐 저질러왔다. L은 안찰기도를 명목으로 젊은 미시족 집사들을 교회 사택으로 불러 옷을 벗겨 놓고 손가락이나 기구를 써서 성폭행을 즐겼다. 평소 존경하던 목사에게 아무런 의심 없이 몸을 맡겼던 여성들은 속수무책 당할 수밖에 없었다. 게다가 목회자로서 꽤 성공적인 사역을 진행하고 있던 L 목사에게 누가 될까봐 자신들의 피해사실을 밖으로 드러낼 수도 없었다. M이 학교로 출근하고 사택이 비어있는 사이, L의 대담한 행각은 점점 변태적으로 발전했다. 결국 교회의 모 여집사가 L의 아이를 임신하게 되고, 그 사실이 교회와 지역사회에 퍼지고 나서 M은 남편의 외도를 알게 됐다.

관계가 곪을 대로 곪은 상태에서 두 부부는 필자를 찾아왔다. 상담소를 찾는 이들 중에 상당수가 그렇듯, L과 M은 서로의 책임을 힐난하며 서로의 억울한 점만 부각시켜 하소연했다. 둘은 상담가가 중재자가 아닌 심판자가 되어주길 바란다. 하지만 상담가는 상담과정에서 사실관계를 따지고 그 책임을 특정한 누구에게 묻고 벌주는 작업을 하지 않는다. 상담은 남녀의 심리적 문제를 객관적인 대상으로 **물상화**해서 당사자에게 보여주는 작업을 할 뿐이다. 판단은 각자에게 맡긴다. 어쨌든 상담치료를 통해 L의 왜곡된 무의식의 심리를 조정하고 M과의 관계를 새롭게 정립하자, 하루는 L이 눈물을 쏟으며 자신의 모든 과오를 뉘우치기 시작했다. "아내가 하찮게 느껴졌어요. 하녀보다 못한 사람이라 여겼죠. 제가 병들었을 때에도 수발을 들면서도 교사로서 열심히 살았는데 고생을 알아주지도 못할망정 바람이나 피웠어요." L은 심각한 섹스중독에 빠져 있었다. 필자가 제시해준 솔루션에 따라 L과 M의 관계는 회복됐고, 지금은 건강하게 지내고 있다.

　　보통 '바람막이'라고 부르는 점퍼가 있다. 영어로 윈드브레이커windbreaker라고 하는데, 관계에 있어서 방풍점퍼가 따로 있다. 바로 외도상담이다. 남녀의 성심리가 가진 근본적인 차이를 깨닫고 외도가 발생하기 이전에 세미나 혹은 여러 상담 프로그램을 통해 건강한 부부관계를 만들어갈 책임이 이 세상 모든 부부들에게 있다. 불행하게 외도가 닥쳤을 때는 외도상담이라는 윈드브레이커를 입어야 한다. 무방비로 비바람에 노출됐다가 영혼의 독감에 걸려 영영 돌아올 수 없는 다리를 건너는 부부들이 너무 많다.

4 외도상담 과정과 치유시간

영혼의 윈드브레이커, 외도상담은 과연 어떤 절차로 진행될까? 케이스-바이-케이스로 부부마다 다 다르지만 보통 상담 과정은 다음의 네 가지 단계로 이어진다고 보면 된다.

■ 원인 분석 과정

"아니 땐 굴뚝에 연기 나랴." 모든 일에는 원인과 결과가 있다. 외도의 원인을 알아야 진단이 나온다. 일반인들은 흔히 상간남 혹은 상간녀를 정리하는 게 문제의 해결책이라고 생각한다. 분명한 오해다! 단지 주변에서 사람만 치운다고 문제가 해결된 게 아니다. 바람

난 배우자가 돌아온다고 끝난 게 아니다. 이전의 부부관계가 다른 관점에서 새롭게 정의되지 않으면 대상이 바뀔 뿐 유사한 상황이 재발한다. 이 과정은 빠르면 빠를수록 좋다.

중증외상센터의 이국종 교수가 얼마 전 인터뷰한 기사를 본 적이 있다. 그는 모든 사고사에 골든타임이 있다고 밝혔다. 골든타임은 중상 후 의료진이 환자를 응급처치 할 수 있는 최적의 시간으로 보통 의학계에서는 1시간을 잡는다. 상담도 마찬가지다. 적어도 문제가 발생하고 3일 안에 오면 후유증 없이 깨끗하게, 그리고 빨리 치료된다. 이 시기가 외도상담에 있어 최상의 시간대다. 부부간 외도가 터지고 상담소에 일주일 뒤에 오면 그만큼 치료가 더디다. 그부부가 한 달 뒤에 오면, 그간 서로가 다투면서 가한 외상이 가히 장난이 아니다. 아무리 늦어도 한 달 안에는 상담을 하러 와야 건강한 치료를 진행할 수 있다. 그 뒤에 오면 서로의 감정이 모두 부정적으로 바뀌어 있기 때문에 오히려 문제가 커지는 경우가 다반사다.

■ 분노 치유 과정

"소 잃고 외양간 고친다." 문제가 터지고 나서야 수습책을 찾는다. 이 경우, 여자는 분노를 먼저 치료해야 한다. 분노와 화는 명백한 차이가 있다. 화anger는 당사자는 기분이 풀어지는데 상대방이 짜증

나는 것인 반면, 분노fury는 상대방은 말할 것도 없거니와 정작 당사자도 기분이 풀어지지 않는 것을 말한다. 소멸되지 않는 화가 분노라 할 수 있다. 내가 사물이나 대상에 화를 내면 감정이 풀어져야 하는데 계속 화가 난다면, 그건 화가 아니라 분노다. 바람을 피운 남편에게 해결되지 않는 분노를 갖고 있다면 치료가 더딜 수밖에 없다. 반면 남자는 죄책감을 먼저 치료해야 한다. 아내는 열심히 살았는데 나는 이게 뭔가? 열등감과 소심증으로 남성성을 잃는다. 암도 종류별로 전문가가 따로 있다. 직장암은 어떤 병원 누구, 유방암은 어떤 병원 누구, 이렇게 소위 '전국 명의 지도'가 인터넷에 돌아다닌다. 상담 역시 마찬가지다. 외도상담은 전문적인 외도상담가를 찾아가야 한다. 외도상담을 진로상담가나 직업상담가에게 맡길 수 없다. 뇌수술을 정관수술만 하던 비뇨기과 의사에게 맡기는 꼴이다.

■ 상처 치유 과정

"시간이 약이다." 올바른 이해와 통찰 그리고 실행을 통해 습관을 바꾸기까지 시간이 걸린다. 이 과정을 완벽하게 이행하려면 최소 8개월에서 1년 정도 걸리는데, 외도의 80%를 해결하는 데에 그중 초반 2개월이 제일 중요하다. 나머지 20%는 생활 속에서 작용하는 발암인자들을 깔끔하게 정리하는 기간이다. 물론 부부마다 상황별로 편차가 있다. 필자는 외도가 '심리의 암'이라고 생각한다. 우리가 혼히 암에 걸리면 어떻게 하나? 필요한 수술을 통해 종양을 떼어내고, 혹시 모를 재발을 막고자 방사선치료 및 항암치료를 병행한다. 환자는 수술 이전의 삶으로 돌아가지 않고, 꾸준한 식이요법과 운동, 긍정적인 마인드 컨트롤을 통해 생활양식 자체를 바꾼다. 병원에서 처방한 약물도 꾸준히 복용하고 암이 다시 재발하거나 전이되지 않도록 수년간 조심하고 또 조심한다. 물론 정기적으로 병원 암센터에 들러 예후를 추적 관리하며, 최소 5년간은 경과를 지켜본다.

외도는 심리적 암이다

외도상담 역시 이와 똑같다. 부부가 상담소를 찾아오면, 우선 2개월은 환부에 메스를 대고 암 덩어리를 끄집어내듯이 집중적인 치료에 임한다. 이 시기가 매우 중요하다. 나중에 후유증이 없으려면 이 2개월의 기간을 잘 보내야 한다. 외도상담은 수술기간을 2개월, 나머지 재활기간을 8개월로 본다. 평소 좋아하던 삼겹살을 끊고 보리밥으로 대체하여 식이요법을 충실히 진행하듯이, 외도의 문제를 안고 찾아온 부부 역시 평소 서로에게 하던 행동의 습관을 모두 버리고 새로운 습관을 연습하도록 주문한다. 우선 말을 조심하도록 한다. 말이 감정을 격발시켜 상황을 악화시키는 경우가 종종 있기 때문이다. 때에 따라 서로에게 묵언을 주문하는 경우도 있다. 2개월 동안, TV나 취미생활, 지인들조차 차단하고 오로지 부부와 상담가 사이만 소통을 한다. 치료 받던 부부가 일일연속극을 함께 보다가 다시 싸우는 경우가 너무 많다. 보통 남자보다는 여자가 드라마의 극중 인물에 몰입하거나 감정이입하는 경우가 많은데, 한국의 막장드라마에는 빠지지 않는 불륜과 외도 설정이 반드시 등장하기 마련이다. 친구나 지인에게 전화를 거는 것도 치료를 방해하는 대표적인 금기사항이다. 친구나 지인은 전문가가 아니다. 내담자를 위하는 것 같지만, 우리 주변에는 남의 불행이 자기의 행복이라고 여기는 사람들이 너무 많다. 언뜻 상대에게서 위로를 받는 느낌이 들지만, 보통은 상담가의 전문적인 조언과 정 반대의 반응을 듣게 된다. 친구와 전화로 바람 난 남편을 함께 헐뜯고 비난해도 자신이 안고 있는 문제의 본질은 절대 뒤바뀌지 않는다.

외부의 부정적인 신호를 차단하는 방법은 외도상담의 가장 중요한 솔루션 중 하나다. 이 기간 동안 상간녀나 상간남과의 통화는 쥐약과 같다. 그게 외도 당사자가 됐든 피해자가 됐든, 여하한 이유를 막론하고, 철저하게 그들과 단절하라! 그들과의 대화는 설사 그것이 관계 단절을 목적으로 한다 할지라도 자신의 분노와 상처를 먼저 치유하기 전에 행해서는 안 된다. 생각의 왜곡이 감정의 왜곡을 낳고 결정적으로 관계가 어그러지는 경우가 많기 때문에 신중하게 판단해야 한다. 이는 입원한 환자에게 병원에서 죽만 먹으라고 주문하는 것과 같다. 상담 기간 동안에 동창회에 나가거나 동료, 친구를 만나는 행위는 섶을 지고 불구덩이에 뛰어드는 것과 맞먹는다. 내 몸에 안 좋은 것들은 부지런히 가리면서 내 마음에 안 좋은 것들은 너무 쉽게 집어 삼키는 이들이 많다. 내 입에 털어 넣는 물 한 방울도 그렇게 꼼꼼히 따지면서, 왜 내 눈으로 들어오는 시각 신호, 내 귀로 들어오는 청각 신호, 내 머리에 떠오르는 잡념들은 긍정과 부정을 따지지 않고 그토록 신주단지처럼 붙들고 있을까?

■ 관계 개선 과정

"비온 뒤에 땅이 굳는다." 부부가 상담치료를 받았으면 외도 이전보다 더 행복해야 한다. 상담가는 외도상담을 통해 서로의 왜곡된 인지를 교정하고, 습관으로 굳어진 성심리를 회복시켜 자활의 과정을 밟게 한다. 여기에는 전문적인 솔루션이 처방전으로 제시된다. 먼저 분노치유를 통해 외도한 당사자와 배우자의 아픔을 끄집어낸다. 성격상담을 통해 서로의 내면을 들여다보고 배우자 간의 그간 몰랐던 내밀한 정서를 교감한다. 외도상담을 통해 외도의 본질을 깨닫고 외도의 원인을 파헤쳐 부부관계에서 미처 간취되지 못했던 문제들을 하나씩 찾아낸다. 치료상담을 통해 그 문제에 알맞은 솔루션을 제시하고 학습을 통해 내담자에게 습관화한다. 마지막으로 성심리테라피를 통해 외도 이전보다 더 아름다운 성을 이해하고 서로의 관계를 발전시켜 원만한 결혼생활을 유지하도록 돕는다. 이런 과정은 빠르면 빠를수록 좋다.

천지창조도 7일 만에 끝났다. 이 7일이란 주기는 의미심장하다. 하루는 지구의 자전을 기준으로, 한 달은 달의 삭망朔望을 기준으로, 1년은 지구의 공전을 기준으로 짜인 시간표다. 하지만 7일, 즉 일주일은 그 어떤 우주적 기준도 없이 만들어진 시간표다. 기독교인은 아니지만, 필자는 신이 세상을 6일간 만들고 7일째 쉬었다는 신화에 깊은 의미가 깔려있다고 생각한다. 인간의 세포가 만들어지는 재생주기가 일주일이라는 의학보고서를 읽은 적이 있다. 필자의 오랜 경험을 토대로 보면, 인간의 심리패턴도 일주일 주기를 지니고 있다. 인간의 몸과 마음이 모두 7일이라는 사이클을 지니고 있다면, 몸도 매 7일마다 휴식을 취하는 것처럼, 우리 마음도 매 7일마다 상담으로 새롭게 거듭날 필요가 있다. 7일에 한 번씩 교회에 가고 절에 가듯, 초기에는 7일에 한 번씩 상담소에 와서 상담에 임해야 한다. 이 기간을 놓치면 부부간 생각의 왜곡이 온다. 매일 정신을 똑바로 차리고 사는 게 아니기 때문에 인간은 정기적으로 심리와 정서의 정화가 필요하다. 일주일 이상 넘어가면 생각이 습관으로 굳어지기 때문에 그만큼 치료는 더디다. 심지어 상황이 급하고 위중하면 첫 2주 정도는 일주일에 두 번 오는 것도 좋다. 최소한 첫 2개월 동안은 일주일에 한 번, 그 이후는 경과를 봐가면서 격주에 한 번, 혹은 한 달에 한 번 상담치료를 받는 게 이상적이다. 이제 실제적인 외도상담 과정과 성심리테라피의 사례를 알아보자.

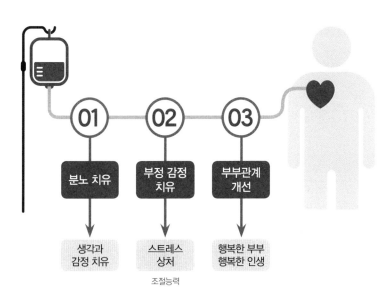

01 분노 치유

02 부정 감정 치유

03 부부관계 개선

생각과 감정 치유

스트레스 상처

조절능력

행복한 부부 행복한 인생

죽고 사는 문제는 몸의 역할이지만 몸과 인생을 이끌고 가는 것은 마음입니다. 모든 문제는 마음에서 발생되어 몸의 행동으로 이어집니다. 때문에 외도 발생 후 서로 다른 마음 작용을 모르면 문제 해결 자체가 어려워집니다. 배우자 외도상담의 과정은 1단계로 분노를 치유하는 과정, 2단계로 상처를 치유하는 과정. 마지막 3단계로 부부의 행복을 위한 상담을 받는 과정으로 이루어져 있습니다. 여성은 분노를 먼저 치유해야 하고, 남성은 죄책감을 먼저 치유해야 합니다. 외도 발생 시 분노란 사랑하며 살아온 만큼 발생됩니다. 사랑하는 만큼 아프니 치유해달라는 마음의 처절한 소리입니다. 그러나 대부분 외도를 한 당사자들은 이러한 분노의 형태가 평생토록 이어질 거라고 겁을 먹게 되고 서로에 대한 관계 개선에 대한 희망의 끈을 놓게 됩니다. 게다가 분노하는 배우자를 보며 견딜 수 없는 죄책감으로 평생 살아갈 자신이 없으니 이혼을 하겠다고 결심합니다. 그러나 외도에 대한 올바른 이해를 통해 분노와 죄책감 치유를 받는다면 부부는 외도 이전보다 행복한 인생을 살 수 있습니다.

❖ 장-레옹 제롬(Jean-Leon Gerome, 1824~1904)의 「피그말리온과 갈라테이아(Pygmalion and Galatea, 1890)」.
   미국 뉴욕 메트로폴리탄 미술관(Metropolitan Museum of Art) 소장.

chapter **6**

—

바람이 남기고 간 것들

관계의 재구성과 사랑의 재발견

"태양이 저편으로 질 때 울지 마라.
너의 눈물이 밤하늘의 별을 보지 못하게 할 테니까."
―비올레타 파라―

바람이 남기고 간 것들

누구나 한 번쯤은 들어봤을 법한 정신분석학의 창시자 프로이트는 인간을 무의식적으로 행동하는 비합리적인 존재, 과거의 경험에 의해 성격이 형성되는 결정론적인 존재로 정의했다. 그의 제자 융Carl Gustav Jung은 개인무의식에 앞서 집단무의식이 있음을 간파했다. 그가 개발한 16가지의 성격유형이론은 현재도 상담 현장에서 널리 사용되고 있다. 내담자중심치료법의 창시자 로저스Carl Ransom Rogers는 개인의 경험을 중시하는 비지시적 상담기법을 정착시켰다. 이처럼 인간의 심리를 다루는 이론들은 무의식에서 출발해 사회와 종교, 철학과 통합을 이루며, 인간의 삶이 보다 나은 방향으로 발전하는데 기여해 왔다. 그러나 수많은 학자들의 노력에도 미처 발견되지 못한 것들이 존재하고 있으며, 그 존재들 가운데 한 가지를 밝힌 것이 바로 존 그레이John Gray 박사가 그의 박사학위논문에서 제기한 '남자와 여자의 심리가 심층적으로 반대된다'는 것이다. 그의 논문은 『화성에서 온 남자, 금성에서 온 여자』라는 이름으로 세계적인 베스트셀러가 되기도 했다.

많은 학자들의 연구를 통해 볼 수 있듯이, 인간의 심리는 남자와 여자의 관점, 의식과 무의식의 관점, 사회와 문화의 통합적 관점 등 매우 다양하게 다뤄지고 있다. 그러나 결국 이 모든 것은 인간이 몸을 통해 경험하며 사는 결과물이다. 인간의 최초 환경은 가정이나 사회, 문화가 아닌 자기 자신의 몸이며, 그 몸을 통해 만들어진 마음의 작용들이 가정, 사회, 문화에서의 경험을 통해 진화해간다. 몸을 정신과 가장 잘 결합한 이론은 아직도 인류가 탐구 중에 있으며, 어쩌면 영원히 지식의 미궁 속으로 자취를 감출지도 모른다. 인간의 결혼생활도 마찬가지다. 과연 결혼이라는 가장 유구한 인간 제도가 남자와 여자의 심리에 어떤 족적을 남겨왔을까?

1 일부일처제의
심리적 기제

　영화 「아내가 결혼했다(2008)」는 모든 사람들이 당연하게 여기는 결혼제도를 근본적으로 다시 생각하게 만드는 작품이다. 이전 같은 직장에서 프리랜서 프로그래머로 일하던 인아(손예진)를 평범한 회사원 덕훈(김주혁)은 운명처럼 발 디딜 틈 없는 출근길 지하철 안에서 다시 만난다. 평소 사무실에서 '노브라'로 일하던 인아를 동료이자 남자로서 마음 한구석에 담아두었던 덕훈은 이것도 인연이라 생각하며 내친 김에 그녀와 함께 저녁을 먹게 된다. 전날 밤새 TV중계로 봤던 FC바르셀로나가 져서 하루가 꿀꿀하다는 그녀의 이야길 듣고 덕훈은 자신의 귀를 의심한다. 세상 여자들이 남친에게 제일 듣기 싫어하는 이야기가 군대 얘기, 축구 얘기, 그리고 군대에서 축구한 얘기라 하지 않던가? 근데 여자의 재발견이라 해야 하나? 지단이며 피구며 유럽 축구선수들을 훤히 꿰고 있는 건 기본이고 여느 남자 못지않게 축구에 해박한 지식을 갖추고 있는 그녀의 묘한 매력에 덕훈은 그만 홀라당 빠지고 만다. "클럽축구까지 챙겨보는 여자는 난생 처음 봐요."

둘의 진도는 오프사이드처럼 반칙에 가까웠다. 첫 날 첫 만남에서 인아는 덕훈을 "차 한 잔 하자"며 집에 초대하고, 재즈를 타고 분위기가 무르익을 때쯤 둘은 소파에 서로의 몸을 포개며 약속이나 한 것처럼 격렬한 사랑을 나눈다. 신기에 가까운 그녀의 섹스 기술에 "백만 개의 흡착판이 빨아들이고, 이백만 개의 돌기가 어루만지는 쾌감"을 온몸으로 느끼며 덕훈은 연애에 빠져든다. 인아의 비범하고 독특한(?) 애정관 때문에 중간에 한 번 위기를 겪기도 하지만, 2002년 홍명보의 승부차기 성공으로 대한민국이 스페인을 이기고 4강을 확정지은 역사적인 그날, 덕훈은 그녀에게 미리 준비해둔 반지로 프러포즈를 하고 결국 둘은 결혼에 골인한다. 공교롭게 바르샤와 레알, 철천지원수와도 같은 앙숙의 라이벌을 인아와 덕훈이 나누어 좋아한다는 설정은 이후 영화의 묘한 전개를 암시한다.

필자는 둘이 침대에 누워 서로 '섹스'와 동의어를 하나씩 대는 게임을 눈여겨봤다. 정사, 성교, 밤일, 떡치기, 빠구리, 씹, 동침 등등.... 여러 단어들이 나왔지만, 말문이 막힌 덕훈에게 마지막으로 인아는 '사랑'을 들이민다. 사랑이 섹스의 동의어냐며 시큰둥해 하는 덕훈에게 인아는 이렇게 말한다. "알겠지? 어떻게 사랑을 빼놓냐? 제일 먼저 생각했는데, 당신에게 듣고 싶어 참았어." 이만큼 남녀의 성심리를 잘 보여주는 대사가 또 있을까? 여자에게 섹스와 사랑은 한 묶음으로 가지만, 남자에게 '섹스=사랑'이란 도식은 해^解가 없는 방정식이다. 좀 노골적으로 말해서, 남자에게 섹스는 상수지만, 사랑은 변수에 불과하다. 1 곱하기 0은 0이지만, 1 더하기 0은 여전히 1이다. 여성에게 섹스와 사랑은 곱하기지만, 남성에게는 더하기일 뿐이다. 사랑이 0이라도 섹스는 얼마든지 가능하다. 종종 진화생물학자들은 수컷이 이런 섹스지상주의의 본능을 키워온 것이 모두 종족번식의 욕구를 극대화한 진화의 결과라고 주장하지만, 사회생물학적으로 볼 때 이러한 남자의 성심리는 산술적으로 외도와 불륜 및 간통이라는 많은 사회적 비용을 요구하는 비효율적 본능으로 보인다.

둘의 행복한 결혼생활은 오래 가지 못한다. 일 때문에 경주로 파견근무를 나가게 된 인아는 어느 날 난데없이 예전부터 알고 지낸 재경(주상욱)과도 결혼하겠다고 선언하며 덕훈의 뒤통수를 사정없이 후려친다. 아내의 뻔뻔한 두집살림을 용인할 남자가 세상에 어디 있겠는가? "제정신이냐"는 덕훈의 힐난에 인아는 "사랑은 하나를 반으로 나누는 게 아니라 나누어 두 배가 되는 거"라고 당당히 말한다. 말도 안 되는 영화적 설정이겠지만, 기어코 기존의 덕훈을 주말 남편으로, 쌍둥이 같다는 재경을 주중 남편으로 인아는 두 몫의 아내로 새로운 결혼모델을 만든다. 이 영화는 끊임없이 일부일처제라는 어찌 보면 인류 역사상 가장 오래된 사회 규약의 효용성에 의구심을 던진다. 역사를 돌이켜 보면, 사실 일부다처와 일처다부, 부계사회와 모계사회가 함께 나란히 공존하고 엎치락뒤치락 앞서거니 뒤서거니 연이어 존재했던 시기도 있었다. 그런데 현대에 접어들면서 왜 꼭 일부일처제라는 숨 막히는(?) 결혼제도만 살아남게 되었을까? 그 연원이 우리의 생물학적 원인에 기인한 것일까, 아니면 심리학적 원인에 기인한 것일까? 아니면 둘 다일까? 굳이 이런 거대하고 철학적인 질문들이 아니라도 이 영화는 남녀관계에 있어 결혼이 주는 의미에 대해 조금 색다른 시선을 시도하게 만든다.

대부분의 인간사회가 일부일처제를 가족의 전범으로 삼는 상황에 의구심을 제기하는 일들이 끊임없이 일어난다. 1인 가정이 그렇고 동성애 부부가 그렇다. 앞으로 20년 뒤에는 오늘날 우리가 상상하기 힘든 가족단위가 나올지도 모른다. 하지만 현재로써 우리의 삶을 지배하는 남녀관계는 수천 년이 흘러도 변함이 없다. 우리가 지금의 심리를 완성하는 데 수만 년의 시간이 걸렸기 때문이다. 결국 미래에도 외도는 가족의 형태와 상관없이 이 땅에 남녀가 발을 딛고 살아가는 한 영원할 것이다.

2 여성의 성심리테라피

　본격적으로 상담을 통해 여성의 성심리를 어떻게 치료하는지 살펴보자. 무엇보다 여성은 섹스에 덧붙어 있는 부정 감정부터 하나씩 제거해야 한다. 섹스는 더러운 게 아니라는 인식의 전환이 필요하다. 여성들은 사랑의 감정 없이 쾌락적 행위에 내몰리는 상황에 대해 본능적인 수치심과 부끄러움이 있다. 특히 종교적이거나 보수적인 가정에서 자란 여성들은 이런 부정적인 이해를 갖고 있는 경우가 많다. 이런 여성들은 섹스를 일종의 원죄로 여긴다.

　여성에게 부정 감정을 없애주기 위해서는 먼저 내면의 상처를 치유해 주어야 하는데, 그 핵심이 바로 대화와 위로, 그리고 격려이다. 남성은 여성과 대화하면서 위로와 격려를 해야 하는데, 가장 좋은 방법이 침실에서 부부가 모두 옷을 벗고 따뜻한 체온을 느끼며 대화하는 **성심리테라피**이다. 여성의 성욕과 무관하게 여자는 사랑을 확인하고, 상처가 치유된다. 여러 가지 중독도 예방할 수 있다. 파트너로서 남편은 아내가 무분별하게 자신의 상처를 쏟아내게 하지 말고 천천히 그녀의 이야기에 귀를 기울여준다. 이때 남편은 서로 내밀한 대화와 숨은 감정이 오가기 전에 자칫 과도한 스킨십으로 분위기를 깨지 않도록 주의해야 한다. 실오라기 하나 걸치지 않은 상대의 알몸을 보면서 본능적으로 끌어 오르는 성욕을 참기 힘들 수 있겠지만, 남성은 가벼운 키스와 페팅으로 상대방을 존중해준다는 몸짓언어를 통해 여성의 마음을 활짝 열게 할 수 있다. '내가 지금 원하는 건 섹스가 아니라 당신의 감정이야.' 몸짓으로 이와 같은 메시지를 전달하려고 노력하자. 남성들이 보통 선호하는 피스톤 운동보다는 분위기 있게 손목이나 목덜미를 살짝 잡아주거나 터치하는 걸 도리어 여성들이 더 좋아할 수 있음을 명심하자. 이러한 솔루션을 실행할 때 주의할 사항이 있다. 반드시 전문가의 처방에 의해서 이뤄져야 한다는 사실이다. 무분별하게 시도했다가 외도 당사자가 "그 놈(년)에게도 이렇게 해줬냐?"는 비난을 받을 수 있기 때문이다. 상처가 치유되기 전에 성적인 비난을 받는 것은 무의식에 깊은 상처를 남기게 된다는 점을 기억해야 한다.

내가 원하는 건 섹스가 아니라 감정이야

그냥 알몸으로 누워 있으면서 아내가 하루에 힘들었던 것을 토로할 수 있도록 남편은 적극 대화에 임한다. 기계적인 대답이나 단답형 반응은 금물이다. 아내의 눈을 바라보면서 공감적 언어를 사용하자. 가끔 아내가 격정적인 감정들을 쏟아낼 때 맞받아치지 말고 위로하고 격려하는 게 포인트다. 과거 기억을 소환하지 말자. 이랬느니 저랬느니 책임소재를 결정하는 데 불필요한 감정을 낭비하지 않는다. 공감과 지지의 언어, 비폭력대화를 통해 여성의 마음을 누그러뜨린다. 이 간단한(?) 행동만으로도 여성의 마음은 급속도로 나아진다. 마음에 응고되어 있던 상처들이 하나씩 싸매어진다. 이것이 바로 여성의 성심리치유기법이다.

여자가 자신을 위해 옷을 벗는 것만으로도 많은 용기를 냈다는 사실을 남성들은 명심하자. 남자든 여자든 욕구가 일어날 때에는 서두르기 마련이다. 특히 남자는 동물적인 본능이 있기 때문에 여자의 옷을 급히 벗기기 쉽다. 영화나 포르노를 비롯해 그토록 많은 매체들이 여자의 브라우스 단추를 거칠게 뜯고 치마나 스타킹을 과격하게 찢는 남자의 모습을 미화하는 데에는 그만한 이유가 있다. 남자가 여자를 범하는 본능적인 짜릿함을 가장 즉물적으로 표현하는 행위의 하나는 여성의 옷을 '해체'하는 행위이다. 뇌와 척추를 타고 흐르는 남성의 회로는 여성의 몸을 감싸고 있는 옷감을 훼손하고 찢어발기는 데 강력한 원초적 신호를 보낸다. 특히 그 옷이 정복이거나 규격화된 의상일 때 쾌감은 배가된다. 유니폼을 입은 수녀나 간호사가 성적 대상으로 성인물 영상에 빈번히 등장하는 이유는 애초에 그런 판타지를 대부분의 남성들이 갖고 있기 때문이다.

서두르는 남자는 여자에게 별 감흥을 못 준다. 술을 잔뜩 먹고 들어와서는 몸도 씻지 않고 술김에 자신의 팬티를 벗기려고 할 때, 여자는 겁탈당하는 것과 유사한 느낌을 받는다. 오늘은 몸도 피곤하고 전혀 내키지 않을 때, 보통 여자는 하체만 벗는다. 등을 돌리고 몸을 구부려 의무방어전을 치르듯이 남자에게 속전속결의 섹스를 제공한다. "나 오늘 몸이 아프니까 빨리 해!" 선심 쓰듯 몸을 허락할 때 상의까지 탈의하는 여자는 거의 없다. 여자들은 마음이 불편하고 내키지 않으면 자신을 옷으로 똘똘 만다. 내 여자가 옷을 겹겹이 껴입고 있다면 남자에게 마음이 편하지 않다는 증거다. 반대로 옷을 다 벗고 있으면 그만큼 자신에게 마음을 완전히 개방시켰다는 의미다. 여성의 이런 행동은 남자에게 그린라이트에 해당한다. 아내의 외도현장을 직접 목격하고 그 충격에 상담소를 찾았던 한 남성은 억울함을 토로한다. "나랑 할 때는 팬티만 벗었는데 그 놈하고 할 때 보니 상의까지 홀딱 벗었어요, 그 년이...." 그 남자는 아내가 그 때처럼 옷을 다 벗고 전라로 섹스를 하는 걸 정말 오랜만에 봤다고 했다. 아내와 그간 섹스를 했더라도 자신에게 마음을 충분히 허락하지 않았다는 사실을 확인한 셈이다. 여자의 알몸이 갖는 의미에 관해 필자의 설명을 듣고 나서야 그는 왜 자신이 원할 때 언제든 아내와 섹스를 했으면서도 전혀 만족이 없었는지 깨달았다. 아내 역시 처음에는 옷을 벗고 대화를 한다는 것 자체가 창피하여 거부반응을 보였으나, 필자가 제공한 솔루션에 따라 수개월에 걸친 성심리테라피를 실시하고 점차 아내가 자발적으로 자신을 위해 옷도 벗고 적극적으로 관계에 응대하자 신기하게도 봄나물을 먹고 식욕이 돌듯이 다 죽었던 성욕이 다시 되살아났다. 두 달 뒤 그는 상담소를 찾아와서 "어젯밤 아내와 섹스를 하면서 그간 느껴보지 못했던 날카로운 절정감을 맛보았다"고, "사정할 때 정말 까무러치는 줄 알았다"고 수줍게 고백하기도 했다. "선생님이 왜 그걸 하라는지 이제는 알겠어요."

성심리테라피를 할 때, 주의해야할 게 하나 있다. 여자는 모든 대화를 자기중심으로 해야 한다. "난 이렇게 힘들어." "나는 이게 싫어." "난 이런 체위가 좋아." 항상 '나-전달법'으로 말해야 한다. 보통 여자들은 상처를 받으면 '너-전달법'을 한다. "너는 왜 그래?" "너는 어때?" "넌 이런 게 잘못이야." 상대를 탓하면 백 프로 문제가 생긴다. 처음엔 남자가 인내심을 갖고 여자의 말을 들어주다가도 이내 스트레스를 받게 된다. 아무리 배려심이 강한 남자라도 이를 악물고 어지간히 견디다 때려치우게 된다. 잊지 말자. 대화의 주체는 항상 나다! 언제나 나로부터 상처가 시작된 것이다. 그러기에 잘못도 나로 말미암은 것이다.

나-전달법(I-message)은 나를 주어로 삼지만, 너-전달법(You-message)은 너를 주어로 삼습니다. 나-전달법의 구성요소는 상대방의 행동과 그 행동이 나에게 준 느낌, 그리고 빚어진 결과의 순서로 말하며, 문제의 원인을 상대방에게 돌리지 않습니다. 반면 너-전달법은 문제의 주체를 다른 사람으로 넘기기 때문에 말할 때 상대방에게 상처를 주기 쉽습니다.

3 남성의
성심리테라피

　　남성의 상처도 여성의 상처 못지않다. 여성과 달리 남성은 문화적으로 강인하고 용감하게 길러진다. 남들 앞에서, 특히 이성 앞에서, 눈물을 보이거나 자신의 감정을 쉽게 드러내는 건 바람직하지 못한 행동으로 여겨진다. 옛말에 "남자는 태어나서 세 번 운다"고 하지 않던가. 여성처럼 남성 역시 자신의 감정에 솔직하지 못한 경우가 허다하다. 특히 성과 관련된 문제는 더욱 그렇다. 남성의 성심리테라피는 남성의 긍정적인 열정을 회복하기 위한 치유기법이다. 상담을 진행하다 보면, 의외로 남성들이 섹스에 대한 내상을 가지고 있는 경우가 많다. 아내의 부정 감정과 냉소적 표정, 남성성을 거세하는 말 한 마디라도 남자에게 심각한 영향을 미치며 종국에는 임포텐스(발기불능)까지 야기할 수도 있다. 영화 「말죽거리잔혹사 (2004)」의 주인공 현수(권상우)처럼, 또래들과 성적인 농담을 주고받고 늘상 성에 대한 판타지를 품고 있으면서도, 한편으로는 떡볶이집 아줌마(김부선)의 육탄공세에 어쩔 줄 몰라 하는 미숙한 소년에 머물러 있다고 스스로 느끼는 남성들이 적지 않다. 남성에게 있어 발기된 성기boner는 무엇과 맞바꿀 수 없는 자부심이며, 동시에 쪼그라든 성기limpy는 존재의 위기와 맞먹는다.

한국의 경우, 남성들이 직업여성과 첫 경험을 갖는 비율이 상당하다는 통계가 있다. 이런 현상은 군대문화와 맞물려 한국 남성들이 여성들에 대해 성적으로 부정적인 통념을 갖게 하는 주요인이다. 안마방이나 오피스텔, 창녀촌 같이 성매매산업에 종사하는 직업여성과 자주 섹스를 하는 남성들은 성심리가 왜곡된 경우가 많다. 자신도 모르게 여성을 자신의 성적 노리개로 여기면서 동시에 여성혐오가 싹트기 쉽다. 일상에서 정상적인 관계로 여성을 사귀지 못하는 남성들은 여성에 대한 그릇된 이미지를 내면화하게 되고, 이 부정적인 인상은 매음을 통해 보상되거나 신체적-정신적으로 여성을 공격하는 방향으로 표출된다. 성심리테라피가 성공하려면, 남성이 성적 대상으로 여성에 대해 갖고 있는 이러한 그릇된 개념들을 조정해줄 필요가 있다. 남성들 사이에서 여성을 낮춰 부르는 '조개'니 '봉지'니 하는 은어들 속에는 평소 여성을 오로지 욕구 대상으로만 바라보는 남성들의 '마초' 문화가 반영되어 있다. 이 문화는 남성이 가진 섹스에 대한 열망과 동시에 임포텐스에 대한 두려움을 역설적으로 보여준다. 이런 섹스의 부정적인 이미지를 제거하기 위해서, 제일 먼저 섹스에 대한 상처, 부끄러움, 여자는 섹스의 대상이라는 뿌리 깊은 오해부터 해결해야 한다.

여성이 자신의 몸과 마음을 편안하게 풀고 스킨쉽을 하며 그 남성과 함께 자 주는 것, 그 자체가 남성이 스스로 남성성을 확인하고 열정을 살릴 수 있는 기회가 된다. 최초의 남녀가 살았던 에덴동산으로 돌아가자. 서로 거리낌이 없다면 부끄러울 이유가 없다. "아담과 그 아내 두 사람이 벌거벗었으나 부끄러워 아니하니라."※ 알몸인 상태에서 남자가 여자를 위로해주며 대화를 시도하는 자체가 여성의 내면의 상처를 치료해주는 지름길이다. 그러나 이 과정에서 여자만 혜택을 입지 않는다. 남녀의 치료가 동시에 일어난다. 남자가 여기서 꼭 지켜야할 부분은 자신이 섹스의 주도권을 갖지 않도록 하는 것이다. 이것이 유일한 불문율이다. 둘이 홀딱 벗고

※『창세기』, 2장 25절

모로 누웠어도 남자는 여자의 의사를 묻고 그녀가 관계를 허락해야만 상대의 몸을 탐할 수 있다. 여자가 하고 싶으면 하는 것이고, 하고 싶지 않으면 하지 못한다. 여자가 받아주느냐 안 받아주느냐가 중요하다. 이 경우, 남자가 여자에게 육체적 관계의 주도권을 넘겨주는 것이 여자를 배려하고 있다는 암묵적인 메시지를 던지는 행위다. 남자가 섹스를 하고 싶다고 해서 아무렇게나 해도 되는 건 아니다. 심지어 여성의 은밀한 부위나 성감대조차 건들지 못하게 하는 것도 좋다.

이렇게 하는 이유가 있다. 아무리 남성이 하고 싶어도 여성이 받아주지 않으면 못한다는 인식이 형성되도록 해야 한다. 여성에게 성관계의 결정권이 있다는 양자의 합의가 형성되어야 몸으로 빚어진 상처가 치유될 수 있다. 이렇게 행동하므로 남편은 비록 아내라도 내가 마음대로 할 수 없다는 인정과 여성을 자신의 성적 욕구를 푸는 대상으로 바라보는 관점을 조정할 수 있다. 남성은 벗은 여성의 존재, 여성의 체취와 숨소리만으로 잊고 있었던 열정이 되살아날 수 있으며 상대를 여성으로 인식하게 만들어서 굳이 성기가 만나는 직접적 관계가 아니더라도 성적 대화와 성적 판타지, 나아가 성심리에 따른 열정이 강화되면서 강한 성취욕을 맛볼 수 있다. 이것이 남자의 성심리치유기법의 요점이다.

일단 섹스에 대한 강박 자체를 없애고 남자는 여성 중심의 대화를 해야 한다. 여자가 얼마나 힘들었을지, 여자는 여성 중심의 대화, 본인 중심의 대화를 해야 한다. 여자는 "나는 이런 게 힘들고, 이런 게 힘들었어" 토해내는 대화를, 남자는 "그래, 당신 힘들었겠다, 얼마나 힘드니" 받아주는 대화를 하는 것이다. 이 과정에서 남자는 거세불안에 시달렸던 무의식을 교정하고 잃어버린 남성성을 되찾는다. 이 과정에서 남자도 재미를 느낀다. 여자가 하고 싶다고 할 때 남자는 스스로 남자임을 느낀다. 남편을 일방적으로 몰아세우지 말고 상처 얘기를 할 때 "우리 자기가 최고야." "나는 당신이 뒤로하는 게 좋아." 하는 식으로 용기를 주면, 남자도 불끈 힘을 내게 된다. 이러한 대화법을 활용할 때 주의해야 할 점은 사회생활과 같은 일반적인 인간관계에서 이러한 접근이 불필요한 오해를 줄 수 있다는 사실이다. 때와 장소를 가려가며 대화에 임하도록 하자.

■ 성심리테라피의 사례 – ①

이제 구체적인 성심리테라피의 사례를 보자. J씨(43세)는 유명한 정형외과 의사다. 밑에 사무장을 포함해 여러 명의 직원을 거느리는 중급 병원을 운영하면서 이른 나이에 막대한 재산을 쌓았다. J의 부인 S씨(43세)도 이비인후과 의사였다. 그녀 역시 자신의 병원을 개업해서 잘 나갔다. 모 TV 프로그램에도 출연하면서 인지도도 올라가고 대학에도 출강하고 있었다. 이런 S를 J는 너무 사랑했다. 아내 없이는 못 사는 전형적인 남자다. 문제는 이 부부가 형제들 모임이나 가족모임에 갔다 오면 꼭 부부싸움을 한다는 점이다. 심지어 J는 화를 참지 못하고 부인에게 폭력을 행사했다. 한 번은 창문 밖으로 전화기를 집어 던진 적도 있었고, S를 때려 전치 3주의 부상을 입힌 적도 있었다. 남편을 피해 S는 애를 데리고 모처에 숨어있기를 반복했다. 이유는 간단했다. 시집에 자꾸 돈이 흘러들어가는 걸 S가 못마땅하게 생각했던 것. 아무리 돈이 많고 재력이 있어도 이런 관점에서 상황을 보기 시작하면 대부분의 여성들이 남편의 헤픈 주머니를 틀어막는 일에 몰두하게 된다. 당연히 시어머니를 비롯해 형제들은 그런 며느리, 형수가 못마땅할 수밖에 없다. 의식적으로든 무의식적으로든, 아내와 남편 사이를 이간질하게 된다. 처음에 작은 일로 출발해 점점 큰 일로 번진다. 나중에는 돌이킬 수 없는 수준으로 문제가 커지고, 급기야 가정이 깨어지는 결과가 만들어진다.

반드시 그런 것은 아니지만, 이처럼 남자의 재력이 부부관계를 틀어지게 만드는 요인이 되는 경우가 많다. 예를 들어, 한 집안에 형제 5명이 다 의사라고 하면, 이런 집은 서로 화목하게 오순도순 잘 산다. 형제 사이에 서로 비교할 것도 시기할 것도 없기 때문이다. 그런데 형제 5명 중에 한 명만 의사라고 하면 그때부터 문제가 발생한다. 이런 집은 그 의사 한 사람에게 나머지 네 형제들이 달라붙는다. 돈이 가는 곳에 마음이 가고, 돈이 많은 곳에 사람이 몰리는 법이다. 아무리 형제간이라지만 의사로 번듯하게 성공한 형제에게 가족들이 붙는 것은 인지상정이다. 사업도 마찬가지다. 형제 중한 사람만 사업에 성공하여 막대한 부를 거머쥐었다고 하면, 나머지 형제들은 백이면 백 그 사람에게 재정적으로 의존하게 된다. 또 유교사회의 전통 때문에 그 사람이 장손이거나 맏형이라면 스스로 가문을 일으키고 세워야 한다는 강박관념을 갖기 쉽다. 안타깝지만, 그런 효자 콤플렉스, 맏형 콤플렉스를 교묘하게 이용하는 시어머니와 동생들을 필자는 상담 중에 종종 본다.

심지어 필자는 실질적으로 아들에게 다른 여자를 소개해줘서 조강지처를 내쫓게 하는 경우도 봤다. 여자는 본능적으로 남편과 자식을 보고 살아야 하는데 남편이 자꾸 부부 중심이 아닌 가족 중심으로 가려고 하면 문제가 발생한다. 이럴 때일수록 남편이 정신을 더 바짝 차려서 살아야 하는데, 사실 한국은 남자를 옥죄는 사회적 그물망이 너무 촘촘하다. 때로 이 시대 남자들이 불쌍한 이유가 그것이다. 남자로 태어나 옴짝달싹 할 수 없게 만드는 사회규범이라는 장치들이 그가 한 가정 단위를 중심으로 살아가지 못하게 방해한다. 이건 사회구조적인 문제기 때문에 어쩔 수 없겠지만, J의 경우는 좀 심한 케이스였다.

"굴러들어온 돌이 박힌 돌을 빼낸다."S가 J의 형제들로부터 들었던 말이다. 가정폭력으로 경찰서에도 갔다 오고 얼굴에 생긴 멍 때문에 병원을 일주일 이상 휴원한 적도 있었다. 그간 그녀가 가정문제로 얼마나 마음고생을 했을지 짐작이 가고도 남는다. 조금 아이러니 한 점은 J는 S를 끔찍이 사랑했다는 사실이다. 그러면서도 J는 바람을 피웠다. 성공한 남자에게 뭇 여성들이 꼬이는 법. 젊고 돈 많은 J에게 와인바 직업여성을 비롯해 여러 영양가 없는 여자들, 심지어 자신의 병원에 사무장과 간호사까지 들러붙었다. J는 부부싸움이 있던 날에는 그들 중 하나와 술을 마시고 잠자리를 가졌다. 오랫동안 상담이라는 직업을 갖다보니 철칙이 하나 있다. 사람 겉만 보고 판단해선 안 된다! 남부러울 게 없는 J였지만 속은 완전히 썩어 문드러져 있었다. 그런 문란한 사생활 중에도 그는 S와 이혼하지 않았다. 제발 이혼해달라고 사정하는 S에게 매몰차게 군다. 남자가 놔주지도 않으면서 애인도 둘씩이나 있고 바람도 피우고 다 하는 건 무슨 경우일까?

처음 상담실을 찾았던 S는 필자와 사정 이야기를 하며 이혼하고 싶다고 했다. 펑펑 울면서 아이라도 제대로 키우려면 그와 갈라서야 한다고 말했다. 그러나 J는 이혼에 있어 단호했다. 필자가 그에게 "그럼 앞으로 바람 안 피우실 자신 있으세요?"라고 묻자 그는 "그건 자신 없다"고 딱 잘라 말했다. 그 이유를 묻자, J에게서 하나씩 하나씩 문제의 실타래가 풀어져 나왔다. J는 S가 자신에게 관계를 응해주지 않는다고 말했다. 그의 말에 S는 화들짝 놀랐지만, 그는 자신이 외도하는 이유가 전적으로 아내에게 있다고 주장했다. 필자의 오랜 상담 경험 상, 이런 주장은 대부분 남자 자신의 왜곡된 성심리에서 발원하는 경우가 대부분이다. 이런저런 질문으로 요리조리 원인을 캐내어 보니 J는 어렵사리 마음속에 담아 놓았던 사실들을 털어 놓았다. "사실 제 꺼가 많이 작습니다. 아마 소장님도 보시면 놀라실 걸요?" 그는 자신의 성기가 남들보다 작다는 피해의식에 사로잡혀 있었다. 얘기를 들어보니, J의 어린 시절 짓궂은 또래친구들이 자기 성기를 갖고 '뻔데기'라며 놀렸고, 심지어 체육 시간에 그들이 뒤에서 J의 바지를 내린 적도 있었다고 한다. 성격이 내성적이었던 J는 큰 정신적인 상처를 입었고, 이는 고스란히 그의 무의식적 성심리에 차곡차곡 저장됐다. 우리의 무의식은 자동차에 달려있는 블랙박스 카메라와 같다. 칩을 꺼내 파일을 지우지 않는 이상 그 기억은 일정 기간 당사자를 괴롭힌다.

무의식은 블랙박스 카메라와 같다

사실 필자로서는 J의 성기가 어떤 형편인지 알 길이 없다. 다만 S는 남편과 전에 원만하게 관계를 가졌고 자신은 나름 만족스러웠다고 말하는 것으로 미루어보아 J 스스로 콤플렉스를 만들어온 게 아닐까 싶다. 조심스럽게 꺼낸 자신의 성기를 보고 S가 피식 웃었다거나, 관계가 급히 끝난 어느 날 자신에게 핀잔을 주었다고 느끼는 J의 피해의식이 불화살이 되어 도리어 S를 공격했던 것이다. J는 아내의 사소한 반응에 자신의 남성성이 조롱거리가 됐다고 느꼈고, 급기야 집안을 챙기고 부모님께 용돈을 드리는 자신이 멋진 남자며 위대한 부양자임을 입증하는 것이라는 자아도취에 빠지게 되었다. 결과적으로 이를 못마땅하게 여기는 아내가 그래서 미워보였던 건 당연한 일이었을 터다. 그때부터 집에서 남자 구실을 못하는 남성이 도리어 직업여성과 상업적 외도에 빠지는 경우가 더 많다는 통계를 J는 몸소 입증했다. J도 처음에는 죄책감이 들었지만, 점차 아내가 아닌 다른 여성들과 오래, 그리고 만족스럽게 성관계를 갖게 되자 잃어버린 자신감을 되찾은 듯한 느낌에 계속 혼외정사에 몰두하게 됐다. 그러면서 J는 성병에도 걸린 상태였다.

이런 중증 거세불안은 보통 남성의 성기능을 무력화시키는 심리적 기제로 작동한다. 그 결과는 서로 다른 두 가지 방향으로 뻗어가는데, J처럼 아내에 대한 분노로 외도를 일삼거나, 아니면 스스로 무기력증에 빠지는 경우다. 필자는 이런 전후 상황을 감안하여 J에게 맞춤형 성심리테라피를 솔루션으로 줬다. 치료에 필요한 여러 세부적인 사항들을 주지시키고 서로 간 반드시 해야 할 것과 하지 말아야할 것을 둘에게 나누어 당부했다. 처음에는 쑥스럽다고 빼던 S는 꾸준히 설득하자 마음을 고쳐먹고 필자의 조언대로 적극 동참해줬고, J는 솔루션을 숙지하면서도 끝까지 반신반의하는 마음을 버리지 못하는 눈치였다. 그렇게 두 부부가 상담소를 떠나고, 정해진 다음 상담 일자가 돌아왔다. 둘이 문을 열고 들어오는데, 필자는 그간 상담치료를 진행하면서 그런 J의 표정은 처음 봤다. '아, 사람이 원래 이렇게 잘 생겼었나?' 생활이 바뀌고 정서가 바뀌면 얼굴과 표정이 바뀐다. 상담소에 들어오자마자 J는 필자의 손을 덥석 잡더니 연신 고맙다고 고개를 숙였다. 상황을 직접 보지 못해서 정확하게 말할 수는 없지만 J가 들려준 이야기를 가지고 상황을 재구성해 보면 다음과 같다. 둘이 알몸으로 같이 눕자 본격적인 솔루션이 시작됐다. 처음에는 쑥스럽고 창피했지만 점차 서로의 말에 나쁜 감정이 눈 녹듯 사라졌고 중요한 부위들을 손으로 가리기 바빴던 몸도 이내 자연스러워졌다. 아내는 필자에게 배운 대로 나-전달법을 통해 그간 숨겨뒀던 감정들을 토해냈고, J는 수용적인 자세로 아내의 감정을 받아줬다. 대화는 오래 가지도 않았다. 부부는 그런 것이다. 부부싸움을 칼로 물 베기라고 하지 않던가. 서로의 오해와 앙금은 이해와 관용의 정신을 만나면서 자취를 감췄고, 그 자리에 새로운 회복의 씨앗이 심겨졌다. J는 마치 무용담을 말하듯 신이 나서 그간 부부에게 일어났던 기적을 묘사했다. J는 자신의 아내가 그렇게 예뻐 보일 때가 없었노라고, 자신의 성기가 그토록 단단했던 때가 없었노라고 신기해했다. 둘은 정말 오랜만에 서로를 부둥켜안고 깊은 사랑의 관계를 맺었고, S는 그 자리에서 수차례 오르가즘을 느꼈다고 한다.

■ 성심리테라피의 사례 - ②

R씨(37세)는 연하인 남편 H씨(35세)를 위해 결혼 이후 줄곧 '내조의 여왕'으로 살았다. 그녀는 직장에서 남들에게 기죽지 말라고 H를 지극 정성으로 뒷바라지를 했고, 가족을 위해 돈 벌고 애쓰는 남편이 고마워서 철마다 보약 달여 먹이고 계절마다 색색의 멋진 와이셔츠를 다려서 입혔다. 그냥 바라보기에도 아까운 내 남편이라 싫은 소리 한 번 안 했고, 바가지 한 번 안 긁어봤다는 아내가 어느 날 필자를 찾아왔다. 남편이 같은 회사 경리랑 바람이 난 것. 너무나 소중한 내 남편이 외도를 했다는 사실을 알고 사지가 떨리고 심장이 울렁거려서 눈물은 흐르는데 울음소리가 안 나와서 가슴을 치

며 꺼이꺼이 흐느꼈다고 한다. 꼬박 3일을 뜬눈으로 보내고 급기야 혼절하여 119에 실려 가서 병원에서 응급처치 받고 집에 돌아와 문을 꼭꼭 걸어 잠그고 어두운 방에서 2주 동안 외출도 하지 않았다는 R. 그간 식음을 전폐하다시피 해서 2주 만에 5킬로그램이나 빠진 몰골로 감옥 같은 집을 기어 나왔다.

이후 그녀의 행동은 필자가 하지 말라는 것들만을 골라가면서 벌였다. R이 맨 먼저 전화한 곳은 점집이었다. 나름 외도와 불륜 문제에 있어 전문가로 정평(?)이 나 있던 무속인이었다고 한다. 용한 부적을 써서 상간녀에게 교통사고를 나게 해서 다리를 분질러 버리자는 점집 무당의 말이 그 정신 없던 당시에도 어이가 없어 그냥 웃고 나왔다. 그녀가 두 번째로 전화한 곳은 아버지 집이었다. 멀리 전화선을 타고 흐르는 묘한 정적에 친정아빠는 형편을 물었고, 평소 당뇨약을 드시고 계신 분에게 괜한 걱정거리를 안겨드리지 않을까 싶어 아무 말도 못하고 엉엉 울다가 전화를 끊고 말았다. 세 번째로 전화한 곳이 동네 정신과였고 거기서 수면제와 안정제를 처방받아 복용을 했지만, 심한 두통과 불면증으로 도무지 잠을 이룰 수 없었다고 한다. 수면제를 여러 알 털어 넣어도 잠이 오질 않았고 도리어 정신이 너무 선명해져서 미칠 것 같은 상황에 앞으로 무엇을 어떻게 해야 할지 바보가 된 상태로 숨을 쉬고 있다는 게 이렇게 고통스러울 수 있다는 것을 그녀는 처음 느꼈다.

　　남편에 대한 분노와 자신에 대한 모멸감으로 몇날 며칠을 끙끙
앓다가 죽을 때 죽고 이혼할 때 하더라도 상간녀 면상이나 한 번 보
고 죽자는 마음으로 남편을 앞세워 상간녀를 만나러 나갔다. 만남
의 자리에 당당히 나타난 상간녀는 R의 상상과 너무 딴판이어서 놀
랐다. 얼굴도 수수하고 키도 짜리몽땅한 그녀가 남편은 대체 어디
가 좋았다는 건지 R은 도무지 이해할 수 없었다. 더 놀라운 건 자신
을 대하는 태도였다. 조카뻘 되는 사람이 자신을 노려보며 실실 웃
고 "남편 간수나 잘 하라" 훈계했다. 당당한 그녀의 태도도 놀라웠
지만, 옆에서 쩔쩔매는 남편의 모습에 순간 분노가 치밀었다. '내가
이 꼴을 보려고 친정 부모 등지고 잘 다니던 직장까지 때려치우고
청춘을 고스란히 바치고 살아온 건가?' 자신은 아까워서 말 한마디
라도 함부로 한 적이 없었는데, 상간녀는 내 남편에게 아무 말이나
찍찍 해대고 이거저거 지시하고, 또 남편은 금이야 옥이야 옆에서
바들바들 떠는 모습에 그만 화를 참지 못하고 R은 물컵을 던졌다.
일일연속극에서나 보던 걸 자신이 하게 될 거라고는 꿈에도 생각하
지 못했다.

　　평생 자신과 일구어온 모든 것들을 다 접고 "이제 그녀와 즐겁

고 재미있게 살고 싶다"는 남편, 상간녀와의 즐거운 인생의 후반전을 위해서 직장도 그만두겠다는 남편의 발언에 R은 그를 보내줄 수밖에 없었다고 한다. 이미 아내에게 하늘인 남편이 상간녀에겐 머슴이 되어있었기 때문이다. 딴 사람이 된 것 같은 남편! 이 상황에서 남편에게 욕이라도 시원하게 해주고 싶었지만, 남편을 나쁜 놈이라고 욕하면 그런 나쁜 놈과 살아온 자신의 인생이 너무 불쌍해서 욕도 못하고 말았다. '아, 이제 우리 부부는 희망이 없구나.' 처절한 낭패감에 R은 자살을 시도한다. 미수에 그친 자살은 R을 더욱나락 속으로 떨어뜨렸고, 남편의 외도를 인지한 지 2개월이 다 지나서야 아는 지인의 소개로 필자의 상담소까지 오게 됐다. 첫날 상담을 받고 집에 돌아가서 2개월 만에 처음으로 잠다운 잠을 잤고 밥다운 밥을 먹었다고 한다. 두 달 간 정지되어 있던 집안의 모든 것들을 다 끄집어내어 그날 청소를 싹 했다고 한다. 이후 몇 번의 상담을 통해서 내면에 응고된 분노가 사라지고, 상처의 감정에서 행복의 감정으로 점차 나아가게 됐다. 분노치유와 상처치유가 끝나고 힘든 상황을 잘 견뎌온 자신이 너무 대견스럽고 자랑하고 싶어동네 정신과를 다시 찾아갔더니 몰라보게 좋아진 아내를 보고 담당의사가 깜짝 놀라며 자신에게 폭풍 칭찬을 해줬다고 한다.

이후 남편이 정신을 차리고 다시 R에게 돌아왔고, 당당하게 제

자리를 지키며 살던 그녀는 남편과 함께 상담소에서 성심리테라피를 받았다. 여러 번의 상담을 통해 H의 내면에 숨겨진 성심리를 파헤치고 수치심과 죄책감을 풀어냈다. 단 두 번의 관계를 통해 R은 극치의 절정감을 맛봤고, H는 아내 앞에서 주체할 수 없는 눈물을 흘렸다고 한다. 가끔 R이 필자에게 전화해서 근황을 알려주는데, 남편이 요즘 자신은 바람피운 사실이 없다고 박박 우기며 자기와 잘 살아간다고, 너무 행복하다고 한다.

4 상황별 맞춤형
솔루션

　필자가 평소 내담자에게 제공하는 솔루션의 예시를 몇 개 공개
한다. 상황에 따라 접근하는 방식과 순서가 다르지만, 결론은 빨리
상담가를 찾는 것이다. 모든 솔루션은 전문가와 상의하고 진행할
때 더욱 효과적이기 때문이다.

#1 "잘못했어! 한 번만...."

외도를 들키고 남편이 집으로 돌아와서 잘못했다 싹싹 비는 경우, "너랑 살 거야. 실수라구. 한 번만 봐줘"라고 잘못을 인정하는 경우가 여기에 해당한다. 일시적 관계중독으로 무엇을 잘못했는지 알지 못하는 남자들에게서 주로 나타나는 현상이다.

❶ 여자들의 분노가 극대화 된다. 남자가 하는 사과의 말에서 트라우마가 떠오른다. 여자는 처음부터 하나하나 다 이야기하게 된다.

❷ 기억해야 할 것은 남자 입장에서 잘못을 인정하고 얘기하는 게 아니란 사실이다.

❸ 이럴 때 남편은 일단 외도 정황을 장황하게 설명하는 게 바람직하지 않다. 상황을 설명할수록 여자들은 의문이 증폭한다. 트라우마만 더 깊어지고 도무지 문제가 해결되지 않는다.

❹ 아내 입장에서는 빨리 상담가를 찾아야 트라우마를 지울 수 있다. 시간을 기다리면 기다릴수록, 남편의 말을 들으면 들을수록 트라우마가 더 깊어진다.

❺ 주변 사람들에게 알리지 않는다. 주변이 알면 그 부부는 결국 파국으로 치닫는다. 전문가에게서 심층적 상담을 받고 빨리 안정을 찾아야 한다.

#2 "죽이든 살리든 맘대로 해!"

외도를 들켜도 적반하장인 남편의 경우, 바람피우고도 배우자에게 큰 소리 뻥뻥 치고 마음대로 하는 경우가 여기에 해당한다. 평소 자기중심적으로 살아가는 남자들에게서 주로 나타나는 현상이다.

❶ 이 경우 아내는 어마어마한 고통에 빠진다. 싹싹 빌어도 모자를 판국에 방귀 뀐 놈이 성낸다고 적반하장도 유분수다.

❷ 남편은 상간녀를 친구로 인식하기 때문에 관계 정리의 필요성을 전혀 못 느낀다. 자신이 배우자에게 어떤 상처를 주고 있는지 전혀 모른다.

❸ 남편이 아내를 싫어하는 게 결코 아니다. 아내를 무시하는 게 아니고 관계를 정리할 필요성을 못 느낄 뿐이다.

❹ 남편의 태도에 깊은 의미를 부여하지 말자. 이럴 때일수록 침착하게 대응해야 한다. 상대 배우자에게 욕설을 하거나 무분별한 분노를 토해내면 오히려 독이 된다. 어떠한 일이 있어도 맞대응하지 말고 흥분된 상태에서 아무 말이나 해선 안 된다.

❺ 주변 사람들에게 위로받으려고 하고 뒷조사 시켜서 남편 뒤를 들추는데 결국 문제가 해결되지 않고 본인만 더 힘들어질 뿐이다.

#3 "에잇, 이 놈의 집구석!"

외도를 들킨 남편이 아예 집을 나가는 경우, 아내가 분노하면 그 분노를 견디다 못해 집을 나가는 경우가 여기에 해당한다. 평소 자신의 목소리를 내지 못했거나 소심하게 지냈던 남자들에게서 나타나는 현상이다.

❶ 이럴 경우 남자는 아내가 왜 분노하는지 알지 못한다. 남자는 여자가 자신을 괴롭힌다고 느낀다.

❷ 상간녀의 집으로 들어앉는 경우가 많다. 이 경우 아내가 명심할 게 있다. 남편은 지금 상간녀가 좋아서 가는 게 아니다. 그나마 그곳이 평온하기 때문이다.

❸ 때로 상간녀를 찾아가 때리거나 집기를 부수는 경우가 발생하는데, 이 경우 범죄로 나갈 수 있으니 조심하자.

❹ 억지로 남편을 돌아오게 하지 말고, 기다리는 게 상책이다. 상간녀도 결국 자신의 집에서 남편을 몰아낸다. 짧은 사랑, 왜곡된 사랑은 결과가 뻔하다.

❺ 이 기간 동안 아내는 자기 치유의 과정을 밟으면서 시간을 벌어야 한다. 애들 불장난에 옮겨 붙은 들불도 소나기 한 번 내리면 금세 꺼진다.

#4 "꺼져! 보고 싶지 않아!"

외도 후 같이 살면서도 아내를 기피하는 남편의 경우, 같은 공간에 지내면서 아내와 일상의 접촉을 거부하는 경우가 여기에 해당한다. 이 때는 남편이 아내를 싫어하는 것이다.

❶ 아내가 평소 너무 의존적이거나 의심하고 달라붙고 그럴 때, 남자들은 도망가고 싶다. 남자로서 끔찍한 경우다.

❷ 이럴 때 아내는 대화를 요구하며 더 달라붙는데 그런 방식은 금물이다. 한 남성은 "다리 밑으로 수십 마리의 구렁이가 기어 다니는 느낌"이라고 표현할 정도다.

❸ 남자는 일정한 동굴이 필요하다. 아내는 흔쾌히 여유를 허락한다. 남편의 꼬투리를 잡은 것을 이용하지 말고 자유를 준다.

❹ 이 기간에 아내는 상처와 분노를 치유 받아야 하고 부부 행복을 위한 상담을 받아야 한다.

❺ 아내가 달라지면 반드시 남편은 돌아온다.

#5 "흥, 너만 바람피워?"

남편의 외도 이후, 아내가 외도하는 경우, 남편에 대한 배신감으로 맞바람을 피우는 경우가 여기에 해당한다. 남자의 외도는 다양한 형식으로 표출되는데 여자는 딱 하나다.

❶ 정서적으로 어렵기 때문에 가랑비에 옷 젖듯이 상간남에게 의존하는 경우, 아내는 남편에게 이혼을 주장하고 아예 집을 나가거나 가정을 내팽개친다.

❷ 아내가 꼭 알아야 할 사실은 상대 이성에게는 사랑이 없다는 사실이다. 한 여자를 책임지려하지 않기 때문에 반드시 버림을 받게 되어 있다.

❸ 남편의 경우에는 상대 이성과 찢어 놓으려고 해도 여자는 관계중독에 빠져있기 때문에 먼저 아내의 마음을 열어 남편에게 긍정성이 생기지 않고서는 해결이 안 된다. 아내는 현실적으로 다른 남자에게서 위로를 받아왔기 때문에 같은 곳에서 계속 위로를 받으려고 한다.

❹ 보통 이런 경우, 아내의 뇌리 속에는 '남편=나쁜 사람'으로 왜곡되어 있기 때문에 극단적인 욕설이나 폭력, 온갖 성적 비하 발언은 피해야 한다. 그나마 남아있던 정도 떨어진다. 여자는 어떤 경우든 남자에게서 받은 부정 감정들을 모두 다 기억한다. 여자의 뇌에는 관계와 관련된 커다란 저장장치가 있다.

❺ 여자들이 이혼을 결정할 때는 남편과 아이들의 태도를 보고 판단한다. 남편이 제일 먼저 상처치유가 되어야 한다.

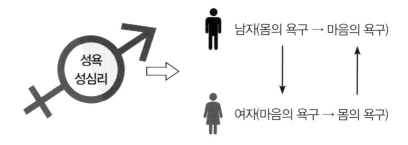

남자와 여자의 성욕(성심리)에 대한 차이는 욕구와 감정의 기억에서 확연히 드러납니다. 보통 남자는 여자에게서 오는 자그마한 부정 감정이나 소소한 스트레스를 견디기 힘들어 합니다. 하지만 남자는 부정 감정이나 상처를 마음속에 오래 담아두고 있지 않고 바로 훌훌 털어버리는 편이죠. 반면 여자는 외부의 상황과 감정에 영향을 많이 받기 때문에 부정 감정을 받아들이고 한번 발생한 상처의 감정을 남자처럼 잘 잊지 못합니다. 때문에 여자는 이러한 기억된 부정 감정을 긍정 감정으로 전환하지 못하면 일상이 고통스럽답니다. 남자는 감정이 중요하지 않고, 여자는 감정이 중요합니다. 남자는 상대가 어떠한 태도를 보이느냐가 중요하고, 여자는 상대가 얼마나 내 마음을 알아주느냐가 중요합니다. 남자는 몸의 욕구가 충족되어야 상대와 교감할 수 있는 반면, 여자는 마음을 알아주는 상대와 깊은 교감을 나눌 수 있습니다. 이렇게 남자와 여자의 서로 다른 성욕(성심리) 차이를 정확히 이해할 때 배우자의 외도를 예방할 수 있고, 외도가 발생했더라도 그 분노와 상처가 치유되면 외도 이전보다 더 행복한 부부로 살 수 있습니다.

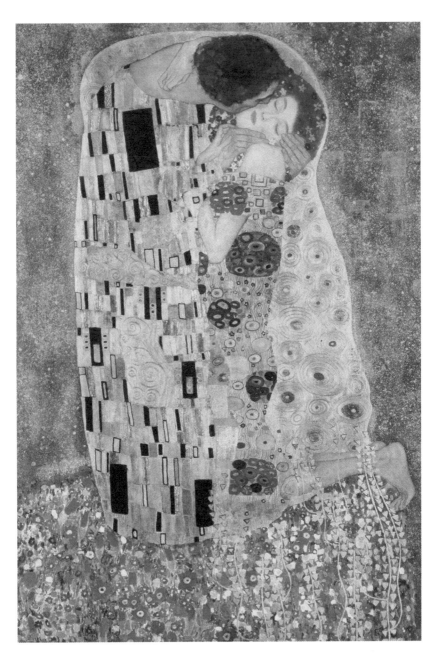

❖ 구스타프 클림트(Gustav Klimt, 1907~1908)의 「입맞춤(The Kiss, 1907)」. 오스트리아 빈 벨베데레 박물관 (Belvedere Museum) 소장.

—

chapter 7

그 여자, 그 남자의 못다 한 이야기

역의 합일을 위하여

"남성은 언제나 여성의 첫사랑이기를 바라고,
여성은 남성의 마지막 로맨스이길 원한다."
―오스카 와일드―

그 여자, 그 남자의 못다 한 이야기

　　　　　　　　　　『도덕경』에 보면, 이런 말이 있다. "되돌아감이 도의 운동이고, 약함이 도의 용도다. 천하의 모든 것이 유에서 나왔고, 유는 무에서 나왔다."※ 사실 요즘처럼 성공지향적인 세상에서 되돌아가는 것이 죽는 것보다 더 싫고, 약한 것이 잔인할 정도로 미운 경우가 많다. 온갖 자기계발서들은 상처 나고 아픈 다리를 질질 끌고 무조건 나아가라고 선동한다. 오늘도 각종 강

※ 反也者 道動也 弱也者 道用也 天下之物生於有生於無(40장)

단에서 강사들은 아프고 약하면 지는 거라고, 마음 단단히 먹고 강해져야 이 세상 살아갈 수 있다고 영혼의 스테로이드를 주사한다. 하지만 인생에서는 원점으로 되돌아갈 용기가 필요할 때를 만난다. 때로 진정한 내면의 혁명은 앞으로 전진하는 데 있는 게 아니라 왔던 길을 되짚어가는 데에 있다. 외도로 망가진 결혼생활을 되찾고 찢어진 관계를 다시 잇는 것이 도의 원리이다. 내가 상처 받기 싫어 상대방에게 갑절의 상처를 주고, 나의 약점을 감추려고 도리어 강하게 말하며, 미워질 게 두려워 아예 사랑을 하지 않았다면 이번 기회에 스스로를 돌아보자. 우리가 가지고 누린 것 모두 무에서 나온 것에 불과하다. 아무 것도 없는 것에서, 즉 서로 전혀 몰랐던 사이에서 하나의 남자와 하나의 여자로 만나 인연을 맺고 부부라는 울타리를 삼았다. 무에서 유를 창조한 것, 한마디로 천지창조를 한 셈이다! 그래서 우리는 다시금 그 무를 통해 유를 만들고, 유를 통해 전혀 새로운 관계를 창조할 수 있다. 재창조의 작업이다. 이제 상담 이후 부부관계를 만들어가는 남녀의 이야기를 해보자.

1 결혼생활의 양면성

총각일 때 누리는 자유를 포기할 수 없어 자기는 결혼 같은 건 하지 않을 거라고 말하는 남성 내담자를 본 적이 있다. 한편으론 그의 말이 전적으로 옳다. 결혼은 자기 포기를 발판 삼아 시작한다. 싱글일 때 가볍게 먹고 마시고 입고 아무런 고민 없이 자신에게 투자했던 것을 더 이상 할 수 없게 된다. 인터넷에 신상 뜨면 바로 결제하고, 달마다 영화며 연극이며 티켓 끊고, 철철이 동남아다 일본이다 해외여행 가고, 애란이 아니면 정희로 자유롭게 연애를 맺고 끊던 싱글의 여유로움(?)을 결혼 이후에는 더 이상 누릴 수 없게 된다. 결혼을 희망하는 이들이여, 혼자만의 자유를 기대하지 말라!

하지만 다른 한편으론 그의 말이 틀렸다. 결혼은 싱글일 때의 자유를 포기하면서도 둘일 때 전에 없던 새로운 자유를 선사한다. 건전지의 플러스—마이너스처럼, 자석의 양극—음극처럼, 결혼도 서로 다른 남녀라는 두 상극이 만나 하나의 원을 그리는 '역의 합일'이다. 플러스와 마이너스가 만나 스파크가 일어나고, 양극과 음극이 서로를 끌어당겨 두 금속이 하나가 되듯, 남자와 여자 역시 결혼을 통해 반쪽짜리가 온전한 하나가 된다. 영화「결혼은, 미친 짓이다(2002)」는 이런 점에서 결혼의 조건과 의미를 새삼 환기시켜준다. 대학 강사인 준영(감우성)은 연애에 소질이 없는지 아님 관심이 없는지 아직까지 변변한 여자친구 하나 없다. 그나마 마지막 남은 죽마고우도 늦장가를 가게 되면서 준영은 친구들 사이에서 정말 섬처럼 남겨진 싱글이다. 급기야 형을 앞질러 남동생마저 결혼에 골인하면서 준영은 부모님과 주변 지인들로부터 결혼에 대한 강한 압박에 내몰린다. 차마 미안했던지 청첩장을 돌리며 친구는 그에게 자신의 예비신부가 소개한 친구를 하나 붙여준다. 두 남녀의 만남은, 즉석 만남과 헤어짐이 종잇장처럼 가벼워진 요즘 세태로 볼 때, 순박하다 못해 드라마틱한 007작전을 방불케 한다. 남자에게 주어진 비밀지령은 오후 3시 대학로 KFC 앞에서 한겨레신문(!)을 말아 쥐고 서있을 것. 오래도록 상대가 나타나지 않자 바람 맞은 것을 직감하고 자리를 뜨려는 순간, 연희(엄정화)가 그 앞에 나타난다. 낮잠을 잤는지, 버스를 놓쳤는지, 믿기지 않는 핑계들을 둘러대지만, 왠지 준영도 세련된 그녀가 싫지 않다.

역의 합일(coincidentia oppositorum), 다른 말로 반대의 일치는 15세기 철학자 쿠자누스(Nicolaus Cusanus)가 신의 무한성을 설명하면서 말한 개념입니다. 그는 신의 무한성을 설명하면서 그것을 이해하는 계기를 직선이 곡선이 되는 수학적 도형에서 구하였습니다. 이 개념은 『노자』나 『장자』 같은 동양적 사유에서도 종종 등장합니다.

　첫 만남의 진도는 예상 밖으로 빨리 전개된다. 영화관을 나오며 그저께에도 똑같은 영화를 다른 남자랑 봤다고 지루해하는 연희, 여자의 상투적인 호구조사를 통해 등급이 매겨지는 것 같은 남자의 본능적인 반감도 아랑곳없이 둘은 부드럽고 자연스럽게 여관에서 관계를 갖는다. 둘의 교합은 가장자리가 딱 들어맞는 부품의 완성과도 같았다. 남자는 여자에게, 여자는 남자에게 무섭게 빠져들며 서로의 몸이 닳도록 서로를 무한히 탐닉한다. 관계를 끝내기가 무섭게 찝찝하다며 몸에 묻은 정액을 닦으러 화장실로 들어가는 준영, 옷을 모두 벗기려는 준영에게 "옷을 다 벗으면 흥분이 안 된다"며 남녀가 홀딱 벗고 누워 있는 게 정육점 살코기처럼 느껴져 싫다는 연희, 일상의 여느 남녀가 그렇듯 이런저런 일들로 싸우고 헤어지고 만나기를 반복해도 섹스만큼은 묘한 둘의 관계를 계속 이어주는 아교와 같다. 상극의 합일, 반대의 일치다. 그러나 이런 만남도 잠시. 연희는 주변에서 끊임없이 소개팅이 들어오고 집안과 조건을 보고 결국 의사와 결혼하기에 이른다. 물론 영화에서는 준영을 두고 사이에서 내적 갈등을 보이는 연희를 그리지만, 그건 이 영화의 주제가 아닌 의외로(?) 남녀관계에 도덕적 기준을 들이대는 우리네 관객들이 체하지 않고 비상한 줄거리에 연착륙할 수 있게 붙은 곁다리에 불과하다.

이렇게 맥없이 끝날 것 같은 영화는 후반부로 가면서 전혀 다른 방향으로 전개된다. 연희는 결혼 후에도 준영을 만나며 계속 육체적, 정신적 밀회를 즐긴다. 아내가 바람이 난 것이다. 양극이 음극과 만나듯 둘만 오붓하게 신혼여행을 다녀오는가 하면 준영의 '독립'을 핑계 삼아 아예 신접살림을 따로 차리기도 한다. 거의 아지트 수준에 불과한 옥탑방이지만, 그간 도둑고양이마냥 모텔과 여관을 전전하던 둘은 열쇠를 나눠가지며 합법적인 일탈의 공간을 함께 공유한 셈이다. 그 공간에 머물 때 둘은 진짜 신혼부부와 같다. 같이 마트를 돌며 세간도 장만하고 연희는 준영의 퇴근에 맞춰 된장국을 끓여낸다. 우연히 준영에게 보낸 여제자의 메일을 보고 연희는 야릇한 질투심에 사로잡힌다. 질투와 사랑은 동전의 양면과 같다. "그 기집애랑 자든 말든 상관할 바 아닌데, 최소한 여기엔 끌어들이진 마. 여긴 내가 꾸민 방이야. 다른 기집애 냄새 배는 거 싫어." 참으로 역설적인 말이다! 정작 바람을 피우는 사람은 자신인데도 정부情夫에게 정절을 요구하는 꼴이다.

결혼생활은 야누스다

결혼생활 안에는 천사와 악마가 언제나 있다. 스트레스 상황과 행복 상황에서 삶의 어떤 면모를 보느냐의 차이가 있을 뿐이다. 남성들이 흔히 '낮에는 성녀, 밤에는 창녀' 같은 아내를 원한다고 하는데, 사실 결혼생활에는 이런 야누스적 성격이 모두 들어 있다. 개인적으로 결혼식에 갔다가 우연히 들었던 어떤 목사님의 주례사가 아직도 잊히지 않는다. "결혼생활은 겨우내 사다둔 사과 한 궤짝과 같다. 하루에 한 개씩 먹으려고 궤짝을 열어 보면, 싱싱한 사과, 썩은 사과, 달콤한 사과, 떫은 사과…. 여러 사과들이 다 눈에 들어온다. 어떤 결혼생활이든 썩은 사과가 들어 있기 마련이다. 문제는 어떤 사과를 보면서 살아갈 것인가이다. 썩은 사과를 들고 불평할 것인가, 싱싱한 사과를 먹으며 즐거워할 것인가 둘이 결정해야 한다. 한 가지 기억해야 할 것은 맛있는 사과, 탐스런 사과를 먹기에도 인생은 너무나 부족하다는 사실이다." 참 멋진 비유라고 생각한다. 불행이 있어야 행복도 있고, 양지가 있는 곳에 음지도 있다. 부부간 미움도 있어야 사랑도 깨닫게 된다. 상처가 있어야 행복을 알게 되고, 치유가 있어야 지금의 평화가 얼마나 소중한지 알게 된다. 장점만 있는 배우자가 어디 있겠는가? 상대방의 단점이 있어야 그 사람만의 장점도 돋보인다. 외도도 마찬가지다. 지금 고통 속에 있는 분들에게는 가혹한 말일지 모르겠지만, 모든 관계에는 가해자가 있어야 피해자도 있다. 진정한 순애보는 값싼 신파극과 다르다. 지금의 사랑이 소중하다고 느끼는 건 외도가 엄연히 존재했기 때문이다. 갈기갈기 찢겨진 마음과 불쑥불쑥 올라오는 상처를 통해 남자의 책임감과 여자의 모성애가 얼마나 아름다운지 알게 된다. 역설이다! 이게 바로 『도덕경』에서 말하는 역의 합일이다.

우리가 안전한 삶을 살기 위해서는 애초에 인간에게 두 가지 마음이 존재한다는 점을 인정하고 시작해야 한다. 그래서 결혼관계에서 사랑으로 설명할 수 없는 감정이 함께 있으며, 미움으로 다 담을 수 없는 감정이 같이 들어 있다. 펄스Fritz Perls의 게슈탈트 이론에 등장하는 전경과 배경의 개념처럼, 부부관계에서도 늘 아름다운 장면만이 펼쳐지진 않는다. 때로는 내가 원치 않는 어려움을 겪게 되고, 또 그 어려움 속에서 새로운 희망의 빛을 보기도 한다. 어떤 사람은 불륜에 빠진 배우자를 힐난하며 "외도도 사랑이잖아요? 얘네들 연애한 게 맞잖아요?" 따져 묻는다. 기본적으로 외도엔 모성애와 책임감이 없다. 외도가 잘 치료되면 우리의 사랑이 얼마나 희생과 책임감으로 숭고하게 지켜온 감정인지 알게 되고 비로소 사랑의 소중함을 깨닫게 된다. 가짜 사랑을 알면서 진짜 사랑도 깨닫는다. 외도가 얼마나 하찮은 사랑인지 알게 된다. 외도와 사랑이 같은 것이었다면, 우리는 이렇게 상처받지 않았을 것이다. 외도와 사랑이 같지 않기 때문에 생채기를 하는 것이다. 그 다름에 면역체계가 있다. 힘들지만 배우자의 외도 과정을 겪으면서 가정에서 여성들의 내조적 삶이 얼마나 위대한지, 가정을 지킨 남성들의 희생적 삶이 얼마나 위대한지 알게 된다.

게슈탈트 이론(Gestalt theory)에서는 인간이 외부세계를 인식할 때 대상을 각기 하나씩 본다기보다 한 번에 전체적으로 파악한다고 봅니다. 인간이 세상을 볼 때, 여러 대상들이 관계성을 지닌 통합된 형태(게슈탈트)로 떠오르게 되는 거죠. 그런데 어떠한 대상을 인식할 때 자신이 관심을 가지고 있는 부분을 부각시키는 반면 그 외의 부분을 밀쳐내는 경향이 있는데, 전자를 전경, 후자를 배경이라고 합니다. 결혼과 외도도 전경과 배경의 관계에서 이해해보면 어떨까요?

외도를 사랑이라 착각하는 이들에게 묻고 싶다. "그렇다면 여관도 떳떳하게 가지 왜 숨어서 가는가?" "가정에서건 직장에서건 당신의 그 비밀스런 만남을 왜 공개적으로 말하고 다니지 않는가?" 사피엔스라는 종으로 십만 년 넘게 진화해 오면서 결혼이라는 관계, 남녀라는 관계에 의미를 부여하고 체득해온 우리의 집단무의식이 그런 만남을 비정상이라 규정해왔고, 따라서 인간 누구나 본능적으로 그게 잘못된 것을 알기 때문에 부끄러움이나 수치심을 느끼는 게 아닐까? 필자가 좋아하는 성경구절이 있다. "사랑 안에 두려움이 없고 온전한 사랑이 두려움을 내어 쫓나니…. 두려워하는 자는 사랑 안에서 온전히 이루지 못하였느니라."* 부끄럽다는 건 그것이 사랑이 아님을 증명한다. 이 명제로 그간 많은 내담자들이 내면의 해방을 맛보았다.

---

*「요한일서」4장 18절

2 외도 그 이후

배우자의 외도는 인생에서 우리가 겪는 가장 큰 시련 가운데 하나임에 틀림없다. 필자 자신도 예외일 수 없다. 우리는 언제든 외도의 그림자 속으로 들어갈 수 있다. 하지만 하나 확실한 사실은 그 그림자에서 언젠가 나올 수 있다는 점이다. "배신감에 잠을 잘 수가 없다"고 호소하는 여성에게 필자는 말한다. "당신이 사랑을 받고 살지 않았다면 이와 같은 끔찍한 배신감도 들지 않았을 것이다." 필자가 평소 가까이 두고 읽는 혜민 스님의 글귀를 그녀에게 들려주었다. "관계가 깨질 때처럼 적나라하게 내 밑천을 보여주는 경우는 없습니다. 마음의 치졸함의 끝에서 한 발만 양보하십시오.

그 한 발은 보통 때의 열 발보다 훨씬 위대합니다. 그리고 내 고통의 시간을 단축시켜줍니다."※

인간에겐 선천적인 결핍이 있다. 어려서 가정폭력을 겪거나 역기능가정에서 자라면, 성인이 되어서 폭력을 가하며 살아갈 확률이 높다. 어릴 때 부모가 이혼하거나 다툼이 잦았던 집에서 성장한 남녀는 가정 내에서의 남성상과 여성상에 왜곡을 갖고 있을 수밖에 없다. "나는 결혼도 안하고 연애도 안 할거야"라고 말하지만, 그 이면에는 상처받고 싶지 않은 수줍고 가련한 자아가 웅크리고 있다. 강압적인 부모 밑에서 기도 못 펴고 성장한 사람이라면 자기도 모르게 그릇된 부모상이 무의식에 남게 되고 그 정서는 고스란히 미래의 아내와 자녀에게 돌아갈 수밖에 없다. 회피와 보상이 함께 일어나 집에서 아내를 때리면서 살아갈 수도 있고, 원만한 가정을 이루며 사는 게 거의 불가능한 경우도 생긴다.

물론 내 과거는 바꿀 수 없다. 하지만 반응은 내가 선택할 수 있다. 부정 감정을 들여다보면서 이를 긍정 감정으로 바꾸기 위해 자신을 성장시키려고 부단히 노력하는 여성이 있는가 하면, 단순히

※『멈추면, 비로소 보이는 것들(쌤앤파커스)』, 182

감정을 해소하기 위해 간단하게 남자나 술, 아니면 쇼핑 같이 대상만을 찾는 여성이 있다. 자기 자신을 응시하지 않고 주변의 대상에 자꾸 눈길을 주고 의지하다 보면, 서서히 그 대상에 중독된다. 술이나 담배에 중독되는 건 비교적 문제가 덜 하다. 일단 남자에 중독되면 온전한 관계로 나아가지 못하고 몸과 마음이 모두 다치는 파탄의 인생으로 전락하게 된다. 여기엔 금연껌이나 금연패치 같은 것도 소용없다. 유부남이나 이혼남을 자꾸 만나면서 정서적 위로를 요구하는 미혼여성들 중에는 대부분 자신의 결핍과 욕구에 대한 바른 이해가 부족한 경우가 많다. 자신의 부족한 부분과 바라는 부분을 정확하게 알고 솔직하게 인정하는 여성들일수록 자기를 계발하고 성장시키는 방향으로 나아갈 동력을 얻는다. 무엇보다 여성은 현재 자신의 감정을 치유할 수 있는 자가 치유의 능력을 갖는 게 중요하다.

대상에 의지하다 보면 그 대상에 중독된다

남성도 마찬가지다. 가족들을 부양하고 가장으로서 그 부담을 온전히 감당하는 일은 결코 쉬운 일이 아니다. 부성애는 남성들을 지탱하는 강력한 삶의 욕구이자 존재 이유다. 필자가 개인적으로 알고 지내는 대기업 회장은 스트레스가 쌓이면 회식을 안 잡고 바로 집으로 간다고 한다. 문제를 밖에서 해결하는 게 아니라 의도적으로 집에 들어가서 가족과 더 많이 지내려고 한다는 것이다. 보통의 남성들은 스트레스 받고 화난다고 이런 저런 이유로 선술집에 들어가 한 잔 하고 자정이 넘어서야 집에 들어가는데, 그 회장은 절대 그런 법이 없다고 한다. 그는 문제를 다 해결하고 나서 자축하는 회식을 갖는다. 서재나 굴에 틀어박혀서 고민하고 문제를 해결하려고 노력하고 가족들과 상의하고 대화해서 정서적으로 해결한 뒤, 나와서 그 좋은 기분에 술을 마신다는 것이다. 성취감으로 술을 마시는가, 패배감으로 술을 마시는가 정말 술맛이 다를 것 같다. 대부분의 남자들은 스트레스 상황에서 사람들을 만나고 술을 먹기 때문에, 여자 있는 곳으로 가서 2차 3차 전전하다 보면 부어라 마셔라 하면서 술문제, 음주운전, 여자문제가 끊이질 않는다.

필자가 상담했던 A씨(45세)의 경우가 그랬다. A는 무역업으로 많은 돈을 벌었다. 시대가 맞았는지 운대가 맞았는지, 그가 손대는 사업마다 한결같이 번창했고, 중년에 접어들면서 적지 않은 부를 일궜다. 동창들 사이에서 A는 '인간승리'로 통했다. 중·고등학교 때 건들거리면서 담배 피고 생양아치로 놀았던 그가 성공했다는 소식이 퍼지면서 그간 변변한 모임조차 없었던 동창회도 조직됐다. 친구들이 모이면 A가 레스토랑을 통째로 빌려 연회를 베풀었다. 동창들은 모이기만 하면 망나니에서 사람이 된 A를 기특해했다. 애초에 학창시절 공부와 담을 쌓고 살면서 고등학교도 겨우 턱걸이로 들어간 그가 이제는 내로라하는 무역업체 CEO가 되었으니 그럴 만도 했다. 인수분해도 못하던 그가 큰 회사를 굴리고 간단한 영단어도 모르던 그가 해외 바이어들과 무역을 했다. 덩달아 그의 어린 아내 U씨(34세)도 A를 바보 온달에서 사람 구실하게 만든 '평강공주'로 대접받았다.

필자가 보기에도 U는 평강공주였다. 그녀에게서 받은 첫인상은 무척 예쁘고 밝으며 똘똘하다는 느낌이었다. 그런데 그렇게 예쁜 아내를 두고 A는 여자 동창들과 만나면서 외도를 하기 시작했다. 대체 왜 남자들은 동창회에서 만난 친구와 바람이 나는 걸까? "동창회에 나오는 놈은 돈 자랑하려고 나오거나 돈 꿀 데가 없어서 나오는 놈, 단 두 종류 밖에 없다." 영화 「동창회의 목적(2015)」을 보면 이런 남자들의 심리가 잘 드러나 있다. 남자들은 동창회를 자기 과시의 무대로 여긴다. 돈이 많거나 자수성가한 친구들을 중심으로 모임이 꾸려지는 이유가 바로 그 때문이다. 돈의 위력이 과거 학창시절의 추억과 풋풋했던 관계마저 일렬종대로 세운다고 할까? 동창들을 열심히 찾았던 A 역시 그런 심리가 작동했을 게 뻔하다. 동창들과 만나면서 마음이 편했던 것 같다. 그중 마음에 맞는 몇몇과 신나게 놀고 섹스도 즐겼다. 아무 생각 없이 저지른 남편의 외도는 U의 일상을 갈가리 찢어 놨다.

　　남편이 외도를 하면서 어느 날부터 아내가 외로움을 느끼기 시작했다. 관계도 예전 같지 않았고 자기를 대하는 태도도 사뭇 달라졌다. 평소 자신을 끔찍이 사랑했던 남편이었기에 더욱 이상했다. "너 때문에 내가 이렇게 부자가 됐다." "니가 굴러들어온 복덩이다." 저녁이면 언제나 일찍 귀가해서 자기와 함께 밥도 먹고 TV도 보며 시간을 보냈던 살가운 남편이었다. 밥 먹을 때 아내 수저에 반찬도 올려주고, 설거지나 집안 청소도 잘 도와줬다. 철마다 기념일마다 백화점 명품 옷을 사줬고, 향수며 구두며 선물과 이벤트도 잊지 않고 챙겼다. 그런데 언제부턴가 남편이 이상행동을 하면서 자기에게 짜증이 늘기 시작했다. '이이가 여자가 생겼나?' 심증은 가는데 물증이 없었다. 여자들이 외롭고 우울할 때면 본능적으로 이런 생각을 하게 된다. U는 스스로 그런 마음을 이기려고 부단히 애를 썼다. '아닐 거야, 설마. 우리 오빠가……' 남편을 의심하는 것조차 해선 안 되는 일이라고 다짐하며 마음을 다잡았다. 하지만 여러 채널로 도저히 무시할 수 없는 시그널이 들어오고 급기야 의혹의 임계점에 도달했을 때, U는 A의 휴대폰을 보게 됐다. 남편 휴대폰의 카톡은 모두 지워져 있어서 특이할만한 내용은 없었다. 문자도 뒤져봤다. 그런데 문자도 거래처 사장과의 대화나 사업 관계 메모만 잔뜩 있을 뿐 U가 예상했던 내용의 문자는 찾을 수 없었다. '역시, 내가 괜히 주책없는 상상을 했구나.' 머리를 가로저으며 돌아섰다. 그러다 혹시나 하는 마음에 음성 파일을 들춰봤더니 꽤 많은 통화가 여럿 저장되어 있었다. 그리고 그 저장된 통화는 그녀의 육감이 지시해준 바로 그 내용들이었다. 그 시간부터 U의 세계는 무너져 내렸다. 모든 가치가 떠내려갔다. 그녀는 남편에게 사실관계를 추궁했다. 외도를 들키자 A는 자신이 나가겠다고 엄포를 놨다. 평생 책잡혀 사느니 그냥 깨지는 게 낫다고 말했다. 의외로 바람 난 남성들 중에 이런 반응을 보이는 분들이 적지 않다. 사실 U는 남편의 진심을 알고 싶었다. 솔직히 외도나 바람 같은 건 그녀에게 아무런 위협이 되지 않았다. A의 진심, 바로 그것 하나만 확인하면 됐다. 남자의 그 말에 여자는 놀라서 그를 붙들었다. 정말 버림을 받을지 모른다는 두려움이 밀려왔다. 그런데 이게 A에게 습관이 됐다. 여자가 분노를 하려고 할 때마다 A는 나가겠다고 으름장을 놨다. 아주 고약한 습성이었다.

3 자신의 욕구에 솔직해지기

견디지 못한 U는 필자를 찾아왔다. 상담을 진행하면서 필자는 U와 A가 결혼생활의 양면성을 이해하지 못하고 있음을 느꼈다. 상담 과정 중에 부부간에 흉금을 터놓고 대화를 진행하면서 나이가 어렸던 U는 남편에게 너무 의존하는 성격이 도리어 남편을 옭아맸다는 사실을 알았다. 반대로 A는 아내의 헌신과 내조를 가볍게 여기고 자기가 최고라는 자만에 빠져 결혼생활의 숭고한 가치들을 망각해 버렸다. 둘은 남녀의 성심리에 대해 무지했고, 배우자의 외도에 결혼이 지니는 원칙들을 송두리째 던져 버렸다. 무엇보다 둘은 자신의 욕구와 결핍에 대한 이해가 결여되어 있었다. A와 U는 가짜 욕구와 거짓 만족에 길들여 있었고 배우자가 보내는 신호에 무감각해졌다. 외도에 욕구와 결핍이 왜 중요할까? 인간은 일찍이 결핍을 채우려는 욕구를 지니고 태어난다. 그 욕구는 보상과 처벌이라는 두 개의 형태로 귀결되는데 이를 건전하게 승화해야 원만한 인간관계, 부부관계를 가질 수 있다. 인간의 욕구에는 구체적으로 어떠한 것들이 있을까?

미국의 심리학자 매슬로우Abraham H. Maslow는 인간의 욕구를 다섯 가지 단계의 피라미드로 구성했는데, 흔히 이를 '인간욕구 5단계'로 부른다. 매슬로우는 다섯 가지 욕구가 사슬처럼 연결되어 있어서 맨 밑에 깔려있는 욕구가 해결되어야 그 다음 단계의 욕구로 나아갈 수 있다고 보았다. 그가 말하는 첫 번째 욕구는 의식주를 비롯하여 생존에 필수적인 것들을 얻으려는 **생리적 욕구**의 단계이며, 두 번째는 외부의 위험에서 스스로를 신체적·심리적·사회적으로 보호받고 싶어 하는 **안전의 욕구**, 세 번째는 어딘가에 소속되어 타인과 사귀고 사랑받고 싶은 **사회적 소속의 욕구**, 네 번째는 명성과 명예를 얻고 남에게서 인정을 받고 싶은 **자존감의 욕구**, 그리고 마지막 다섯 번째 단계는 본인이 가진 잠재적 역량을 최고로 발휘하여 자신의 일에서 최고가 되고 싶어 하는 **자아실현의 욕구**이다. 매슬로우에 따르면, 아래 네 가지 욕구는 부족과 결핍에서 행동으로 옮기도록 도움을 주는 동기부여가 되지만, 마지막 다섯 번째 단계는 다른 욕구와 달리 충족되면 될수록 욕구의 크기가 더 커진다고 한다. 여기서 세 번째 욕구의 단계가 바로 사랑의 욕구인데, 남자는 열정을 사랑이라 느끼고, 여자는 감정을 사랑이라 생각한다.

자신의 욕구에 솔직해져라

욕구의 이해가 외도상담에 얼마나 중요한지 깨닫게 해주는 좋은 사례가 있다. A씨(50세)와 B씨(50세)는 모두 전문직 고소득자였다. 동갑내기인 둘은 일 관계로 만나 업무를 진행하다가 서로 정이 들었고 3년 정도 연애를 하다가 결혼에 골인했다. 둘의 결합은 최선의 조합이었다. 자녀를 낳고 서로의 영역에서 안정적인 삶을 유지하다가 이 부부에게 첫 번째 시련이 닥쳤다. 결혼 8년차에 남편 A가 1차 외도를 한 것. 회사 여자와 문자를 주고받던 것을 B가 잡아냈고, 둘은 심하게 다투게 됐다. 그렇다고 몸을 섞은 관계는 아니었고, A가 잘못했다고 빌자 B는 실수라고 여겨 그냥 넘어갔다. 하지만 상처는 고스란히 남았다. 어쩌면 표현하지 않았지만 B의 마음은 그 일로 만신창이가 돼버렸는지도 모른다. 그 이후 남편과 시댁에 대한 관심이 급격히 줄었고 부부관계도 없었다. 남편과 함께 살고는 있었지만 정나미가 떨어지니 말도 섞기 싫었다. 각종 보험의 수

급자도 남편에게서 자녀와 친정어머니에게 돌린 것도 그 시기였다. 이렇게 B는 나름 주변 정리를 했다. 그 때 2차 외도를 하게 된 남편! 이번에는 여자랑 성관계까지 있었다. B가 상황을 파악했을 때는 이미 A가 그 여자를 낙태수술까지 시킨 상태였다. "옆집 여자랑 하던 술집 도우미랑 하던 난 1도 관심 없어!" 두 번째는 의외로 초연해졌다. B의 예상 외의 무덤덤한 반응에 당사자인 A가 다 놀랐으니까 안 봐도 상황이 가히 짐작이 간다. 남편이 이렇게 초연한 아내를 가리키며 "한 번 아픔을 겪더니 심리가 튼튼해졌나 봐요"라고 필자에게 농담을 할 정도였다. 그러나 그 마음이 오죽했겠는가? 넋이 반쯤 나간 사람처럼 하루가 다르게 사람이 메말라 갔다.

'이러다 큰 일 치르겠구나' 두려웠는지 A는 B의 손을 끌고 상담소를 찾았다. 처음에 아내는 상담이고 뭐고 다 필요 없으니 당장 이혼하자고 했지만, 남편이 이혼할 때 하더라도 한 번만 받아보자고 해서 시작된 상담이었다. 첫날 이 부부의 상담은 매우 인상적이었다. 상담 중에 B가 울다가 웃다가 모든 감정을 다 토해냈다. 필자가 남편에 대한 성심리, 무의식과 욕구에 대해서 설명해주니까 평소 이상하게 보였던 남편의 행동들이 하나씩 정리되면서 이해의 폭을 넓힐 수 있었다. 더불어 첫 번째 외도 이후 자신이 남편을 꿔다 놓은 보릿자루처럼 취급한 것이 도리어 두 번째 외도를 양산했다는 사실을 깨닫고 일말 미안함도 느꼈다. 그렇게 유쾌하게 상담을 마치고 귀가했는데, 아직 B는 현실의 아픔과 감정이 정리되지 않았던 것 같았다. 남편에게 다시는 상처받지 않아야겠다고 생각해서 부정 감정이 올라올 때마다 책을 읽고 음악을 들었다. 온갖 좋다는 서적들, 자기계발서들을 읽고 자기 중심으로 이상하게 적용하면서 다시 남편을 배격하고 각방을 쓰게 됐다. '필요 없어, 난 이제 당당한 주체로 살 거야.' 내뱉는 말들이 틀리진 않았지만, 조금 부자연스런 페미니스트가 되어 있었다. 당연히 관계는 더 악화됐고 다시 필자를 찾아오게 됐다. 이후 부부를 상대로 10회 상담을 진행했고, 인간의 욕구심리와 의식, 무의식, 자기 이해, 인간관계의 이해, 성심리의 전반적인 통합적 상담을 종합세트로 실시했다.

상담을 마치고 펑펑 울면서 아내가 필자에게 했던 말이 잊히지 않는다. "너무 허무해요. 이럴 줄 몰랐어요. 마음이 편안해지기도 하지만 정말이지 너무나 허무합니다." 그래서 필자가 되물었다. "왜 허무하세요?" B는 눈물을 닦으며 말했다. "모르겠어요. 그냥 남자에 대한 판타지를 다 버리는 게 너무 아파요. 그래도 환상이 있을 때는 설렘이라도 있었는데 지금은 남자든 여자든 너무 속절없는 존재라는 느낌이네요." 그녀의 표현이 정확히 맞다. 남자든 여자든 모두 욕구의 노예이며, 그 욕구는 개인이 가진 결핍과 환상의 결과일 뿐이다. 외도 역시 또 다른 결핍에 대한 보상기제이며, 비록 그릇된 방식이기는 하나, 어쩔 수 없는 나약한 인간의 또 다른 단면인 것이다. A와 B는 성심리테라피를 함께 받았고, 이후 다시 서로를 용납하고 이해하며 부부관계를 이어가고 있다. 의식과 무의식에 관한 올바른 이해를 통해 자신의 심리를 변화시켰고, 아내가 남편 중심이 아닌 자기중심을 통해 자존감이 형성되고 남편에게 받았던 상처가 해결되면서 부부가 더 원만해졌다. 진정한 이해는 상대를 배려하는 마음이 일어나며, 진정한 배려는 상대의 욕구에 솔직해지는 것이다.

4 실패로 배우는 교훈

상담가는 마법사가 아니다. 상담가 역시 나약한 인간이며 때로는 내담자의 말에 흔들리고 상처도 받는다. 마지막으로 노력해보겠다고 끈을 잡고 상담을 오는 부부와 서로의 끈을 놓고 이혼에 들어가려고 찾아오는 부부가 다르다. 심리치유를 할 때, 사람들이 흔히 자신은 보지 않고 상대 배우자의 심리분석, 상간녀의 심리분석에만 집착할 때 상담가로서 매우 힘들다. 그런 내담자들은 결국 자신을 보지 못하기 때문이다. 자존감을 높이기 위해 하는 게 아니라 오로지 상대의 외도를 중단시키기 위해, 즉 상대의 마음을 조종하기 위해 상담에 임하면 치료가 거의 일어나지 않고 스스로 다시 무너진다. 돌이켜보면, 외도를 중단시킬 기교 위주의 상담에 집중하면 대부분 실패했다. 내담자가 자괴감에 빠지게 되고 결국 상담을 신뢰하지 않게 될 우려가 있다. 나의 변화를 통해 내가 바뀌고 변해야 한다. 남에 의해, 외부에서부터 채워지는 것은 자신을 불안하게 만든다. 자신에 의해 채워져야 한다. 상담자에 의존하게 하는 것도 금물이다. 튼튼해진 자아를 통해 나만 행복하는 게 아니라 배우자와 함께 같이 행복할 수 있는 것. 이것이 궁극적인 외도상담의 목표다. 치료가 더딘 분들은 상담가에 의존하고 주변에 의존한다. 장기로 상담 오는 내담자들의 특징은 배우자만 바뀌길 원하는 이들, '남편이 잘못했다.' '아내가 잘못했다.' '이번 기회에 버릇을 싹 바꿔놔야지.' 이렇게 생각하고 오는 사람들이 대부분이다.

결혼하면서 이건 꼭 알아야 한다. 성호르몬이 삶의 에너지다. 남녀의 성심리를 알아야 한다. 결혼 전 성교육, 상담프로그램에 참여하는 게 매우 중요하다. 결혼 전에 건강검진 하듯이, 정신검진도 필요하다. 심리검사, 성심리검사, 상담과 교육을 통해 알고 결혼을 시작하면 몸과 마음을 다 알아서 부부가 행복하고 자녀도 건강하게 키우고 경제적 부분과 사회적 부분까지 함께 원만하게 만들어갈 수 있다. 서로 좋은 마음만 가지고 살아가는 게 삶이 아니다. 사랑하는 만큼 또 서로에게 상처를 주고, 사랑하는 만큼 또 서로를 아프게 하는 것. 이것이 결혼이며 이 양면적인 결혼생활을 슬기롭게 이어가려면 공부가 필요한 법이다. 아는 만큼 행복하고, 아는 만큼 지키고, 아는 만큼 성공할 수 있다. 죽고 사는 문제는 몸이 담당하지만 결국 인생을 이끌어가는 건 마음이기 때문이다. 남녀의 성심리와 외도상담은 바람직한 성교육으로 수렴된다.

사랑
믿음
성욕
섹스리스
증오
또는
태초, 증오심이 존재했기에
사랑을 갖게 된 것임으로

이 세상에서 가장 슬픈 일은 사랑하는 사람이 자신에게 잘못을 했는데도 상처조차 받지 않고 분노조차 하지 않는 것입니다. 미움보다 더 무서운 건 무관심이죠. 상처를 받았다는 것은 그 자체로 상대에게 평소 사랑을 받았던 기억이 남아있기 때문이며, 배신을 당했다고 느끼는 것은 그만큼 상대에게 믿음과 신뢰가 있었기 때문입니다. 뜨거운 사랑을 나누고 짜릿한 섹스가 있었던 관계에서만 섹스리스가 상처로 다가오는 법입니다. 상대가 작정하고 자신을 속였다고 착각하여 스스로에게 가학적인 상처를 주는 남녀들은 이 부분을 깊이 고민해 보세요. 인간이 느끼는 감정 중에서 사랑은 자신과 남을 속일 수 없는 유일한 감정이지요. 많은 남녀들이 상대의 성심리를 모르고 오해하면서 서로의 사랑을 잊고 삽니다. 모르고 하는 사랑은 순수한 사랑일 수 있지만 책임 있는 사랑이라고 할 수는 없습니다. 결혼 후 내가 사랑하는 사람을 잃지 않기 위해서는 상대와 나를 알고 살아야 합니다. 그래야 서로 행복한 인생을 살 수 있답니다.

❖ 아메데오 모딜리아니(Amedeo Modigliani, 1884~1920)의 「신혼부부(Bride and Groom, 1915)」. 미국 뉴욕 메트로폴리탄 미술관(Metropolitan Museum of Art) 소장.

chapter *8*

—

바람 잡는 에필로그

성교육은 바뀌어야 한다

"페미니즘은 여성을 더 강하게 만드는 일에 관심 있지 않다. 여성은 이미 강하다.
페미니즘은 세상이 그 강함을 인지하는 방식을 변화시키는 일에 관심이 있다."
—G. D. 앤더슨—

바람 잡는 에필로그

　　최근 진보적인 여성들 사이에서 '탈
脫코르셋운동'이 회자되고 있다. 한때 체형보정속옷이었던 코르셋
이 '남성에 의해 여성을 속박하던 폭압적 기제'라며 페미니스트들
이 스스로의 속옷을 탈의하는 퍼포먼스가 요즘 도심에서 횡행하고
있다. 코르셋 하면, 영화 「바람과 함께 사라지다(1957)」에서 스칼렛
(비비안 리)이 침대 기둥을 붙잡고 뒤에서 흑인 노예가 코르셋 와이
어를 당기는 장면이 아마 떠오를 것이다. 과거 빅토리아 시대 때 코
르셋은 여성의 몸매를 과도하게 부각시켜 남성들에게 성적 어필을

하는 대표적 의상 아이템이었음을 부인할 수 없다. 통념적인 미의 기준을 따라가기 위해 여성들은 부단히 풍만한 상체와 개미허리 같은 하체를 만들었다. 요통과 변비는 필수였고 심지어 탈장과 갈비뼈 골절을 낳기도 했다니 코르셋이 역사적으로 여성을 억압하던 기제였던 것만은 분명하다.

이처럼 과거에도 그렇고 현재도 그렇듯 성교육이나 성에 대한 인식은 몸에 대한 인식에 매몰되어 있다. 성담론이 활발하게 전개되고 성소수자의 인권이 논의되면서도 성과 관련된 문제는 줄어들고 있지 않은 현실이 바로 이런 상황을 여실히 보여준다. 우리가 하는 현재의 행위는 과거 우리가 받았던 성교육의 결과다. 어린 시절 무분별하게 주입된 남녀의 성역할은 거대한 장벽이 되어 우리 사회에 '여혐'이나 '남혐'을 독버섯처럼 돋아나게 만들었다. 사회와 구조에 대한 이해 물론 중요하다. 하지만 우리가 명심해야 할 것은 사회제도와 정치-경제적 현안의 하나로 성담론이 논의되기에 앞서 사회를 이루고 있는 것은 개개의 인간이며, 그 인간의 몸을 움직이는 것은 마음이고 심리라는 엄연한 사실이다.

1 미투운동의 현주소

　우리나라에서 제대로 된 성교육의 부재를 알 수 있는 현상이 최근 들불처럼 번지고 있는 미투운동이다. 올 초 서지현 검사의 용기 있는 폭로로 시작된 미투운동은 이제 거부할 수 없는 한국 사회의 현상이 됐다. 물론 미국을 비롯한 서구 사회에서 비롯됐지만, 한국에서 봇물 터지듯 일어나는 미투운동의 양상은 서양의 그것과 조금 다른 것 같다. 필자는 미투운동을 적극 지지한다. 하지만 일부에는 이성에 대한 불필요한 혐오가 깔려 있어 언제든 젠더갈등으로 전이될 소지가 다분하다. 미움은 갈등관계의 가장 큰 에너지이며, 외도든 불륜이든 분노와 좌절의 진앙지에는 미움과 혐오가 놓여있다. 사람의 마음을 매만지고 심리를 다루는 상담가로서 이런 호전적인 혐오의 연대가 주는 명암을 이 책에 잠시라도 언급하지 않고 넘어갈 수 없을 듯하다.

얼마 전 학내 성추행과 관련해 경찰 조사를 받던 고 조민기 씨가 목숨을 끊는 일이 발생했다. 최근 성폭행 가해자로 지목된 한 남자는 '억울하다'는 유서를 남기고 한강에 투신하여 자살하는 사건도 일어났다. 안희정 전 충남도지사와 정봉주 전 의원 등은 서로 다른 방식의 미투 고발이 불거지며 그간 벌여왔던 정치인생에 조종弔鐘을 쳤다. 이로 인해 둘은 각기 대선과 서울시장 선거판에 뛰어들지도 못하고 사실상 낙마했다. 이게 끝이 아니다. 연예계와 종교계, 문화계 전반으로 뻗친 미투운동은 유명인들의 성적 비리와 추문을 고발하는 피해자들이 하나둘 나타나면서 그 여파로 시인 고은, 영화감독 김기덕, 영화배우 조재현, 연극인 이윤택, 목회자 이재록 등 이름만 대면 알 수 있는 사회 문화 주류층에 속한 거물들을 법의 심판대 앞에 세웠다. 그로 인해 오랫동안 묻혀있었던 영화배우 고 장자연 씨의 사건이 다시 도마 위에 올랐고, 사회 전반에 성문제를 진지하게 성찰할 수 있는 분위기가 만들어졌다. 요즘만큼 여성들의 목소리가 힘을 얻었던 적이 있을까? 들라크루아Delacroix의 「민중을 이끄는 자유의 여신」처럼 웃통 벗고 자유와 해방의 기치를 든 페미들의 승리가 눈앞에 보인다.

　하지만 호전적인 미투운동이 젠더갈등을 부추기는 혐오운동으로 비화될 것을 우려하는 목소리도 일각에서 들린다. 미투운동이 단지 여성의 전유물이 아니며 남성을 포함한 인간 보편의 인권을 수호하는 캠페인이 되어야 한다는 주장이 설득력을 얻고 있다. 물론 피해자들은 대부분 사회의 소외계층이나 약자, 소수자 및 여성에게서 더 많이 발생하며, 그들이 미투운동 외에 자신의 입장을 외부에 알릴 방법이 현실적으로 부재하다는 점을 감안하면, 운동의 광폭 행진이 과도하다는 주장이 기득권의 비위를 가려주는 역설로 악용될 위험성도 항존한다. 이런 양측의 목소리는 미투운동이라는 현상을 두고 점점 첨예하게 맞서는 형국을 맞았다. 최근 개봉한 「더 미드와이프(2018)」에 출연한 프랑스의 원로 여배우 카트린 드뇌브는 동료 99명과 함께 「르몽드」지에 "성폭력은 분명 범죄지만 여성의 환심을 사려 하거나 유혹하는 건 범죄가 아니다. 남성은 여성을 유혹할 자유가 있다"고 말해 이런 논란에 기름을 끼얹었다. 반대편은 즉각 "그녀가 상류층 여성의 안온한 입장을 대변한다"고 일갈하며 "그녀가 부유하고 미모가 뛰어났기 때문에 애초에 피해자 여성에게 공감하지 못했다"고 비판했다. 이후 논란이 커지자 「리베라시옹」에 "나는 자유로운 여성이며, 앞으로도 자유로운 여성으로 남을 것이다. 르몽드에 공개된 편지로 인해 실제 성적 피해를 입었던 여성 희생자들의 기분을 상하게 한 점에 대해 진심으로 사과하고 싶다"고 밝혀 진화에 나섰다.

필자는 최근 미투운동을 바라보며 성심리와 연결 지어 이해해 보게 되었다. 무엇보다 여자는 성적 대상이 아니다. 매스컴은 여성을 성적 도구로 표현하고 성을 상품화하기에 급급하며 남성의 쾌락에 응하는 배출구로 그린다. 오늘날 대중문화의 소비행태를 분석한 철학자 보드리야르Jean Baudrillard가 말한 것처럼, 현대인들은 실제 여성성과 매체가 만들어낸 여성성을 구분하지 못하는 상황에 빠져 있다. 실제보다 더 실제 같아 보이는 모방의 세계가 남녀관계에 가로놓여 있다. 문제는 그런 상황에 남성뿐 아니라 여성조차 빠져 있다는 점이다. 여성들도 매스컴에서 요구하는 이상적인 시뮬라크르simulacre에 도달하려고 끊임없이 살을 빼고 성형을 하며 노력하고 있다. 여성 스스로 몸의 주권을 잃어버린 것이다.

시뮬라크르는 프랑스의 철학자 들뢰즈(Gilles Deleuze)가 확립한 개념으로 세상 사물을 베낀 복제물을 말합니다. 문제는 사물을 베낄 때 똑같이 베낄 수 없고, 원형에서 벗어난 하나의 복제물로 존재하게 된다는 겁니다. 그 시뮬라크르는 비록 복제물이지만 새로운 자기 정체성을 갖게 되면서 원본을 위협하는 하나의 존재로 남게 되죠. 원본보다 더 원본 같은 복제품. 여성보다 더 여성다운 이미지가 바로 시뮬라크르라 할 수 있습니다.

하지만 미투운동을 지렛대로 삼아 사회적 울분을 토로하고 역으로 자신을 알리는 노이즈 마케팅을 하거나, 평소 혐오감을 분출하기 위한 진지를 구축하고 남성에게 단순히 보복하기 위한 복마전을 짓는 건 문제가 있다. 이 싸움은 불의와 폭력과의 전투지 남성과의 전쟁은 아니기 때문이다. 심리학적 관점에서 볼 때, 혐오는 자기 열등감과 소외감에서 나오며 욕구의 미숙한 표현, 욕구 결핍의 결과다. 절대 생사여탈의 사회적 문제로만 귀착될 수 없으며, 도리어 사회-경제적 문제로 환원시킬 때 사회 저변에 깔린 왜곡된 성문제를 넘어서 개인의 성심리를 들여다 볼 수 있는 절호의 기회를 놓칠 수밖에 없다. 지금처럼 남성과 여성을 진영의 논리로 나누고 서로의 입장을 사회-경제적인 프레임 속에 넣어 갈등을 부추기는 건 한국 사회에 널리 퍼져있는 그릇된 성담론뿐만 아니라 개인이 가지고 있는 왜곡된 성심리를 눈을 가리고 보지 않겠다는 자세다. 성에 대한 문제는 본인과 이성에 대한 서로 다른 성심리를 정확하게 이해할 때 비로소 해결할 수 있다.

　사실 '된장녀'니 '김치녀'니 끊임없이 여혐을 부추기는 일부 남초사이트의 유해성은 어제 오늘 일이 아니다. 한국 여성을 '돈만 밝히는 속물근성의 창녀'로 규정하는 이들의 여성혐오는 이미 하나의 사회현상으로 굳어졌다. 최근 도심지에서 여성들을 대상으로 일어나는 묻지마 살인이나 강간 같은 성폭력은 위험수위를 넘어 사회적 문제로까지 대두되었다.* 문제는 이제 여성들의 반격이 시작됐다는 것이다. 혐오는 혐오로 갚아주겠다며 등장한 일부 여초사이트는 여성의 인권을 억압한다는 이유로 애먼 가톨릭 성체를 불태우거나 남성을 옹호하는 여성을 공공의 적으로 규정하고 테러를 가하는 등 이미 상식 수준을 넘어선 기행을 거듭하고 있다. 여기에 일베가 가세하면서 한국 사회의 수면 아래 가라앉아 있던 모든 사회적 갈등이 대신 **남혐문화와 여혐문화**라는 연약한 지반으로 표출되는 상황이 벌어지고 있다.

---

* 사회학자 앨런 존슨(Allan G. Johnson)은 사회에 뿌리 내린 여성혐오에 대해 이렇게 주장했다. "여성혐오란 성적 편견과 이데올로기의 중심이자 남성 중심 사회에서의 여성에 대한 억압의 중요한 기초이다. 여성증오는 그들에게 그들 자신의 몸에 대한 느낌을 가르치는 농담에서부터 자기 만족적인 여성에게 가하는 폭력으로서의 포르노그래피까지 매우 다양한 방식으로 나타난다." https://ko.wikipedia.org/wiki/%EC%97%AC%EC%84%B1%ED%98%90%EC%98%A4#cite_note-3

일부 여성인권주의자들의 심리를 분석하면서 필자는 스스로의 왜곡된 성심리와 욕구불만이 소위 '한남충(벌레 같은 한국남자)'이라는 가공의 대상에 가학적인 수준의 공격을 감행하도록 이끌었다고 느꼈다. 상담소를 찾은 페미들 중에서 적지 않은 내담자가 본연의 여성성이 심각하게 훼손된 상태로 각종 관계의 문제들을 안고 있었다. 이혼모와 미혼모, 동성애, 양성애 등 다양한 관계 이상을 겪으면서 남성에 대한 극도의 부정적인 정서를 표출했다. 혹여 이런 말을 해서 어떻게 여길지 모르겠지만, 벌써 헤어스타일부터 걸친 옷이나 앉은 자세, 말하는 어투 등등이 남성성을 추구하거나 남녀의 경계선에 놓여있는 경향을 보였다. 개인적으로 안타까웠던 건 그들이 남성들과 육박전을 하느라 너무 바빠서 자아의 무의식을 들여다볼 여유가 없어 보였다는 사실이다. 소소한 삶이 주는 행복과 기쁨, 이성과 함께 관계를 맺는 원숙함과 충만함, 자기 욕구와 결핍에 솔직하게 반응하는 사고 유연성 등이 그들에게는 먼 나라 얘기처럼 들리는 듯했다. 그들은 마치 외도를 저지른 배우자와 투덕거리며 다투는 일부 여성 내담자들의 모습과 너무 흡사했다. 그들을 보며 분노가 자신을 집어 삼키는 것도 모른 채 남편을 미워하고 저주하느라 숱한 세월을 낭비하는 많은 여성들의 뒷모습이 그려졌던 건 필자의 주책일까?

필자를 오해하지 말기 바란다! 분노와 화는 문제를 해결하기는 커녕 자신과 함께 상대도 황폐화시킨다. 분명히 말하고 싶은 사실은 남성은 자신의 삶을 진지하게 고민하는 모든 여성의 동반자이자 자아실현을 함께 이뤄갈 인생의 도반道伴이며, 그렇기에 지구가 없어지는 날까지 함께 손잡고 가야할 존재라는 점이다. 여성의 완성은 남성 없이는 불가능하다. 물론 그 역도 마찬가지다! 상담의 최전선에서 남녀의 성심리를 다루는 전문가로서 필자는 남성을 배제한 여성만의 세상을 도무지 머리와 가슴으로 상상할 수 없다. 플라톤의 양성구유 신화처럼, 남녀는 이미 한 배를 탄 운명공동체다. 최근 혐오라는 탁류를 타고 흐르는 미투운동이 곱게만 보이지 않는 이유다. 이해하면 비로소 보이는 것이 있다. 깨달으면 비로소 문제가 해결된다.

2 페미니즘과 피메일리즘

　『제2의 성』을 쓴 시몬느 드 보부아르는 "여성은 태어나는 것이 아니라 여성으로 만들어지는 것이다"라고 말했다. 생물학적인 성에서 스스로를 해방하고 사회적 맥락에서 일방적으로 조건화된 자신의 성에 용기 있는 물음표를 던지라는 의미다. 그녀의 발언은 이후 여성학을 중심으로 깨어있는 여성들의 제1명제 내지는 페미니즘의 구호가 되어 숱한 전장의 기치로 나부꼈다. 사회가 남녀의 현격한 지위와 몰이해로 '기울어진 운동장'의 기능을 하고 있지만, 여성이 스스로 자기 인식을 새롭게 하여 이런 현실을 타개할 수 있다는 전망을 할 수 있다. 남성과 여성이 서로를 적대 관계로 인식하지 않는, 건전하고 바람직한 성교육은 그런 전망을 가능케 하는 첫 번째 디딤돌이다.

남아는 죽이고 여아만 길렀다는 전설 속의 아마조네스라면 모를까, 동서고금을 막론하고 정도의 차이가 있을 뿐 대개의 문화에서 여성들은 조신하도록 교육받았다. 어쩌면 아마조네스 신화도 이런 여성의 성역할에 대한 사회적 몰이해에서 비롯했는지 모르겠다. 소녀가 사내아이들처럼 총이나 공을 가지고 놀면 종종 남자들의 놀림을 받거나 부모의 꾸지람을 들었다. '모름지기 여자란 말이야...'로 시작하는 설교는 무의식중에 사회의 통념과 성역할 속에 살도록 대부분의 여성들을 조종했다. 비록 세상이 많이 바뀌었다 하더라도, 그래서 여성은 바지보단 치마를 입어야 하고 자신의 생각을 남성보다 더 내세우는 게 바람직하지 않다는 훈계를 들어야 했다. 특히 성과 관련해서는 여성들이 따라야할 규율들이 더 많았다. 시대와 지역을 통틀어 섹스의 주도권은 여성보다는 남성에게 주어져 있었다. 행여나 여성이 성적으로 표현하거나 발언하면 대번에 '걸레'니 '가벼운 년' 같은 말들이 돌아왔다. 자연스럽게 여성들은 사회에 의해, 부모에 의해, 자신에 의해 성을 터부시하는 관점을 내재화하기에 이르렀고, 여성에게 평소 성욕과 성은 입에 담기 불가능한 비언어적 영역으로 주변화 되버렸다.

그렇다고 최근 일각에서 일어나는 남혐문화가 페미니스트들의 대안이 될 수 없다. 최근 섹스를 남녀의 헤게모니 문제로 키우거나, 성의 지위를 정치-사회적 함의로 보아 남성 전체를 예비 강간범으로 몰아세우는 호전적인 페미니스트들이 적지 않다. "문재인 재기해!" 같은 헤이트스피치는 페미니스트운동의 좌표를 상실하게 만든다는 비판을 피해갈 수 없다. 이런 문제의식을 공유한 여성들 사이에서 전투적이고 호전적인 페미니즘의 대안으로 피메일리즘femalism/femaleism이 제시되는 이유다. 이 주제를 두고 페미니스트들 사이에서 현재 진영이 나뉘었다고 볼 수 있다. 여성계 일각에서는 기존의 페미니즘이 남성을 적으로 규정하고 지나치게 평등과 해방을 말하면서 기존의 사회적 제도나 관습이 모두 잘못된 것이라고 강조하다 보니 여성이 생래적으로 가지는 장점과 가치를 포기하거나 부인해왔다고 주장한다. 여성은 남성이 넘볼 수 없는 여성으로서의 위치와 능력이 있음에도 남성과의 성전聖戰을 치르느라 피아의 구분이 불분명해졌다는 것이다. 그 결과 여성이 남성뿐 아니라 또 다른 여성을 적으로 규정하는 일이 일어나게 되었다. 메갈리아와 워마드가 노선 갈등으로 인해 갈라선 것처럼 말이다.

페미니즘에서 피메일리즘으로

미국의 시사주간지 「타임」지는 21세기를 맞으며 '이제는 피메일리즘이다'라는 제목의 특집기사를 실었다. 피메일리즘은 여성 본연의 가치를 새롭게 인식하고 남성과 동등한 관점에서 여성의 인권을 찾아가자는 운동이다. 대체 피메일리즘과 페미니즘은 무엇이 서로 다른가? 나이지리아 리버스과학기술주립대 교수 키오마 오파라Chioma Opara는 피메일리즘을 다음과 같이 정의하고 있다. "아프리카 페미니즘의 한 형태인 피메일리즘은 자유주의 페미니즘보다 더 온건한 기조를 띠며 급진적인 페미니즘과는 대척점에 있다. 앨리스 워커Alice Walker에 의해 대중화되고 오군예미Ogunyemi에 의해 아프리카 형식을 띤 우머니즘과는 달리, 피메일리즘은 본질상 아프리카적이며 특히 몸을 강조한다."※ 피메일리즘은 남성을 주적의 대상으로 규정하지 않는다. 남성은 동반자이며 여성을 여성으로 완성시켜줄 필연적 대상이기도 하다. "여성은 남성보다 우월하지 않다. 그렇다고 남성보다 열등하지도 않다." 이런 피메일리즘의 정신은 영화 「세 얼간이(2009)」로 유명한 소설가 체탄 바갓Chetan Bhagat의 신작 『인도 소녀』에 등장하는 브리제시 굴라티의 대사에서도 잘 드러난다. "난 모든 인간이 동등한 권리를 가져야 한다고 생각해. 그건 남자 대 여자의 문제가 아니라 인간 대 인간의 문제지. 페미니스

※ Rose A. Sackeyfio & Blessing Diala-Ogamba, 『Emerging Perspectives on Akachi Adimora -Ezeigbo』, 18

트라는 말은 틀린 말이고, 휴머니스트가 돼야 해. 그래야 남자들이 가진 권리를 여자들 역시 동등하게 가져야 한다고 제대로 말할 수가 있는 거야." 아프리카를 비롯한 제3세계 페미니즘의 하나로 시작된 피메일리즘은 여성인권운동에 남성의 목소리까지 담아내자는 우머니즘womanism과 함께 최근 폐쇄적이고 근본주의적인 페미니즘을 대신하는 대안세력으로 자리잡았다.

피메일리즘은 여자가 남자에 비해 신체적으로 나약한 점은 인정하지만, 여성이 남성에 비해 뛰어난 점도 많다는 것을 함께 인식해야 한다고 주장하는 새로운 여성운동입니다. 지금까지의 성적 차별을 문화적인 산물로 보고 양육 관습의 시정이나 사회제도의 개혁, 성평등 입법화를 주장해온 페미니즘과는 구별된다고 할 수 있습니다.

3　기존 성교육의 문제점

　　미투운동의 향배를 결정할 중요한 단초는 단연코 성교육이다. 부모로서 가장 난감할 때는 자녀가 해맑게 웃으며 "아기는 어디서 나와?"라고 물어볼 때다. 전통적으로 미국 부모들은 왜가리가 아기를 물고 왔다고, 한국 부모들은 흔히 다리 밑에서 주워왔다고 말했다. 은유와 비유를 통해 낯 뜨거운 질문들을 비켜가려는 부모들의 고민이 엿보이지만, 요즘도 이렇게 말하는 부모들은 아마 없을 것이다. 아니, 아마 이런저런 매체로 성문제를 익힌 아이들은 더 이상 성적인 질문을 부모들에게 하지 않을 것이다. 영국의 철학자 버트런드 러셀은 성교육에 대해 이런 명언을 남겼다. "질문에 답하는 건 성교육의 중요한 부분이다. 거기엔 두 가지 원칙이 있다. 첫 째, 질문에는 언제나 진실하게 답할 것. 둘 째, 성지식을 다른 지식과 똑같이 간주할 것." 첫 번째 원칙도 힘든데 사실 두 번째 원칙은 더 힘들다. 특히 한국적 문맥에서는 거의 불가능할 지도 모른다. 왜 그 럴까?

　　과거 대한민국 정부는 주로 집체교육을 근간으로 초 · 중 · 고 의무교육이라는 체제 속에서 성교육을 다뤄왔다. 90년대 문민정 부에 접어들면서 청소년을 대상으로 하는 성교육이 보편화되었고, 1998년 구성애 씨를 중심으로 성지식이 학교의 문턱을 넘어 사회적 으로 공론화되면서 성담론이 본격적으로 논의되기 시작했다. 이후 2000년대 들어와 여성가족부를 중심으로 성교육을 성담론과 엮어 성희롱이나 성폭력 같은 사회문제로 부각시키며 남녀의 성심리를 가르치는 근원적 배경을 떠나 남녀를 가르고 갈등을 부추기는 쪽으 로 담론의 진영이 형성되었다. 최근 각 지역 보건소를 중심으로 건 강한 성, 성문제 예방, 성문제 대처라는 커다란 골격을 갖고 커리큘 럼을 운영하고 있지만, 전반적인 교육 환경은 아직도 학교라는 틀 속에 머물러 있다고 할 수 있다. 학내든 외부든 보통 양호 선생님이 주도하는 성교육은 모든 면에서 선진국의 그것에 한참 못 미친다. 그간 전문적인 교육 인력은 차치하고라도 성교육의 패러다임에 대한 근본적인 문제의식과 교육 환경에 대한 교육공학적 접근이 거의 이뤄지지 않았기 때문이다. 아동과 청소년 및 성인을 대상으로 줄기차게 성교육을 시켜왔지만 오히려 성관련 범죄가 증가하고 있는 현실을 보면 제대로 교육의 방향을 잡았는지 의심스럽다.

과거 우리가 받았던 성교육은 과연 어떤 그림이었나? 대부분은 남녀의 심리에 대한 기초적인 설명이나 심리학적 논의 없이 남녀를 한 공간에 집어넣고 생물학적인 성에 대한 말초적 정보들만 던져주면서 알아서 이해하라는 태도를 띠었다. 성에 대한 심리를 먼저 이해하지 않은 상태에서 남자는 설명을 들으며 야릇한 상상을 하게 되고, 여자는 이성과 같은 공간에서 성에 대한 지식을 받으며 수치심이나 부정 감정을 갖게 됐다. 거기다가 도서, 춘화잡지, 화보, 영화와 같은 매체들로 인해 자극적이고 왜곡된 정보들을 접하게 되면서 청소년이나 성인 할 것 없이 모두 성교육이 단지 신체적인 성을 가르쳐주는 경로에 불과했다.

2015년 교육부가 6억 원을 들여 '학교 성교육 가이드'를 내놓았고 현장에서 비판이 일자 2016년 150곳을 고쳐 개정안을 내는 해프닝이 있었다. 하지만 개정안도 여전히 현실과 맞지 않는 부분이 많고 상담분야에서 남녀의 성심리를 다루는 부분은 제외되어 있어

학교 당국과 학생으로부터 현실성이 없는 성교육 가이드라는 비판을 받았다. "여자는 무드에 약하고 남자는 누드에 약하다.""이성과 단 둘이 있을 때 부적절한 성적 충동이 일어나면 밖으로 나가 사람이 많은 곳으로 이동하여 성적 욕구를 해소하라.""성폭행은 성기를 강제로 피해자의 생식기에 삽입하는 행위다.""데이트 비용을 많이 사용하게 되는 남성 입장에서는 여성에게 그에 상응하는 보답을 원하게 마련이다. 이 과정에서 원치 않는 데이트 성폭력이 발생할 수도 있다."이런 상식에도 맞지 않고 현실성도 없는 무분별한 내용들이 지금도 중학교 성교육 시간에 버젓이 가르쳐지고 있다. 성추행 방지에 관한 안내는 더 심각하다. '친구들끼리 여행을 갈 때 어떻게 대비해야 하나?'는 질문에 "여행을 아예 가지 말라"거나 '이성 친구와 단둘이 집에 있을 때는 어떻게 대비해야 하나?'는 질문에는 "단둘이 있는 상황을 만들지 말라"고 하나마나 한 조언을 하고 있다. '만원 지하철에서 성범죄를 당할 경우 어떻게 해야 하나?'는 질문에는 "실수인 척 발등을 밟는다"고 조언하여 교육부의 안일한 관점이 여실히 드러난다. 이 밖에도 생식과 남성 성기를 중심으로 그림을 보여주며 남성의 성은 충동적인 것으로, 여성의 성은 임신을 위한 것으로 서술하여 남녀 성역할에 대한 기존의 통념을 강화해왔다. 게다가 오늘날 확대되고 있는 성적 다양성과 다양한 가족형태를 배제하고 종래의 가족 구성만을 고착시키는 이해가 다수 깔려 있다.

현재 성교육은 만남과 성교, 임신과 출산, 피임과 같은 남녀의 성기가 갖는 신체적 기능을 가르치면서 곧바로 성범죄나 성희롱, 성폭력에 대한 방어교육, 성기능 장애나 성적 테크닉 등을 가르치고 있다. 문제는 여성들이 한 자리에서 이런 정보들을 들으면서 불쾌하고 지저분한 감정을 기억하게 되고, 성적 비행과 성폭력에 대한 불필요하고 과도한 정보가 주어지면서 주변 남성들을 '예비적 강간범'으로 간주하도록 촉발한다는 점이다. 게다가 미처 심적 준비가 되지 않았거나 자아가 충분히 형성되지 못한 소녀들의 경우, 성문제를 예방하고 성폭력에 대처한다는 명분하에 왜곡된 성지식이 누적되거나 성적 호기심이 발동하여 조기에 일탈과 비행을 저지르는 사례가 보고되고 있다. 이렇게 같은 시간, 같은 공간에서 이성과 성교육을 함께 받게 될 때, 여성들은 성에 대해 부정 감정을 가지게 되고 왜곡된 성지식을 가지게 된다. 반면 남성들은 스트레스 감정을 회피하고 현상만 기억을 한다. 각종 사진이나 차트를 통해 여성의 성기와 남녀의 성관계를 기억하게 되고 이를 실천에 옮기려는 충동을 갖는다. 오늘날 대한민국의 성교육은 빈대 잡으려다 초가삼간 다 태우는 격이다.

4 바람직한 성교육 패러다임

그러면 성교육을 어떻게 해야 할까? 무엇보다 남자와 여자를 분리해 놓고, 남녀의 서로 다른 성심리를 가르쳐주고 그 결과로 성 관계에 대해 긍정 감정을 심어주는 일이 시급하다. 청소년이든 성 인이든, 남녀가 성에 대한 근본적인 심리를 모르는 상태에서 쾌락 적으로 바로 섹스에 들어가면 외도를 비롯한 향후 여러 가지 심리 적 문제를 야기하며 심하면 정신적 장애까지 올 수 있다는 사실을 가르쳐야 한다.

■ 성행동에 있어 여성의 의식심리

용어부터 정리하자. 남자와 여자, 남성과 여성은 다르다. 남자man와 여자woman는 생물학적으로 지칭하는 원초적 개념의 남자와 여자이다. 반면 남성male과 여성female은 성역할에 기반한 사회적 개념이다. 일반적으로 학자들은 전자를 생물학적 성sex으로, 후자를 사회학적 성gender로 구분한다. 최근 성에 대한 담론이 다양한 학제에서 발달하면서 그 구분이 사실상 흐려지긴 했지만, 필자는 여전히 유효한 구분이라고 생각한다. 이 세상에 태어나서 0세부터 20세 성인이 될 때까지는 남자와 여자로서의 삶에 집중한다면, 성인으로 사회에 진출해서 활발하게 활동하는 20세부터 60세까지는 남성과 여성으로서의 삶을 살게 된다. 그 이후는 상황과 사람에 따라 다르지만, 보통은 은퇴 이후 60세부터 100세까지 다시 남자와 여자로 살아간다. 물론 남성과 여성으로 살아가는 기간 동안에도 남자와 여자로서의 삶이 같이 동반될 수밖에 없다. 사회적 역할이 주어진다고 몸까지 없어지는 건 아니기 때문이다. 그런데 종래의 성교육은 이런 구분을 명확히 하지 않고 뭉뚱그려 진행하므로 많은 오해를 양산해왔다. 쉽게 말해서, 남성과 여성, 남자와 여자는 다른데 서로 다르다는 것을 인정하지 않고 남자와 여자에게 남성과 여성을 가르치니 문제가 발생하는 것이다. 남자와 여자로서 행복해야할 시기에 엄마와 아빠, 아내와 남편으로 사는 것만 강조하면서 성생활에 대한 행복을 억압하니, 그것이 사회문제, 가정문제, 부부문제로 발전한다. 남자와 여자로서의 행복이 부부 사이에서 먼저 충족되고, 엄마와 아빠의 역할과 사회적 역할을 해 나아가야 하는데 솔직히 그렇지 못했던 것.

한국 여성이 오랫동안 내재화시킨 순결 콤플렉스 역시 이런 맥락에서 이해할 수 있다. 법적으로 성년은 만 20세부터. 성인식을 치르고 나면 그 때부터는 여성, 남성으로서 행복을 추구하게 되고 자연스럽게 성적 자기결정권을 통해 성관계의 대상을 찾게 된다. 대한민국 성인이면 법적으로 누구나 자유롭게(자의에 의해) 적당한 상대와 섹스를 할 수 있다는 말이다. 그렇기 때문에 사회가 인정한 이런 성적 자기결정권에 의해서 자발적인 섹스를 했다면 그건 자신의 순결을 잃었다고 볼 수 없다. 항상 '순결' 혹은 '동정'이라는 것을 자의든 타의든 남자에게 몸을 주면 잃었다라고 생각하는데, 필자는 그렇게 생각하지 않는다.* 추잡하게 마구 몸을 굴리며 놀라는 말이 아니라 여성 스스로 성적 자기결정권을 배제한 채 순결의 이미지에 쓸데없는 여러 가지 도덕적인 가치와 개념들을 덕지덕지 붙이지 말라는 말이다. 남자는 괜찮지만 '모름지기 여자는 결

---

* 동정(童貞)이라는 단어 자체가 '아이의 순결'이라는 뜻으로 성인기에 도달한 개인이 갖는 행동규범이나 가치와는 맞지 않는 말이다.

혼할 때까지 자신의 몸을 끝까지 정결하게 처녀로 유지하는 게 가장 바람직하다'는 식으로 가르쳐왔던 그릇된 성교육이 오늘날 진정한 성문제를 일으킬 여지를 배태한 유독한 가치관이다. 미성년자일 때는 당연히 보호자의 보호를 받아야 하겠지만, 스무 살이 넘어서 자신이 결정한 섹스는 누가 뭐래도 당당한 것이며 누구의 비난도 받을 수 없는 무결한 행위다. 순결은 이런 데에 쓰는 말이 아니다. 자신이 자신의 몸의 주인이다! 순결의 의미가 잘못 통용되고 왜곡되어 여성 스스로 성욕을 억압하게 되면 섹스에 대해 부정 인식을 가지게 되고, 나아가 무의식중에 남성에 대한 피해의식이 종양처럼 자란다. 자신이 선택해서 섹스를 하고 나서도 불필요하게 자신이 더럽혀졌다는 피해의식을 가지면 결국 잘못된 변태성욕으로 발전하던지 성범죄의 대상으로 전락하는 결과를 낳게 된다.

순결의 논리에서 탈출하라

문제는 여성의 성적 자기결정권이 침해되는 상황이다. 섹스를 결정하는 주체가 여성 자신이 아니라 남성일 때, 보통의 여성들은 대번에 몸과 마음에 상처를 느낀다. 여자에게 사랑의 감정도 만들어주지 않은 채로 남자가 자기 만족에 빠져 달려들면 성폭력이나 성희롱이 성립된다. 여자의 몸은 준비되지도 않았는데 남자가 갑자기 성기를 들이밀면 여자는 고통을 호소한다. "그만, 그만! 멈춰요!" 남자는 여자가 좋으면서도 일부러 그러는 줄 알고 더 열심히 허리를 놀린다. 정말이지 어처구니없는 상황이다. 관계를 가지기 전에 여자들은 사랑의 마음이 선행되어야 하고, 일단 섹스에 대한 긍정 감정이 만들어진 다음에도 남자를 받아들일 만큼 충분히 몸이 달궈지는 데 일정한 시간이 필요하다. 그런데 사랑하는 마음도 없고 지금 전혀 섹스할 마음도 안 나는데 남자와 의무적으로 섹스를 해야 하면 억압과 강박심리가 작용한다. 이런 것도 모른 채 자신들처럼 즐겁고 재미있어할 거라고 착각해서 인터넷에서 읽은 검증도 되지 않은 성적 테크닉을 이것저것 쓰면 아래에 있는 여자는 진짜 환장한다.

■ 성행동에 있어 남성의 의식심리

성도 엄연히 인간관계이다. 둘이 옷을 벗고 만날 뿐 인간관계를 맺는 건 변함없다. 나 혼자 하는 섹스는 자위일 뿐, 섹스를 하려면 둘이 있어야 한다. 탱고춤을 추려면 두 사람이 필요한 법이다. 섹스라는 인간관계는 그 어떤 관계보다 원초적이며 심층적이다. 인간이 오랫동안 진화를 거듭하면서 가다듬고 적응시켜온 것이 지금의 섹스다. 남녀의 성기 모양에서부터 성심리에 이르기까지 오랜 과정을 통해 형성되어왔다. 그런데 절대적으로 필요한 상대에 대해 우리는 그간 얼마나 관심을 기울였는가? 반드시 상대자가 받아주어야 가능한 쌍방의 인간관계를 우리도 모르게 일방의 인간관계로 여기진 않았는가? 성에 대해서 말하면 남자들은 대번에 남녀의 교합을 떠올린다. 남자들의 머릿속에서는 섹스, 테크닉, 애무, 삽입, 사정, 오르가즘 같은 것이 성의 전부라고 생각한다. 그 안에 성에 대한 마음, 즉 성심리가 존재한다는 것을 모르고 육체적인 관계만을 성이라고 규정한다. 남자는 가장 즐겁고 재미있는 것이 섹스다. 남자로서의 최고의 능력이자 경쟁력은 '필요시 성기를 충분히 발기시킬 수 있는가'로 판가름 난다. 여자가 오르가즘을 느끼면 최고라고 착각하고 열심히 물고 빨고 한다. 사실 경제적 능력보다 성기능을 더 높게 친다.

그래서 여자가 조금만 힘들어하고 불평하면 남자는 싫어한다. 삽입하기도 전에 아랫배에다 사정을 해버리거나 아예 발기가 되지 않아 흐물흐물해서 제대로 관계를 같지 못할 때 남자는 우주의 질서가 다 무너지는 것 같은 느낌이 든다고 한다. 천동설에서 지동설로 하늘이 바뀐 것에 버금간다고나 할까? '아, 내가 이 여자도 행복하게 못해주는 구나.' 그래서 심장마비의 위험성을 알고도 처방전 없이 비아그라니 시알리스 같은 각종 성기능개선제를 복용하는 것이다. 스포츠신문 광고란이나 공중화장실 벽면에 그토록 남성용 정력제를 홍보하는 광고들이 도배되는 이유도 그만큼 이 문제가 남성에게 중요하기 때문이다. 이런 낭패감을 여자의 잔소리에서 똑같이 느낀다. 남자는 강박과 열등감이 생긴다. 이 열등감이 깊어지면 조루나 발기부전, 임포텐스 및 각종 남성 성기능 장애가 생기게 된다. 남성의 성심리는 섹스가 앞면이라면 폭력은 뒷면인 동전과 같다. 외도한 남자가 아내에게 도리어 폭력을 행사하거나 이상성욕에 의해 폭압적인 성관계를 요구하는 경우는 이러한 성심리가 제대로 발휘되지 못하는 신체적, 심리적, 환경적 요인들 때문에 빚어진 결과다. 남성에게 섹스의 거부는 존재의 거부기 때문에 조절되지 못한 분노와 함께 주먹부터 나가는 현상이 의외로 적지 않다. 최근 사회적 문제로 대두되고 있는 데이트 폭력도 이러한 남성의 심리와 무관하지 않다. 폭력은 외부에서 가해지는 존재의 위기며 관계의 정립을 방해하는 걸림돌이다. 이 경우 폭력성만을 문제 삼아 남성을 처벌하거나 치료하는 건 미봉책이거나 증상 완화에 불과하다. 폭력성이 깊이 뿌리내리고 있는 남성의 성심리를 먼저 근원적으로 파헤쳐야 한다. 이러한 작업을 성교육에서 시작해야 하는 이유다.

그런데 현행 성교육은 이러한 남성의 성심리를 깊이 있게 설명하지 않은 채 겉으로 드러난 현상만을 설명한다. 남성의 성기능을 위해 대증요법을 제시하는 차원에서 그친다. 회사 내 성희롱과 성

폭력에 대한 방지대책도 교육을 통해 선제적으로 대응하기 보다는
사건이 발생하고 난 뒤 사후처방에 머무는 현실이 안타깝다.

5
우리 모두의
행복한 관계를 위하여

성평등은 성심리치료가 궁극적으로 추구하는 기준이다. 남성과 여성 모두 정치와 경제적으로 평등한 대우를 받아야 하며, 이는 UN이 정한 '세계인권선언'의 목표 중 하나이기도 하다. 심지어 UN은 전 세계적으로 성평등지수(GDI)를 통해 각국의 여성들이 정치나 경제 분야에 참여하고 활동을 벌이는 정도에 따라 등급을 매긴다. 2011년 설립된 UN 여성기구는 요일에 관계없이 매달 25일을 여성에 대한 폭력을 종식하자는 의미의 여성의 날Orange Day로 선포하고 있다. 그만큼 여성의 인권문제는 이제 21세기 대표적인 인권의 어젠다로 자리 잡았다. 그런데 한국 사회는 짧은 산업화의 과정

속에서 급변하는 사회적 변동과 계급, 지역, 성별에 따른 차별이 만연하여 이런 여성인권에 관한 세계적 추세를 따라갈 여유가 없는 것 같다. 그 대표적인 사례가 온라인상의 각종 혐오사이트들이 우후죽순 생겨나면서 일각에서 벌이는 혐오집회들이다. 그 뒤에 도사리고 있는 사회적 갈등과 몰이해가 언제든지 터질 수 있는 시한폭탄처럼 우리를 위협하고 있다. 남성이 여성을, 여성이 남성을 무분별하게 혐오하고 증오하는 현상은 앞으로의 한국 사회의 성장과 번영을 방해할 막대한 사회적 비용을 요구할 것이 분명하다. 이러한 예견된 문제를 해결할 솔루션이 과연 있을까?

미투운동의 그림자에서 대한민국 성교육의 문제점을 찾고, 남혐과 여혐운동의 구호 속에서 남녀의 성심리를 이해하며, 파트너와 부부의 외도에서 갈등 해결의 실마리를 찾아야 한다. 사실 갈등이 그렇게 나쁜 것만은 아니다. 갈등과 문제가 없는 집단은 이미 죽은 집단이다. 심지어 일부 굴지의 다국적 기업들은 임원회의 내에 무조건 반대의 의사진행발언을 하는 소위 '데블스 애드버킷devil's advocate'을 심어 놓아 애초에 어떤 사안에 만장일치가 일어나지 않게 만든다는 얘기도 개인적으로 들은 적이 있다. 한 마디로 일부러 갈등을 만든다는 것이다. 중요한 건 그러한 갈등상황 속에서 해답을 찾고 실마리를 얻어 보다 나은 회사 경영의 원칙을 찾는 회사가 무한경쟁의 시장에서 살아남는다는 사실이다.

인간관계도 마찬가지다. 외도와 불륜의 갈등은 분명 인생의 위기며 관계의 문제지만, 그 속에서 적절한 솔루션을 찾고 근원적인 문제를 해결할 때 더 나은 부부관계를 만들어낼 수 있다. 우리는 모두 행복하기 위해 태어났다. 우리는 모두 행복해야 한다. 외도라는 사소한 물웅덩이를 두려워하기에는 우리의 삶이 너무 아름답고 너무 소중하다. 외도를 극복하고 그 속에서 우리가 잊고 있었던 남녀의 차이를 재발견하여 보다 원숙한 인간으로 거듭나는 기회로 삼는 게 현명한 인생설계다. 상대의 외도의 순간에도 자신의 심리를 솔직하게 들여다볼 수 있는 용기와 자신과 다른 그 이성에게도 그 용기를 똑같이 줄 수 있는 여유가 필요하다.

지구의 반은 남자고 나머지 반은 여자다. 엄연히 오늘도 지구에 발을 디디고 살아가는 남성과 여성을 각기 화성인과 금성인으로 규정하는 건 문학적 비유치고는 고약하다. 어쩌면 남성과 여성을 나누는 그 구분부터 이미 현실적인 성차별은 시작되는지도 모르겠다. 남성과 여성 이전에 인간이다. 이를 두고 이집트 출신의 소설가 아불렐라Leila Aboulela는 이렇게 말했다. "삶의 모든 건 구별되어 있다. 남자화장실, 여자화장실, 남성복, 여성복, 그리고 나서 결국엔 똑같은 무덤에 들어간다." 남성은 성심리의 이해는 여성을 이해하는 것에서 출발하며, 여성의 성심리의 이해는 남성을 이해하는 것에서 끝난다. 그리고 이 사실을 인정하는 것이 남녀의 복잡한 외도 심리를 이해하는 첫걸음이다.

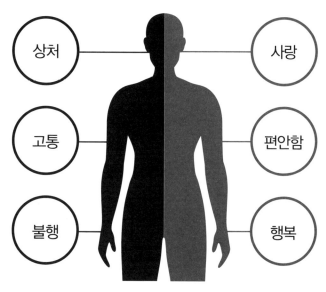

상처		사랑
고통		편안함
불행		행복

사람은 자신이 이해한대로 상대를 대하는 습관을 형성합니다. 따라서 상대에 대한 이해가 부족하다면 본의 아니게 그를 함부로 대하게 되기도 하죠. 사람과 세상에 대한 이해가 부족한 범죄자가 세상을 막 살아가듯 말입니다. 사람이 불행해지는 이유는 재산이나 명예, 지식에 있지 않습니다. 인생의 불행은 내 몸과 연결되어 있는 심리에 대하여 제대로 알지 못하고 살아가기 때문에 이르러 옵니다. 대부분의 사람들은 사람의 심리가 몸과 별개라고 착각합니다. 하지만 인간의 심리는 몸과 감정의 교감으로 얻어지는 것으로써 몸과 마음에 에너지를 불어 넣어주는 존재의 고갱이입니다. 때문에 사람은 심리상태가 조금만 불안해도 인상이 바뀌고 몸의 근육이 경직되고 맙니다. 이처럼 눈에 보이지 않아서 너무나 소홀히 할 수 있는 심리는 몸과 마음의 최적의 건강상태를 보여주는 중요한 척도가 됩니다. 서로 다른 남자와 여자의 성욕(성심리)에 대한 정확한 이해는 건강한 사랑과 마음의 자유를 선물하며 더 깊이 있게 상대를 사랑하게 만들어 줍니다.

끝맺는 글

언뜻 보기에 사랑과 위로는 너무나 닮았다. 위로도 마음의 에너지가 채워진 상태라고 착각하기 쉽기 때문이다. 하지만 무분별한 위로는 집착을 낳고 지속적인 위로는 중독과 같은 독성을 유발한다. 더 큰 에너지로 자신이 원하고자 하는 것을 성취해 가는 진정한 사랑과 구별된다.

우리 삶속에 가짜가 더 진짜처럼 자리 잡고 연인들의 삶을 위협한다. 겉으로 봐서는 도인과 낭인을 구분할 수 없고, 본래 매력적인 여성과 상처를 감추고 막 살아가는 꽃뱀을 분별할 수 없다. 이단과 정통 또한 겉으로 드러나는 교리는 모두 좋지만 이단 종교는 무고한 사람들을 혹세무민 고립시켜 정상적인 삶을 좀먹고, 정통 종교는 나약한 사람들을 자립시켜 스스로 성장할 수 있도록 돕는다. 사기꾼은 99%의 공을 들여 1%의 상술로 모든 것을 앗아가지만, 전문가는 99%의 자기 노력을 통해 1%의 전문성으로 모든 상황을 통합시키는 힘을 가졌다.

이처럼 인간의 심리는 두 가지의 얼굴을 가지고 있다. 때문에 이러한 양가적 측면에 대해 인식하지 못하면, 부부문제, 외도문제, 성문제 해결에 어려움을 겪게 된다. 필자는 이러한 인간의 두 가지 마음을 심층적으로 분석하며 외도상담을 해오면서 많은 남녀와 연인 및 부부, 더 나아가서 개인의 행복을 위해 이 책을 집필하게 되었다.

사람들은 마음의 상처란 외부에서 누군가 주는 거라고 착각하는 경우가 많다. 그러나 대부분의 상처는 대상에게 받는 게 아니라 본인 스스로 발생시키는 것이다. 마음의 상처가 어떻게 발생된 것인지 무지한 사람들은 주변의 특정 대상이 자신에게 일방적으로 준 것이라고 믿는다. 그리고 안타깝게도 그 믿음은 고스란히 관계의 단절을 낳고 외도와 불륜으로 이어진다.

남녀의 성심리가 가진 메커니즘을 깨달아야 한다. 우리는 그간 서로 다른 마음에 대한 이해와 깨달음이 없어서 서로 사랑하는 만큼 사랑을 지켜주지 못했고, 열심히 살아가는 인생에 불필요한 시행착오를 겪을 수밖에 없었다. 사람이 죽고 사는 생존의 문제는 목숨에 달렸지만, 몸을 이끌고 살아가는 것은 마음이고 심리이다. 때문에 남자와 여자가 행복한 인생을 살고 싶다면 서로 다른 몸과 마음에 대하여 알고 살아야 하는 것은 행복한 인생을 위해 꼭 필요한 선결과제와 같다.

모든 문제는 풀 수 있는 열쇠가 있다. 구멍이 있다면 그에 걸맞은 열쇠가 존재하기 마련이다. 문제는 열쇠가 어디 있는지 모를 뿐이다. 열쇠는 인간의 마음 안에 있다. 사람의 마음을 알고 성심리를 알면 각종 정신적 증상들을 예방하고, 나아가 마음의 자유를 누릴 수 있으며 행복하게 살아갈 수 있다. 사랑하는 사람과 행복한 인생을 살아가기를 원하는 모든 남녀에게 감히 이 책을 권하고 싶다.

2018년 9월
1년 365일 상처받은 마음을 치유하고 어루만지는 상담실에서

추천사

세상에는 꽃바람, 산들바람, 살랑바람, 밤바람, 맞바람, 고추바람, 궁둥잇바람, 날라리바람 등 좋은 바람과 나쁜 바람이 참 많습니다. 남녀 사이에도 이런저런 바람이 붑니다. 서로 바람나기도 하고, 바람피우기도 하며 바람몰이도 합니다. 박수경 소장님은 최전선에서 바람간수와 바람막이를 하는 중입니다. 이 책은 교본과도 같습니다. 일독을 통해 바람에 대한 새로운 심리학적 안목과 해법을 찾을 수 있을 것입니다.   – 슈퍼맨 비뇨기과 윤종선 원장

이 책을 읽고 인간의 성욕을 제대로 이해할 때 남녀의 외도도 미연에 방지할 수 있다는 사실을 깨달았습니다. 한 번 책을 펼치면 도저히 한 눈을 팔 수 없는 책이라 저 역시 순식간에 읽어버렸습니다. 충실한 심리학 이론들을 베이스로 하기 때문에 전혀 가볍지 않고, 흥미로운 사례들이 곳곳에 있어 전혀 무겁지 않았습니다. 도무지 출구가 보이지 않는 상황에 낙담하지 않고 명쾌한 솔루션을 전달하는 귀한 책입니다. 박수경 박사님이 쓰신 이 책을 외도에 대해 고민하거나 성문제로 아파하는 분들에게 꼭 읽어보라고 권해드리고 싶습니다.   – 동두천산부인과 박혜성 원장

성에 대해 올바른 지식과 지혜를 심어주고, 읽기만 하여도 마음이 치유되는 강력한 책입니다. 책 사이사이 포진해 있는 싱싱한 사례들과 솔루션은 단연 압권

입니다. 진정한 성, 올바른 성에 대해서 알고 지금보다 더 행복하게 살고 싶으신 분들에게 강력하게 추천합니다.   − 유튜브 「이색기저색기」 제작자 차플린

박수경 소장님을 처음 만난 것은 10년 전 NGO단체에서 운영하는 상담소에서였습니다. 당시 저는 남편의 반복되는 외도와 폭력 때문에 속절없는 삶을 부여잡고 버티는 중이었죠. 그때 박 소장님은 상담으로 치유할 수 없는 인간관계란 없으며 제게 성심리의 이해를 통해 부부가 날마다 더 행복해질 수 있다는 확신을 심어주셨습니다. 저 또한 상담을 거치며 부부 행복에 대한 새 희망을 갖게 되었고, 그녀를 모델링으로 상담심리 석사과정을 공부하고 현재는 상담심리전문가로 활동 중에 있습니다. 그 때 박 소장님을 만난 건 제 인생 최대의 행운이었습니다. 이론을 바탕으로 풍부한 임상 경험에서 우러난 깊이 있는 관점을 제시해주기 때문에 부부문제나 성 트러블, 외도 예방 및 치유 등 각종 문제를 안고 있는 분들께 꼭 읽어보라고 강력 추천하고 싶습니다.   − 내담자 김○○

'얼음공주'가 별명이었던 제가 심리상담을 받은 후 '사람의 마음을 읽는 꽃'이 되었습니다. 박수경 소장님에게 배운 가장 소중한 깨달음은 '배우자와의 관계가 바뀌길 원한다면 내 자신이 바뀌어야 하고, 내 자신이 바뀌려면 생각이 바뀌어야 한다'는 것이었습니다. 자신의 생각과 행동을 바꾸기 위해서는 과거의 자신을 바라봐야 하고, 과거의 자신을 객관적으로 보기 위해서는 전문가의 도움을 받아야 가능한 일입니다. 이 책을 통해 가장 간편하게 전문가를 만날 수 있습니다.   − 내담자 정○○

남편의 외도로 제 자존감이 바닥을 쳤을 때, 마지막으로 상담이라도 한 번 받아보자고 찾아간 곳이 박수경 소장님의 상담소였습니다. 몇 번의 상담과 솔루션

실행으로 신기하게 얼음장 같던 부부관계가 개선되었지요. 깊고 오묘하며 디테일한 박 소장님의 상담 능력에 지금도 감탄하면서, 배우자의 외도로 고통 받는 분들에게 이번 도서를 적극 권하고 싶습니다.   − 내담자 이○○

아내 외도로 말할 수 없는 고통을 받았습니다. 아내의 상간남에게 위자료 소송을 제기하고, 그것으로도 분이 풀리지 않아 그를 무릎 꿇리고 주먹을 날렸습니다. 치 떨리는 배신감과 자괴감에 우울한 하루하루를 보내던 어느 날, 기적과 같이 박수경 소장님을 만났습니다. 소장님을 만나 깊고 긴 치유의 과정을 지나가며 평생 웃을 웃음을 다 웃었던 것 같습니다. 배우자 외도로 인한 고통의 감정은 평생 치유되지 않을 거라는 그릇된 믿음을 여지없이 깨트리고 다시금 삶의 행복을 찾게 해주신 소장님의 모든 노하우와 솔루션이 이 책에 고스란히 담겨 있습니다.   − 내담자 유○○

성범죄로 검찰에 기소되었던 사람으로서 부모님 손에 이끌려 상담실을 찾았을 때만 해도 저만의 짜릿한 성적 취향에 대해 아무도 모를 거라고 생각했습니다. 그러나 박수경 소장님의 남성 심리분석은 남자인 저 자신도 놀랄 만큼 심층적이고 디테일했으며 성범죄를 유발하는 심리에 대해 하나씩 풀어가는 분석력에 결국 두 손 두 발 다 들고 말았습니다. 박 소장님의 신간서적은 단지 외도만 아니라 남녀의 내밀한 심리를 알고 싶은 분들이라면 꼭 한 번 정독해 보길 권합니다.   − 내담자 박○○

가볍게 확인하는 그 남자, 그 여자의 바람지수 심리테스트

항 목	점 수
1. 나는 배우자와 성 또는 섹스에 대한 이야기를 하지 않는다.	1 2 3 4 5 6 7 8 9
2. 나는 성과 섹스에 대한 이야기를 가까운 사람들과 하지 않는다.	1 2 3 4 5 6 7 8 9
3. 나는 나의 성욕에 대하여 배우자에게 말하지 않는다.	1 2 3 4 5 6 7 8 9
4. 나는 사랑의 감정이 느껴지지 않으면 섹스를 하지 않는다.	1 2 3 4 5 6 7 8 9
5. 나는 사랑의 마음이 없어도 섹스를 할 수 있다.	1 2 3 4 5 6 7 8 9
6. 나는 현재 섹스리스다.	1 2 3 4 5 6 7 8 9
7. 나는 성욕이 강한 편이다.	1 2 3 4 5 6 7 8 9
8. 나의 배우자는 나에게 섹스 이야기를 하지 않는다.	1 2 3 4 5 6 7 8 9
9. 성적 대화를 마음껏 나눌 수 있는 이성 친구가 있었으면 좋겠다.	1 2 3 4 5 6 7 8 9
10. 나는 배우자보다 이성 친구가 더 편안하다.	1 2 3 4 5 6 7 8 9
11. 대화가 통화는 이성 친구가 있었으면 좋겠다.	1 2 3 4 5 6 7 8 9
12. 특정 이성이 나에 대한 욕망을 보이는 신호를 간절히 원한다.	1 2 3 4 5 6 7 8 9
13. 나는 이성이 나에게 터치 할 때 내 몸이 흥분을 느낀다.	1 2 3 4 5 6 7 8 9
14. 나는 나의 존재감을 확인하기 위해서 이성이 필요하다.	1 2 3 4 5 6 7 8 9
15. 나는 강력한 매력을 갖고 있다.	1 2 3 4 5 6 7 8 9

(출처: 한국심리인성연구소 마음상처클리닉)

point	advice
15~32점	당신은 바람으로부터 치외법권에 있습니다. 현재는 어떠한 진단도 필요하지 않습니다. 서로 애틋한 사랑을 잘 지키고 있으니까요.
33~43점	당신은 아직 바람의 영향에서 자유롭기는 합니다. 서로 지내는 것에 문제는 없을 만큼 각자 문제를 잘 해결하고 살아가지만 서로에 대한 애틋한 마음을 잃어버릴 수 있습니다. 서로 소통하며 애정의 관계를 키워 나가세요.
44~54점	당신의 가슴에 작은 파문이 일고 있습니다. 외도를 하지는 않겠지만 서로 다른 심리를 모르고 산다면 언젠가는 마음의 상처로 어려워질 수도 있답니다.
55~65점	당신의 작은 날갯짓이 큰 파장을 가져올 수도 있습니다. 당신의 이런 상태는 배우자 외도를 유발할 수 있습니다. 당신의 문제를 검토하여 개선할 필요가 있습니다.
66~75점	당신은 지금 진도 5 이상으로 흔들리고 있습니다. 당신은 현재 배우자에게 성적 매력을 느끼지 못하는 단계입니다. 사소한 오해로 인하여 소중한 사랑을 잃어버릴 수 있습니다. 배우자와 진솔한 소통을 시도하셔야 합니다.
76~85점	당신은 분명 둘이면서도 혼자로서 위태롭게 존재하고 있습니다. 당신은 위로가 사랑이라고 착각하기 쉬운 상태의 정서적 외로움을 경험하고 있는 증입니다.
86~95점	당신은 왜곡된 늪의 한가운데에서 허우적거리고 있습니다. 당신은 현재 상대 이성의 매력에 푹 빠진 상태입니다. 그러나 현재 이성의 매력이 진정한 매력인지 마음의 상처로 인하여 나타나는 왜곡된 자신감인지 확인해 볼 필요가 있습니다.
96~105점	당신은 강력한 파괴력의 태풍을 품고 무섭게 돌진하고 있습니다. 이성에게 대화 또는 섹스로서 위로를 받고자 하는 단계로서 매우 위험한 단계입니다.
106점 이상	오! 당신은 이미 당신마저 삼켜버리고 있습니다. 지금 이 순간에도 거침없이 무모한 바람기를 발휘할 수 있습니다. 무섭습니다.

그 남자 그 여자의
바람바람바람

1판 1쇄 인쇄 2018년 9월 10일
1판 1쇄 발행 2018년 9월 15일

지은이   박수경

발행인   김성룡
코디   정도준
편집   백숭기
디자인   김민정

펴낸곳   도서출판 가연
주소   서울시 마포구 월드컵북로 4길 77, 3층 (동교동, ANT빌딩)
구입문의   02-858-2217
팩스   02-858-2219